国家“双高计划”铁道机车专业群融合课程特色系列教材

列车构造认知与检查

高　伟　李长留◎主　编

牛晨旭　李孝坤◎副主编

张　远◎主　审

中国铁道出版社有限公司

2021年·北　京

内 容 简 介

本书为国家"双高计划"铁道机车专业群融合课程特色系列教材之一，包括《列车构造认知与检查》《列车构造认知与检查活页实训手册》两部分，其中《列车构造认知与检查》从列车构造概论、轨道列车车体、列车车辆设备、走行部认知与检查、列车车钩缓冲装置、列车风源及管路系统六个项目进行知识讲述；《列车构造认知与检查活页实训手册》通过十个具体的学习情境，从学习情境描述、学习目标、任务书、任务分组、引导问题、任务实施、任务评价七个方面出发，完成相应实训任务。

本书可作为高等职业院校轨道交通驾驶、检修等专业的教材，也可作为相关岗位职工培训及海外铁路职业技能培训的教材。

图书在版编目(CIP)数据

列车构造认知与检查/高伟，李长留主编．—北京：中国铁道出版社有限公司，2021.12

国家"双高计划"铁道机车专业群融合课程特色系列教材

ISBN 978-7-113-27582-2

Ⅰ.①列… Ⅱ.①高… ②李… Ⅲ.①列车-构造-高等职业教育-教材 Ⅳ.①U292.9

中国版本图书馆 CIP 数据核字(2021)第 261834 号

书　　名：**列车构造认知与检查**
作　　者：高　伟　李长留

责任编辑：亢丽君　王明容　　**编辑部电话**：(010)51873205　　**电子邮箱**：67204751@qq.com
封面设计：刘　莎
责任校对：孙　玫
责任印制：高春晓

出版发行：中国铁道出版社有限公司(100054，北京市西城区右安门西街 8 号)
网　　址：http://www.tdpress.com
印　　刷：北京铭成印刷有限公司
版　　次：2021 年 12 月第 1 版　2021 年 12 月第 1 次印刷
开　　本：787 mm×1 092 mm 1/16　**印张**：24.75　**字数**：606 千
书　　号：ISBN 978-7-113-27582-2
定　　价：66.00 元(含活页实训手册)

前　言

国家"双高计划"铁道机车专业群融合课程特色系列教材是依据轨道交通行业"轨道列车司机""铁路机车制修工""铁路车辆制修工""动车组制修员"所对应工种岗位新技术、新工艺、新规范，结合职业技能等级证书要求，并配合"两主线、两融合、三层次"课程体系，开发的专业课程融合教材。本系列教材具有以下特点。

1. 系统性：内容全面覆盖铁道机车、高速动车组、铁道车辆、城市轨道交通车辆四大专业领域，思政元素、信息化技术贯穿其中。立德树人是教育的根本任务，专业课程必须与思想政治理论同向同行。本系列教材的编写，充分融入了全国技术能手、铁路工匠等的真实成长案例，让学生在学习专业知识的同时，又受到工匠精神的熏陶。在潜移默化中，不断提高学生的思想政治觉悟。

2. 实用性：内容围绕轨道交通专业实践场景，结合海外铁路建设和培训经验，以项目化教材为主，活页式、工作手册式教材为辅，配套使用。项目化主教材以行业现场实际任务为驱动，既传输专业知识和技能，又引导基于工作过程的批判性思维。工作手册式辅助教材以问题引导、任务实施、效果评价等环节，培养学生自主解决问题的能力。

3. 权威性：编写依据中国铁路、城市轨道交通行业相关标准，融入海外铁路建设和培训项目。

4. 实践性：除专业知识外，注重现场实践生产任务，融合轨道交通"1+X"证书培训，铁道行业技能比赛、世界技能大赛项目，激发学生学习的热情，又强化学生的动手能力。

本书为国家"双高计划"铁道机车专业群融合课程特色系列教材之一。郑州铁路职业技术学院铁道机车专业群是国家首批"双高计划"项目入选专业群，该专业群以培养轨道精准操纵的交通类高素质、高技术技能型人才为核心。

本书以我国典型 HXD1C 型电力机车、CR400AF 型动车组、客货车辆、城市轨道交通车辆作为主要学习对象，内容包括列车构造概论、车体、车辆设备、走行部、车钩缓冲装置、风源及管路系统。书中采用大量的实物图片，易学易懂，较以往教材有很大突破。

本书内容涵盖面广,内容丰富,实用性强,可作为高等职业院校轨道交通驾驶、检修专业的教材,也可作为相关岗位职工培训及海外铁路职业技能培训教材。

本书由郑州铁路职业技术学院高伟、李长留任主编,牛晨旭、李孝坤任副主编,中国铁路郑州局集团有限公司郑州机务段张远任主审,参与编写的还有郑州铁路职业技术学院王若飞、牛小伟、陈奎元。具体编写分工如下:高伟、李长留编写项目一任务一,项目四任务一、任务二,项目五任务一,项目六任务一,学习情境一;陈奎元编写项目二任务一、任务二,项目三任务一、任务二;王若飞编写项目二任务六,项目三任务四,项目四任务六,项目六中任务三;牛小伟编写项目一任务二,项目二任务五,项目三任务三,项目四任务五,学习情境三,学习情境四,学习情境五,学习情境六,学习情境七;牛晨旭编写项目一任务三,项目二任务三、任务四,项目四任务三、任务四,学习情境八,学习情境九,学习情境十;李孝坤编写项目五任务二、任务三,项目六任务二,学习情境二。

本书在编写过程中,得到了中国铁路郑州局集团有限公司的大力支持,中国铁路郑州局集团有限公司郑州机务段、动车段、郑州地铁车辆段对编写工作给予了具体的指导和帮助,在此一并表示感谢。

由于作者水平所限,难免有疏漏和不当之处,恳请读者给予批评指正。

编　者

2021年10月

目　录

项目一　列车构造概论

项目描述

本项目主要包括列车的发展历史以及列车的基本知识，分别介绍了国内外列车发展不同阶段的列车类型，并对列车的主要组成部分及作用大致了解，是对列车的总体结构认知。

能力目标

(1)能够简单叙述不同发展阶段的列车类型，并总结其主要特点。

(2)掌握我国电力机车、动车组的主要型号及其主要技术参数。

(3)能够说出列车总体主要组成及各部分的作用。

任务一　了解轨道列车发展史

任务介绍

通过对本任务的学习，了解机车、动车组、城市轨道交通车辆(以下简称城轨车辆)的发展历史，并利用信息化手段学习世界轨道列车发展的新动态，了解列车发展新趋势和新技术。

问题引导

(1)世界上第一台蒸汽机车和电力机车是谁发明的？你能描述世界机车的发展历程吗？

(2)除了采用机车牵引，还有哪些轨道交通运输方式，各有什么特点。

(3)什么是动车组？目前世界上动车组最高速度纪录是多少？

(4)世界上第一条地铁、高速铁路是哪个国家建设的？

(5)拥有高速铁路的国家有哪些？

(6)城轨车辆是怎么组合在一起的，有什么原则？

自觉活动

(1)仔细阅读本任务关于轨道交通列车发展史的全部内容，并对重要内容做好标记。(10 分钟)

(2)分组制作不同列车的发展历程手抄报，要求版式新颖，内容有创意。(15 分钟)

(3)根据自己的理解，归纳机车、城轨车辆和动车组的主要特点及其区别。(10 分钟)

(4)收集轨道交通发展的历史以及新趋势、新技术,分组进行汇报、讲解。(25 分钟)

知识素材

随着世界人口的迅猛增长,旅客运输的高速化已成为一种世界潮流,对各国的交通运输结构带来较大的冲击。速度已成为各种交通运输方式参与市场竞争的主要手段。从 1825 年世界上第一条铁路建成并通车开始,铁路逐渐成了交通运输中的重要运输方式之一。时至今日,世界各大主要国家已形成以高速动车组和普速列车为骨架的干线铁路,城市轨道交通为市内和市域通勤线路的轨道交通网络,为世界经济发展和社会进步提供了充沛动力。

让我们一起去看看轨道交通列车的过去、现在和未来吧!

1804 年,英国人德里维斯克改进瓦特的蒸汽机,制造出最早的货运蒸汽机车和载客火车(图 1-1)。

图 1-1　世界上最早的火车

1863 年 1 月 10 日,世界上第一条地铁——伦敦地铁开始运行,虽然长度仅为 6.5 km,并采用蒸汽机车为动力,运行环境非常恶劣,但是这开创了世界地铁建设的先河,为大城市解决人口日益增长带来的交通问题提供了一个绝佳的思路。图 1-2 是陈列于伦敦运输博物馆的伦敦地铁初期使用车辆。

图 1-2　伦敦地铁初期使用车辆

1879 年，德国人西门子制造出一台小型电力机车(图 1-3)，1890 年伦敦地铁首先使用电力机车作为车辆牵引方式，这种新型机车的出现大大改善了地铁的客运环境和服务条件，也使地铁展现出强大的生命力，世界一些著名的大城市相继开始地铁建造工作。1863～1899 年，英国的伦敦和格拉斯哥、美国的纽约和波士顿、匈牙利的布达佩斯、奥地利的维也纳以及法国的巴黎率先建起了地下铁道。

图 1-3　世界上最早的电力机车

1895 年，美国发明家法兰克·朱利安·斯普雷格创造性地把电梯的“遥控原理”应用到了铁路领域。遥控原理在轨道交通领域的应用一方面使得列车动力可以分散在不同的部位，而不是集中在个别车辆上，化整为零的同时腾出了车上的载客空间；另一方面可以增大列车牵引功率，充分发挥整列车轴重的黏着作用，使列车的起动可以更快、爬坡能力更强，也就是动车组(图 1-4)概念的由来。

图 1-4　动车组

1964 年 10 月 1 日，日本东海道新干线东京—大阪高速铁路正式开通并投入商业运营，这是世界上第一条完全按照高速行车技术条件建造的铁路，其最高运行速度达 210 km/h。东海道新干线的建成通车不仅为日本铁路，而且也为世界铁路开创了新纪元。图 1-5 是日本东海道新干线的开通仪式。

图 1-5　日本东海道新干线开通仪式

1981 年,法国高速动车组(简称 TGV)在东南线南端部分投入运营,试验速度达到 380 km/h,最高运行速度达到 270 km/h,打破了传统铁路运行速度的概念。1990 年建成并投入运营的大西洋线,全长 298 km,1993 年建成并投入运营的北方线,全长 334 km,以及 1994 年建成并投入运营的东南线延伸线,全长 127 km,列车运行速度均为 300 km/h;2001 年建成并投入运营的地中海线,全长 263 km,列车运行速度可达 350 km/h;法国高速动车组 2007 年 4 月 3 日在行驶试验中达到 574.8 km 的时速,打破了 1990 年由法国高速动车组创下的时速 515.3 km 的有轨铁路行驶世界纪录,令世界瞩目。图 1-6 为法国 TGV-PSE 高速动车组。

图 1-6　TGV-PSE 高速动车组

德国 1991 年建成了曼海姆—斯图加特的高速铁路,全长 107 km,后又陆续建成汉诺威—

维尔茨堡的线路，全长 327 km；汉诺威—柏林的线路，全长 264 km；科隆—法兰克福的线路，全长 219 km；纽伦堡—慕尼黑的线路，全长 171 km。德国高速铁路采用 ICE 高速动车组，如 ICE-1、ICE-2、ICE-3 等，其中 ICE-1、ICE-2 为动力集中型，ICE-3 为动力分散型。图 1-7 为德国 ICE-3 高速动车组。

图 1-7　ICE-3 高速动车组

2007 年 4 月 18 日，我国进行了第六次全国铁路大面积提速，首次在中国铁路既有线上开行时速 200 km 级的动车组。从此“和谐号”这个名词进入了平常老百姓的生活之中。

“和谐号”高速动车组主要车型有：CRH1、CRH2、CRH3、CRH5、CRH380A、CRH380B、CRH380CL、CRH380D 等型，分别如图 1-8～图 1-15 所示。

图 1-8　CRH1 型动车组

图 1-9　CRH2 型动车组

图 1-10　CRH3 型动车组

图 1-11　CRH5 型动车组

图 1-12　CRH380A 型动车组

图 1-13　CRH380B 型动车组

图 1-14　CRH380CL 型动车组

图 1-15　CRH380D 型动车组

基于不同平台研发出的“和谐号”车型，由于标准不统一，不能互联互通，难以互为备用，运营和维修成本高，基于此，我国又研发了具有统一标准，不同车型可互联互通，连挂运行的动车组——“复兴号”。

“复兴号”高速动车组(CR400 系列)。由中国国家铁路集团有限公司牵头组织研制，最高运营速度为 350 km/h，可通过不同动力单元的组合，实现灵活编组，满足不同的客流需要。基本型 CR400AF(图 1-16)采用 8 辆编组，4 动 4 拖的统一动力配置形式，由 2 个基本动力单元组成。CR400AF-A 采用 16 辆编组，8 动 8 拖的统一动力配置形式，由 4 个基本动力单元组成。CR400AF-B 采用 17 辆编组，8 动 9 拖的统一动力配置形式，由 4 个基本动力单元组成。

图 1-16　CR400AF 型动车组

CR400BF 型动车组是“复兴号”动车组 CR400 系列里的另一款，如图 1-17 所示。

图 1-17　CR400BF 型动车组

我国铁路客车经历了从 21 型—22 型—24 型—25 型的发展历程。1953 年，我国自行设计并开始生产第一代主型铁路客车——21 型客车，1961 年停止生产，共生产 3 110 辆。22 型客车是我国第二代主型客车，1959 年开始生产，1994 年停止生产。22A、22B、22C 是 22 型客车改型，区别主要在车体的材质上。24 型客车主要分为两个系列，分别是 1966 年生产的广深空调列车组，以及 20 世纪 80 年代进口的 24 型客车。25 型客车是我国第三代主型客车，最初自 1967 年开始试制，其低合金钢结构的车体为无中梁薄壁筒形整体承载结构，侧墙为平板无压筋结构。定员较多，构造速度较高，集中供电，各车均有车顶单元式空调装置和电热装置。采用低噪声、耐磨耗风挡，安装铝合金单元车窗，端门为自动门，行李架采用板式结构铝型材制造。图 1-18 展示了我国铁路客车的发展历程。

21型

22型

24型

25型

图 1-18　铁路客车

货物运输是铁路运输的重要组成部分，铁路上用于载运货物的车辆统称为铁路货车。按其用途不同，可分为通用货车和专用货车，主要类型有棚车、敞车、罐车、平车等，可运送煤炭、谷物、液体、家畜、武器弹药、水泥、各种大型货物、各种物资等。图 1-19 为我国常用的铁路货车。

棚车

平车

敞车

漏斗车

除雪车

保温车

图 1-19　铁路货车

任务二　轨道列车总体说明

任务介绍

通过对本任务的学习，掌握列车机械部分各部结构的名称、作用，以及主要参数的含义、编组方式和规则。

问题引导

(1)在没有学习这门课之前，你知道各种列车都由那些主要系统和设备组成吗？

(2)各种列车的主要技术参数代表什么含义?

(3)根据动车组的编号,你能了解动车组的哪些信息?

(4)不同的城市使用的城轨车辆类型是不一样的,你知道怎么分类吗?

自觉活动

(1)仔细阅读本任务知识素材中关于列车组成、主要技术参数、编组方式等全部内容,并在文中对重要内容做好标记。(10 分钟)

(2)用结构框图的形式展示不同列车种类的总体组成,分组进行交流讨论。(5 分钟)

(3)总结列车各组成及各自作用。(5 分钟)

知识素材

一、列车组成

1. 车体

车体主要是容纳人员的地方,又是安装与连接其他设备和部件的基础。

车体分为司机室车体和无司机室车体两种,司机室车体位于列车两端,无司机室车体位于两个司机室车体之间,都是由车顶、底架、端墙、侧墙、车窗、车门等组成。图 1-20 为电力机车车体,图 1-21 为动车组车体结构。

图 1-20　电力机车车体

2. 走行部

走行部又叫转向架,其作用主要有:

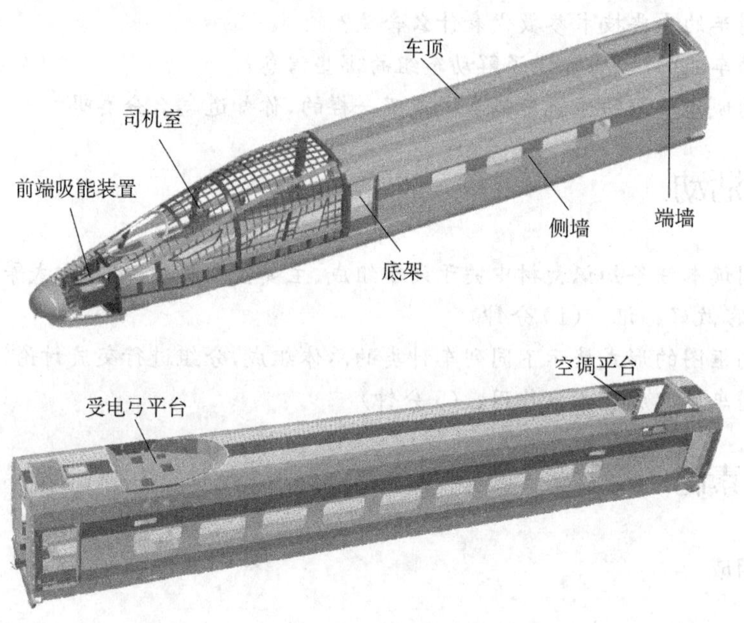

图 1-21　动车组车体结构

(1)增加车辆的载重、长度和容积,提高列车运行速度。

(2)保证在正常运行条件下,车体都能可靠地坐落在转向架上,通过轴承装置使车轮沿着钢轨的滚动转化为车体沿线路运动的平动。

(3)支撑车体,承受并传递来自车体与轮对之间或钢轨与车体之间的各种载荷及作用力,并使轴重均匀分配。

(4)适应轮轨接触状态的变化,充分利用轮轨之间的黏着,传递牵引力和制动力。

图 1-22 为电力机车转向架,图 1-23 为动车组转向架,图 1-24 为地铁列车转向架。

图 1-22　电力机车转向架

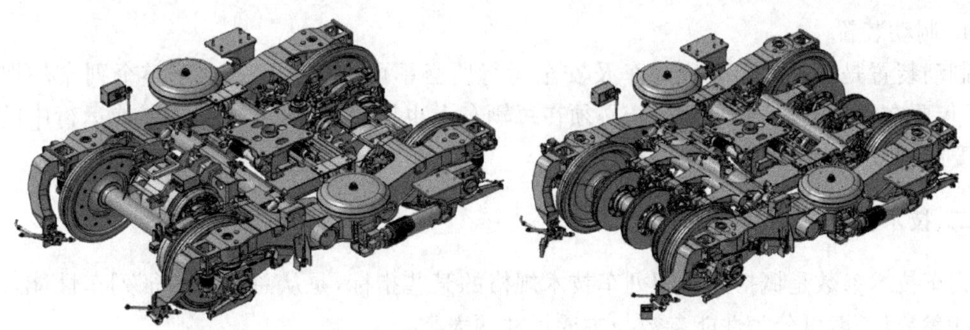

图 1-23　动车组转向架

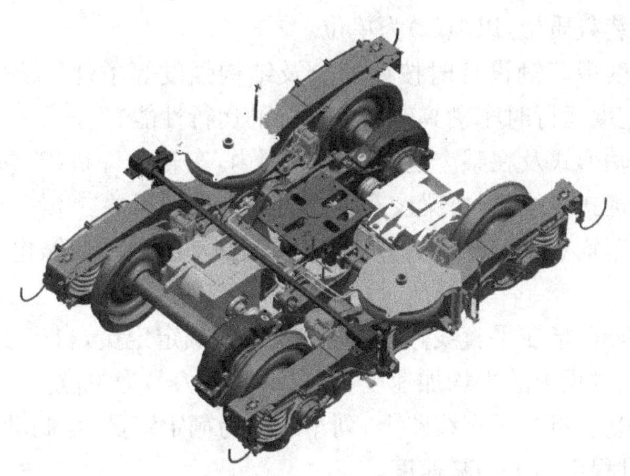

图 1-24　地铁列车转向架

3. 牵引及车钩缓冲装置

牵引装置主要包括受流装置和动力装置，受流装置是从接触导线（接触网）或导电轨（第三轨）将电流引入动车，动力装置则是把高压直流电转换成适合牵引、辅助设施使用的形式。

车钩缓冲装置可以实现车辆之间的机械、电路、空气管路以及客室的连接，使车辆编组成列车，并传递牵引和制动产生的纵向力，缓和车辆之间的纵向冲击。图 1-25 为动车组车钩缓冲装置。

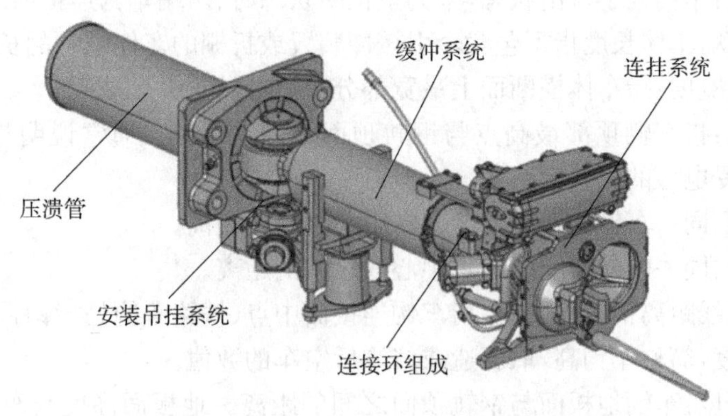

图 1-25　动车组车钩缓冲装置

4. 制动装置

制动装置是保证列车准确停车及安全运行所必不可少的装置。由于整个列车的惯性很大,不仅要在机车上设制动装置,还必须在每辆车上也设制动装置,这样才能使运行中的车辆按需要减速或在规定的距离内停车。

二、技术参数

列车技术参数是概括地介绍列车技术规格的某些指标,是从总体上表征列车性能及结构的一些参数,一般可分为性能参数与主要尺寸两大类。

1. 性能参数

(1)自重、载重:自重指车辆整备状态下的本身结构及设备组成的全部质量;载重指正常情况下车辆允许的最大装载质量,以吨(t)为单位。

(2)最高运行速度:指车辆设计时按照安全及结构强度等条件所决定的车辆最高行驶速度,并要求连续以该速度运行时车辆具有足够良好的运行性能。

(3)轴重:指按车轴形式及在某个运行速度范围内,车轴允许负担(包括轮对自身的质量)的最大质量。轴重的选择与线路,桥梁及车辆走行部的设计有关。

(4)制动形式:指车辆获得制动力的方式,有摩擦制动、再生制动、电阻制动以及磁轨制动等多种形式。

(5)起动平均加速度:指在平直线路上,列车载荷为额定定员,自牵引电机取得电流开始,至起动过程结束,在此过程中的平均加速度,以米/秒^2(m/s^2)为单位。

(6)制动平均减速度:指在平直线路上,列车载荷为额定定员,自制动指令发出至列车完全停止的全过程,在此过程中的平均减速度。

(7)冲击率:由于工况改变引起的列车中各车辆所受到的纵向冲击。在城轨车辆中,主要用于说明车辆本身电气及制动控制系统所应达到的冲动限制。用加速度变化率来衡量,以米/秒^3(m/s^3)为单位。

(8)车辆平稳性指标:车辆平稳性是评定旅客舒适程度的主要依据,反映了车辆振动对人体感受的影响,因此评定平稳性的方法主要以人的感觉疲劳程度为依据,通常以平稳性指标表示。

2. 车辆的主要尺寸

(1)车辆长度:车辆处于自由状态,车钩呈锁闭状态时、两端车钩连接面之间的距离。区别于车体长度的概念,车体长度指不包含牵引缓冲装置或折棚的车体结构的长度。

(2)车辆最大宽度:指车体横断面上最宽部分的尺寸。

(3)最大高度:指车辆顶部最高点与钢轨顶面之间的距离。通常说明与最高点相关的结构,如有无空调、受电弓的状态等。

(4)车辆定距:同一车辆的两转向架回转中心之间的距离。

(5)固定轴距:同一转向架的两车轴中心线之间的距离。

(6)车钩中心线距离钢轨面高度:指车钩连接面中点(铁路车钩是指钩舌外侧面的中心线)至钢轨顶面的高度,简称车钩高,取新造或修竣后空车的数值。

(7)地板面高度:车辆地板面与钢轨顶面之间的距离。地板面高度与车钩高一样,指新造或修竣后空车的数值。

效果评价

(1)口述各种轨道列车的组成部分。

(2)给出一种参数,说出其含义。

思考题

1. 简述我国轨道交通的主要形式以及各自特征。
2. 简述转向架的作用。
3. 简述车辆的用风设备都有哪些?
4. 简述各种列车部分组成及其各部分的功能。
5. 简述我国动车组的主要型号及特点。
6. 各种列车的基本参数有哪些,并说出其含义。

任务三 轨道列车代码和标记

任务介绍

本次任务从总体上介绍了车辆和动车组代码、标记等。

问题引导

(1)你乘坐火车出行时,见过车体侧面涂打的车辆标记吗?

(2)我们国家有这么多客车和货车,怎么来区分他们呢?

(3)根据动车组的编号,你能了解动车组的哪些信息?

自觉活动

(1)仔细阅读知识素材中关于车辆代码的介绍。(5 分钟)

(2)快速阅读车辆标记和方位的基础知识。(7 分钟)

铁道车辆标记是标记在铁道车辆的一定位置上,用以表示产权、型别、车号、基本性能、配属及使用中的注意事项等的符号。为了方便检修与维护铁道车辆,制定了许多标记并分别涂打在车辆的指定位置。

一、铁道车辆代码

为了方便车辆识别与管理,适应全国铁路用计算机联网管理的需要,对运用中的每一辆车都进行编码，且每一辆车的代码是唯一的。编码的主要内容为车种、车型、车号，如RW25G555619(图1-26)，其中RW是车种，取该车汉语拼音名称(RuanWo)中的一个或两个大写字母；25G是车型代码，25是车长系列，G是结构区别，车型一般由1～2个数字构成，必要时其后还可再加大写拼音字母，用来区分同一车型中不同的结构和装载量，两代码合在一起不得超过5个字符；555619是车号，均为数字，因车种、车型不同，其使用数字的范围也不同。我国铁路主要车辆车种型号见表1-1。

图1-26　车辆编码

表1-1　车辆车种型号表

序　号	货车车种	基本型号	序　号	客车车种	基本型号
1	棚车	P	1	软座车	RZ
2	敞车	C	2	硬座车	YZ
3	平车	N	3	软卧车	RW
4	罐车	G	4	硬卧车	YW
5	冷藏车	B	5	行李车	XL
6	特种车	T	6	邮政车	UZ
7	长大货物车	D	7	餐车	CA
8	集装箱车	X	8	公务车	GW
9	家畜车	J	9	试验车	SY
10	水泥车	U	10	代用座车	ZP
			11	硬座双层客车	YZS

二、列车标记

(一)铁道车辆标记

习惯上把车辆标记分为产权、制造、检修、运用四类。但实质上这些标记主要为运用和检修等情况下便于管理和识别所设置。

1. 产权标记

(1)国徽：凡参加国际联运的客车须在侧墙外中部悬挂国徽，如图1-27所示。

图 1-27　国徽标记

(2)路徽:凡产权归中国国家铁路集团有限公司的车辆均应在侧墙或端墙适当的部位涂刷路徽。对于货车还应在侧梁适当部位安装产权牌,如图 1-28 所示。

(3)路外厂矿企业自备车辆的产权标记:此类车辆一般在侧墙上或其他相应部位涂打上"××企业自备车"。

(4)配属标记:所有客车以及个别有固定配属的货车,必须涂刷上所属铁路局集团公司、段的简称,如图 1-29 所示。

图 1-28　路徽及产权牌

图 1-29　配属标记

2. 制造标记

新造车辆应安装金属的制造厂铭牌,其内容包括制造厂名和制造年份,式样由制造单位确定。货车安装在侧梁(或中梁)的二位或三位,客车安装在车体二位或三位脚蹬上,如图 1-30 所示。

图 1-30　制造标记

3. 车辆检修标记

检修标记是便于车辆计划预防修理制度执行与管理的标记。它记下本次修程、类型及检修责任单位并提醒下一次同类修程应在何时进行等。

(1)定期检修标记

货车定期检修分为厂修、段修、辅修。标记横线上部为段修标记，下部为厂修标记，右侧是本次检修的年、月和检修单位简称，左侧为下次检修年、月。铁路客车的修程按检修周期的不同分为 5 个等级：A5 修(大厂修)、A4 修(小厂修)、A3 修(大段修)、A2 修(小段修)、A1 修(辅修)。检修时间 A1 修须涂打年、月、日，A2、A3、A4 只须涂打年、月。客、货车定期检修标记举例如图 1-31 所示。

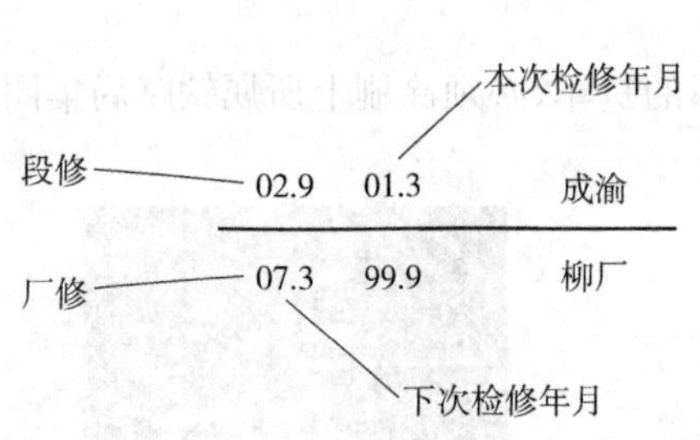

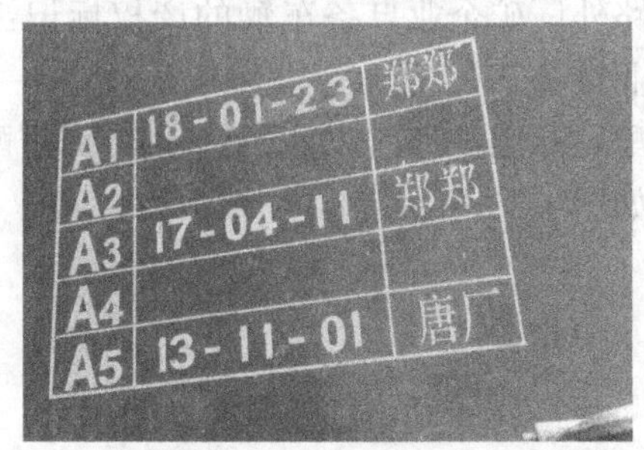

图 1-31　定期检修标记

(2)摘车临修标记

货车因发生临时故障需要从列车中摘下送到修车线修理后，应在车辆端墙板上涂打摘车临修标记，表示摘车临修时车辆装载状态、日期和站修作业场的简称。

例如，空车摘车修标记为 K03、3、6 广北，重车摘车修标记为 Z03、4、11 广衡。

(3)车辆检修有关标记

①㊣延：车辆允许延期检修标记，涂打在厂修标记的左侧。

②车辆方位：分别表示车辆的一位端和二位端，以制动缸活塞推出的方向为一位端，另一端为二位端。货车涂打在两侧梁右端下角，客车涂打在脚蹬的外侧面和内端墙上方。

③车钩中心线：沿车钩钩舌外侧及钩头两侧，在钩身横截面高度 1/2 处用白色油漆涂打一宽度为 5 mm 的水平直线，即为车钩中心线。车钩中心线距轨面的距离应符合规定。

④钩型：在钩头侧面涂有车钩型号(阿拉伯数字)标记，以便识别。

⑤[顶车标记]：表示客车架车作业时，顶车指定部位。

4. 运用标记

(1)性能标记(图 1-32)

①自重:空车时,车辆自身的质量称为车辆自重。以吨(t)为单位。

②载重:车辆允许的最大装载质量,以吨(t)为单位。

③容积:货车内部可容纳货物的体积,以车体内部长、宽、高的乘积表示,以 m^3 为单位。容积下面附括号,在括号内注明"内长×内宽×内高"的尺寸。

④车辆全长:车辆不受纵向外力影响时,两端车钩在闭锁位置时钩舌内侧面之间的距离称,以 m 为单位。

⑤换长:为了编组列车时统计工作的方便,将车辆全长换算成辆数来表示的长度,换算时以长度 11 m 为计算标准,即

$$换长=\frac{车辆全长(m)}{11(m)}$$

计算中保留一位小数,尾数四舍五入,如换长为:1.3、1.5 等。

⑥定员标记:每辆车上允许乘坐、站立或睡眠的旅客人数称为定员。

图 1-32　车辆性能标记

(2)特殊标记

①集中载重标记

标明货车中部一定尺寸范围内允许承受装载重量的标记。载重大于(或等于)60 t 的平车、长大货物车和需要标明集中载重的货车应按长大货物车、平车集中载重表在车底架侧梁中部涂打"集中载重"标记。

②㊇:具有车窗、床托、烟囱座等设备,必要时可供输送人员使用的棚车应涂打"㊇"标记,涂打在车体两侧性能标记的下方。

③(关):货车活动墙板及其他活动部分翻下超过车辆限界者,必须关闭完好后才准运行,应在每扇门内侧及侧梁中部涂打"(关)"标记。

④㊕:允许运输特殊货物的车辆应涂打"㊕"标记,涂打在车体两侧性能标记的下方。

⑤(卷):敞车、煤车、矿石车等在侧梁端部装有卷扬机挂钩者,须在车辆的一、四位牵引钩上方涂打"(卷)"标记,如图 1-33 所示。

（二）动车组编号规则

我国动车组配置制度为统一编号、固定配属，每组动车组均有唯一的编号，由动车组型号及车组号组成。“和谐号”动车组编号由CRH×××所表示的动车组型号及四位车组号组成；“复兴号”动车组编号由CR×××所表示的动车组型号及四位车组号组成。动车组编号（型号及车组号）标记在头车靠近司机室的两侧的侧墙上，标志底部距离轨面1 350 mm，标志中心距靠近司机室的转向架中心线3 000 mm范围内，每列四处，如图1-34所示。

图1-33　卷标记

图1-34　动车组型号及车组号标志在动车组上的位置

1.“和谐号”动车组编号

“和谐号”动车组型号分技术序列代码命名方式和速度目标值命名方式两种，编号示意如下：

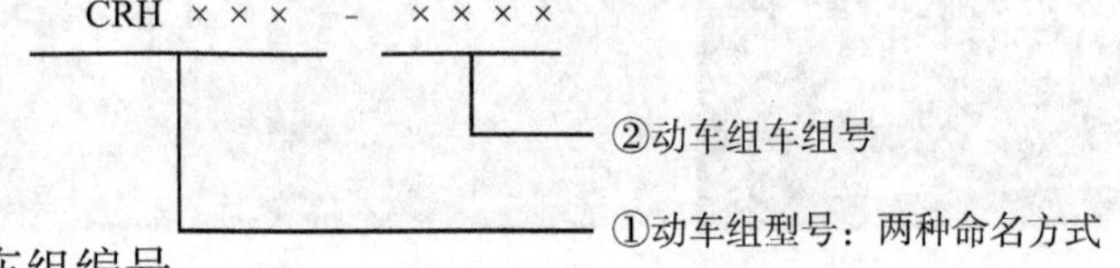

2.“复兴号”动车组编号

2017年1月3日，中国国家铁路局集团有限公司向中车长春轨道客车股份有限公司、中车青岛四方机车车辆股份有限公司颁发了“复兴号”动车组合格证和制造许可证，编号示意如下：

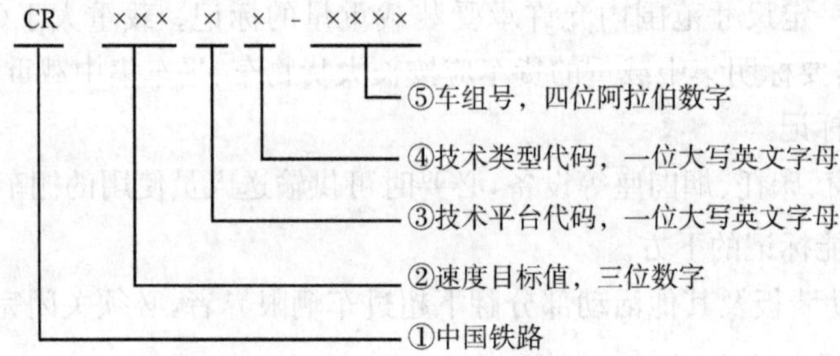

三、铁道车辆方位

铁道车辆的前后、左右方向是一个接近对称的结构，在对称轴上或者对称的部位上有许多结构相同或相近的零、部件，如不设置车辆方位，会对车辆的设计、制造、检修、运用造成一定影响。设置车辆方位就像数学上给定坐标系一样，便于在应用中确定同类型零、部件在车辆中的位置。

1. 车辆的方向

车辆位于平直线路时，沿车辆前后的连接方向叫作车辆纵向。与车辆纵向相垂直的水平方向叫作车辆横向。

2. 车辆的位置

车辆的方位规定以制动缸活塞杆推出方向的车端为一位端，相反的方向为二位端。在车辆的一位端设有手制动机，如图1-35所示。对有多个制动缸的情况则以手制动机安装的位置为一位端。个别车辆两端均装有手制动机者，由设计部门规定，以出厂时所涂打的标记为准。如客车转向架使用盘形制动装置时制动缸数较多，可以手制动机端为一位端；一些长大货车使用转向架群，手制动装置也可能有数个，则以出厂时涂打的标记为准。

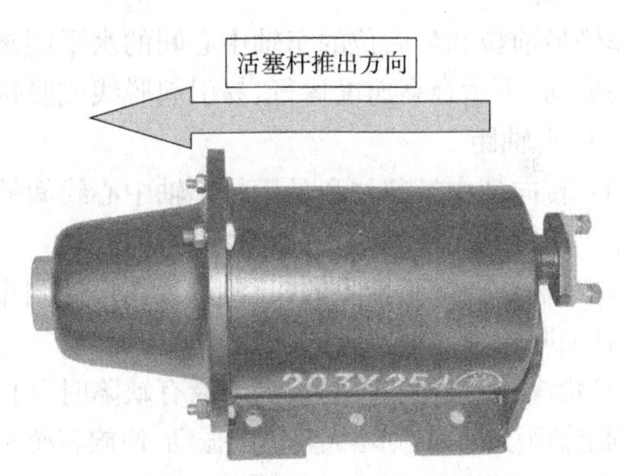

图1-35 手制动机和制动缸

3. 车辆上零部件位置的确定

车辆上的车轴、车轮、轴箱、车钩、转向架、底架各梁和其他零部件位置的确定，如果是纵向排列的，是由一位端数起，顺次数到二位端止；如果零部件位置是左右对称的，则人站在一位端，面向二位端，由一位端开始从左向右按顺序数到二位端，如图1-36所示。

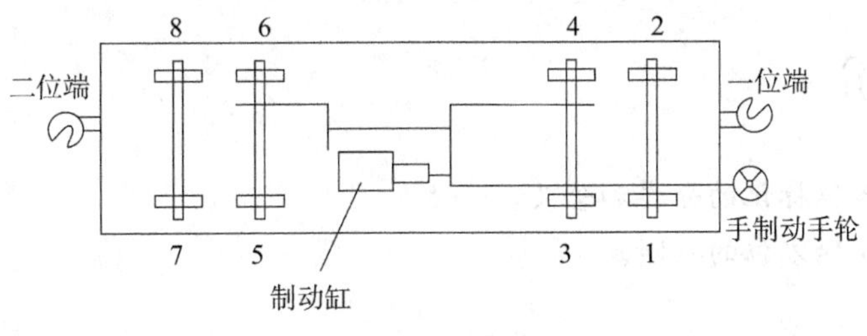

图1-36 车辆的方位

4. 列车中车辆前后左右的称呼法

编挂在列车中的车辆，其前后左右的称呼方法是按照列车运行方向来规定的，其前进的那一端称为前部，相反的一端称为后部，面向前部站立而定出其左右。

四、车辆的轴距与定距

车辆的轴距分为全轴距和固定轴距两种，如图 1-37 所示。

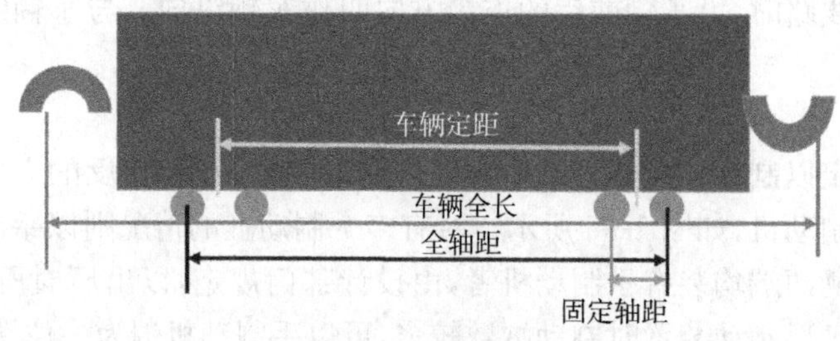

图 1-37　车辆轴距

1. 全轴距

车辆最前位和最后位的车轴中心间的水平距离叫作全轴距。全轴距过小时，会增加车辆的点头振动，不适合高速度运行，易引起脱线或脱钩事故，易使货物损坏或倒塌。

2. 固定轴距

同一转向架中最前位和最后位车轴中心线间的水平距离叫固定轴距。固定轴距不宜过大或过小。固定轴距过大时，有以下害处。

(1)车辆在曲线半径小的线路上运行时，外侧车轮轮缘压迫钢轨内侧面，容易扩大轨间距离，并且加剧轮缘与钢轨间的磨耗。

(2)轮缘容易挤到轨面上，当轮缘有缺陷时，更容易造成脱轨事故。

固定轴距过小时，则增大车辆的振动，使旅客感到不舒适，而且使车辆上螺栓等紧固件容易松弛，各零件易于损坏。因此，一般铁道车辆转向架的固定轴距，货车二轴转向架为 1 650～1 800 mm，三轴转向架为 2 400～2 600 mm；客车二轴转向架为 2 400～2 700 mm，三轴转向架为 3 400 mm。

3. 车辆定距

车辆定距是车体两端支撑处之间的水平距离，有转向架的车辆为底架两心盘中心线间的水平距离。它基本上决定于车体(或底架)的长度，与车辆在曲线上的偏倚量和车体结构强度有密切关系。一般定距与车体长之比为 1∶1.4，称为车辆定距比，如定距比取值过大，易引起牵引梁下垂，而过小时会造成通过曲线线路时车体中部偏移量过大。

效果评价

(1)分组讨论车辆标记的分类和含义。

(2)分组讲解车辆方位的判断。

思考题

1. 简述铁路车辆的特点。
2. 简述铁路车辆标记有哪些？其作用是什么？
3. 如何确定铁路车辆同类型零件在车辆中的位置。

项目二　轨道列车车体

项目描述

轨道列车为实现不同的功能，满足不同运输对象，列车类型复杂，构造各不相同。但从结构组成来看，轨道列车大致分为上下两大部分。上部称为车体，下部称为转向架。

车体是由底架、侧墙、端墙和车顶组成壳形结构。在车体的内部，安放着各种车内设备，例如机车内部的机械、电气设备，以及车辆为了保证货物运输的要求和满足旅客乘坐舒适条件所需的设备。因此车体不仅需要足够的刚度和强度，以便承受各个方向的静载荷和冲击载荷，在结构上要力求满足整齐、通畅，从而为乘务人员和检修工作人员提供安全、方便的工作场所。车体在外形上应该具备良好的空气动力学性能，减小运行时的空气阻力。

本项目除了对轨道列车车体的结构、功能、要求和类型作总的阐述外，还将重点介绍电力机车、铁道车辆、动车组、城轨车辆等轨道列车的车体结构组成和特点。

能力目标

(1)能够认知、分辨电力机车、铁道车辆、动车组、城轨车辆等轨道列车车体的主要结构组成和不同点，熟知其结构名称和作用。

(2)熟练掌握各典型车体关键设备的名称及作用。

任务一　车体总体认知

任务介绍

本次任务从总体上介绍了车体的大致结构、功能、对车体的技术要求和车体的分类。

问题引导

(1)想象一下轨道列车车体有哪些功能？车体设计应注意哪些方面？

(2)我国现有的和谐机车采用了什么样的承载方式？

(3)我国现有的铁路车辆有哪些种类？

(4)与其他车辆车体相比，动车组车体有哪些特点？

(5)城轨车辆的车体应该满足哪些特殊需求？

自觉活动

(1)仔细阅读知识素材中关于车体功能、车体分类的内容,并做好标记。(5分钟)

(2)快速阅读对车体的要求和各个典型轨道列车车体的简介。(7分钟)

(2)归类总结电力机车、铁道车辆、动车组、城轨车辆车体的主要类型和特点。(20分钟)

知识素材

一、车体结构概述

轨道列车车体主要由底架、侧墙、端墙及车顶组成。底架位于车体下部,是车体的基础,承受着作用于列车上的各种垂直载荷和水平载荷,是主要的承载构架。底架上面焊有设备安装骨架,它是车内各种设备安装的基础。车体两侧是侧墙结构。车体前端是前端墙,后端是后端墙,都焊接在底架上。机车、动车组车头和车尾、城轨车辆头车还带有司机室。机车有单司机室和双司机室之分,双司机室位于机车的两端;动车组司机室位于车头车尾的两端,和机车不同的是,动车组司机室和城轨车辆司机室后方设有座席。

二、车体的功能

车体是容纳旅客、装载货物及整备品的部分。它的用途主要表现在以下几个方面:

(1)用来安装各种电气设备和机械设备,并保护车体内各种设备不受雨、雪、风沙的侵袭。

(2)车体是容纳旅客和供乘务人员对列车操纵、维修、保养的场所。

(3)传递垂向力:承受车体内各种设备的重量,并经支承装置传给转向架以至钢轨。

(4)传递纵向力:接受转向架传来的牵引力、制动力,并传给设在车体两端的牵引缓冲装置,以便牵引列车运行或实行制动。

(5)传递横向力:机车在运行时,还要承受各种原因形成的横向力的作用,如离心力、风力等。

三、车体的分类

根据列车的不同类型,车体可以分为:机车车体、车辆车体、动车组车体和城轨车辆车体。

根据车体承载情况,车体可以分为三类不同的承载结构。

1. 底架承载式车体

这种车体,侧墙和车顶均不参与承载,所有载荷均由车体底架承担,因此底架必须保证足够的强度和刚度,因而底架较为笨重。

底架承载式车体从外形看,机车又分为罩式车体和棚式车体两种。罩式车体一般用于工业电力机车,仅为司机室和机器罩而已,车体和底架进行简单的连接。平车、集装箱车、长大货物车、大型预制梁专用车,由于构造上只需要其具有载货的地板面,故作用在地板面上的载荷完全由底架的各梁及钢结构地板承担。

2. 侧墙和底架共同承载式车体

这种车体,侧墙用型钢或钢板压型件焊成骨架,外面包以较厚的钢板,与车体底架牢固地焊成一个整体,共同承担设备的重量及其他载荷。由于各方面的强度和刚度都大大增加,所以底架设计比较轻巧。

3. 整体承载式车体

这种车体,将底架、侧墙和车顶焊成一个牢固而轻巧的承载整体,共同承担全部载荷。车体的强度和刚度更大,底架、侧墙和车顶均采用框架结构,自重可以更轻。

目前,我国干线和谐系列电力机车均采用整体承载框架式侧墙车体,城轨车辆也都采用整体承载结构设计。

四、对车体的要求

由于车体的作用和工作时受力的复杂性,为了使轨道列车安全平稳的运行,车体必须满足以下几点:

(1)车体尺寸应纳入国家规定的机车车辆限界尺寸内。

(2)有足够的强度和刚度,即在列车允许的设计构造速度内,保证车体骨架结构不发生破坏和较大变形,以确保行车安全和正常使用。

(3)适当减轻自重。重量分布均匀,重心尽量低,以适应高速行车的需要。

(4)结构要合理。车体结构必须保证运用、设备安装、检查、保养以及检修更换的便利。

(5)应尽量改善乘务员的工作条件,完善通风、采光、取暖、瞭望、降噪、乘凉等措施。

(6)高速列车车头车尾要有流线型车体外形,车体外表面要光滑,以减少运行时的空气阻力。

(7)在满足上述要求的基础上,力求车体设计美观、大方、富有时代气息。

任务二 HXD1C型电力机车车体结构认知

任务介绍

通过对HXD1C型电力机车车体结构的学习,了解HXD1C型电力机车主要技术特点、技术参数,以及HXD1C型电力机车车体的结构组成。

问题引导

(1)你了解HXD1C型电力机车吗?它是我国哪个厂家生产的,有哪些先进技术?

(2)与SS4G型电力机车相比,HXD1C型电力机车的车体结构会有哪些不同之处?

自觉活动

(1)仔细阅读知识素材中关于HXD1C型电力机车概述、技术参数、车体结构等全部内容,并在文中对重要内容做好标记。(20分钟)

(2)在空白卡片上用10~20个关键词描述HXD1C型电力机车的主要技术特点及先进

性。(10 分钟)

(3)画出 HXD1C 型电力机车车体的示意图,并在图中标注各部件的名称和位置。(10 分钟)

(4)比较 HXD1C 型电力机车与 SS4G 型电力机车在车体结构方面的异同。(5 分钟)

知识素材

一、HXD1C 型电力机车主要特点

HXD1C 型电力机车(图 2-1)是一款干线铁路重载货运的交流电力机车,机车采用国际标准电流制,即单相工频制,电压为 25 kV。

图 2-1 HXD1C 型电力机车

HXD1C 型电力机车就其电气传动方式而言,属于交—直—交传动,其工作原理是由接触网供给高压交流电,在机车上降压、整流通过中间直流环节变成直流电,然后再通过牵引逆变器、辅助逆变器将直流电变换成三相交流电,用来驱动交流牵引电机及其他辅助三相交流电机。

牵引电路采用由 IGBT 模块(3.3 kV/1 200 A)组成的四象限整流器和逆变器,每重四象限 PWM 整流器和一个逆变器组成一组供电单元,采用牵引电机轴控技术。

辅助电路采用独立的辅助变流器供电。每台机车配置两台辅助变流器,分别为恒压恒频变流器(CVCF)和变压变频变流器(VVVF)。

HXD1C 型电力机车采用网络控制系统,实现网络化、模块化,使机车控制系统具有控制、诊断、监测、传输、显示和存储功能,控制网络符合 IEC 61375 的标准要求。

机车采用整体承载结构型式车体。钩缓系统采用适应重载列车运输要求的 E 级钢车钩及大容量弹性胶泥缓冲器,并采用变形吸能装置。

机车采用双司机室结构,司机室结构和设备布置符合人机工程学要求和美学原理．采取多项措施降低司机室噪声,为乘务人员提供舒适的工作环境。机械间设中间走廊。设备按斜对称原则布置,采用预布线和预布管设计,便于维护检修。

机车采用两台 C_0 转向架。转向架能够满足(23+2)t 轴重机车的运用要求;驱动系统采用滚动抱轴承传动的抱轴悬挂驱动，构架为箱形梁焊接构架，齿轮箱采用了高强度铝合金；一系悬挂采用轴箱拉杆＋螺旋钢弹簧方式；二系悬挂采用高挠螺旋钢弹簧结构；牵引装置采用低位推挽式斜拉杆传递机车牵引力和制动力。

机车制动控制系统采用符合 AAR 标准要求的基于计算机网络的适用于干线货运机车的先进制动系统，具备自动制动、单独制动、紧急制动、列车管流量检测等功能。

机车具有通过 WTB 总线进行多机（最多三台）重联控制及显示功能，并预留了远程重联控制系统的软件、硬件接口及安装平台。

二、HXD1C 型电力机车技术参数

HXD1C 型电力机车是一种用于牵引 120 km/h 重载长大列车的 6 轴干线货运交流传动电力机车，机车采用 C_0—C_0 轴式。在其标准配置中，机车整备质量为 138 t，对应轴重为 23 t。加上压车铁后轴重可以增加到 25 t。能满足长距离区间、长大坡道上牵引重载长大编组货运列车运行的运输需要。

HXD1C 型电力机车主要技术参数见表 2-1。

表 2-1　HXD1C 型电力机车主要技术参数

用途	货运
电流制	单相交流 25 kV/50 Hz
工作电压额定值	25 kV
轴式	C_0—C_0
电传动方式	交—直—交
机车轮周功率（持续制）	7 200 kW
机车最高运行速度	120 km/h
机车最高速度	132 km/h（新轮）
机车电制动方式	再生制动
传动方式	单边斜齿传动
传动比	106/17＝6.235 3
空气制动机型式	CCBⅡ型电空制动机
机车总风缸容积	1 600 L
空气压缩机能力	2 400 L/min×2
车钩中心线距轨面高度（新轮）	(880±10)mm
机车前后车钩中心距	22 670 mm
机车车体宽度	3 100 mm
机车最大宽度（后视镜处于打开工作状态）	3 329 mm
机车车顶距轨面高度	4 040 mm
机车转向架中心距	11 760 mm

续上表

受电弓降下时受电弓滑板距轨面高度	不大于 4 750 mm（新轮）
机车转向架固定轴距	1 轴到 2 轴：2 250 mm；2 轴到 3 轴：2 000 mm
车轮直径	1 250 mm（新轮），1 150 mm（全磨耗）
砂箱总容量	0.1 m^3×8
齿轮箱底面距轨面高度	不小于 120 mm（新轮）
机车排障器距轨面高度	(110±10)mm

三、HXD1C 型电力机车车体结构

1. 概述

HXD1C 型电力机车车体为双司机室的框架空间结构，它既是机车所有设备的载体，又是机车动力的传递载体，除走行部件外的其他机械、电气设备以及附属装备都安装在车体上，同时在机车运行过程中，车体不但要传递牵引力和制动力给车钩同时承受垂向载荷，还要承受水平方向的冲击载荷和侧向力的作用。

作为电力机车的主要承载部件，车体采用整体式承载结构，以便具有足够的强度和刚度并适应两万吨重载牵引的要求。车体是由钢板和钢板压型件组焊而成的全焊接结构，其中司机室、底架、侧墙、隔墙及后端墙等主要钢结构部件组焊成一个箱形壳体结构，顶盖设计成可拆卸的形式，以便于车内设备吊装。车体外形设计成粗犷有力的大棱角并有适度的圆角过渡，并设置有车钩缓冲装置、排障器、车体各室门和司机室侧窗等附属部件。HXD1C 型电力机车车体如图 2-2 所示。

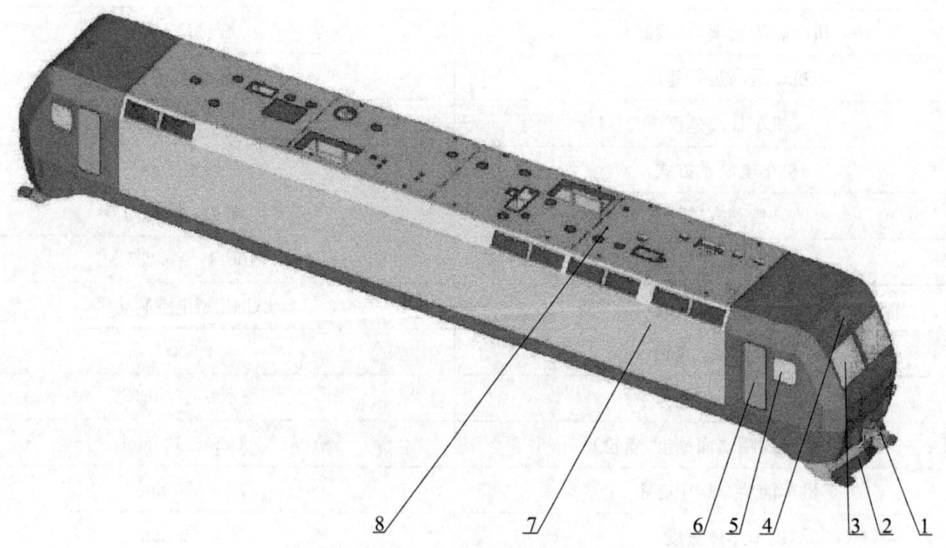

图 2-2 HXD1C 型电力机车车体

1—车钩缓冲装置；2—排障器；3—前窗玻璃；4—头灯玻璃；5—活动侧窗；
6—机车门；7—车体承载结构（包括司机室、底架、侧构）；8—机车顶盖

2. 主要结构参数及特点

HXD1C 型电力机车车体设计主要采用 UIC、DIN、EN 等。标准作为整体承载车型，HXD1C 型电力机车车体依照 UIC 566、EN 12663、ERRI B12/RP17 等相关静强度、疲劳强度设计及评判标准，将整体骨架设计为适当的箱形网状结构，使应力通过车体整体骨架均匀、有效地分布和传递。司机室结构设计符合 UIC 651 的相关要求，并充分考虑了人机工程学；侧窗外蒙皮采用细晶粒高强度结构钢以应对侧窗窗角的应力集中；底架采用了贯通式中央纵梁的框架结构；侧构设计成上倾斜的网架式结构；顶盖采用平板小顶盖结构；机械室采用中央走廊方式；钩缓系统选用了小间隙的 13B 型 E 级钢车钩和大容量的 QKX100 型弹性胶泥缓冲器，缓冲器后面设置了过载保护的变形吸能装置。具体结构参数如下：

车体宽度	3 100 mm
车钩纵向中心线距离	22 670 mm
车钩中心线距轨面高度	(880±10)mm
车体顶盖距轨面高度	4 040 mm
底架地板上平面距轨面高度	1 600 mm
机械间净空间长度	16 070 mm

HXD1C 型电力机车车体结构还具有以下综合特点：

(1)车体采用整体承载结构，沿车钩纵向水平中心线可承受 3 000 kN 的静压力和 2 500 kN 的静拉力而不会产生永久性变形。

(2)车体底架侧梁外侧设有 4 个检修作业用的吊销套，车体前后牵引梁两旁还设有 4 个救援用的吊销套。

(3)车体与转向架之间设有备用的连接装置，可将车体同转向架一并吊起。车体和转向架同时整体或一端吊起时，车体各部分不会产生永久性变形和其他损坏。

(4)车体底架边梁下部设有 4 个架车支承座和供检修用的 4 个支承点。

(5)车体内机械室设有中央直通式走廊，走廊宽度为 600 mm。

(6)司机室前上部设有宽敞明亮、视野开阔的前窗，前窗玻璃采用能自动除霜的电加热玻璃，司机室侧面设有两个带联动锁的入口门和能够上下启闭的活动侧窗。司机室后墙处设有通往机械室的门。

(7)机车的司机室前端两侧设有方便调车员调车作业的脚踏板，并有相应的扶手。

(8)底架前端牵引梁下方装有排障器，其中央底部能承受 137 kN 的静压力。

(9)车体组焊后要求侧构表面平面度在 2 000 mm 内不超过 3 mm，不允许有硬伤或局部凹凸不平现象；车体两侧倾斜度不大于 5 mm；两侧构组装时，与车体顶盖连接的安装孔距和各连接横梁顶盖沿车体纵向安装的尺寸公差须符合要求范围。

(10)车体总成以及各部件的焊接应依据相关的检测规范进行试验和检查，各板搭接处应进行焊前预处理。

3. 底架

HXD1C 型电力机车车体底架采用贯通式中央纵梁的框架结构，主要由前端牵引梁、后端牵引梁、侧梁、枕梁、变压器梁、中央纵梁、底架盖板、底架上焊接部件等组成，具体结构如图 2-3、图 2-4 所示。底架材料主要为 10 mm、12 mm、16 mm、20 mm、40 mm 等板厚的低温容器板 16MnDR，或压型或加工，以坡口焊接为主，并进行整体静调处理。各主要承载梁均采用钢板或钢板压型件组焊成箱形或类似结构，从整体上提高了车体的刚度和强度。各横向梁与侧梁连接均采用插入式焊接连接，而且插入处均采用了圆弧过渡，有效避免了连接部位截面变化引起刚度突变以至于应力集中。

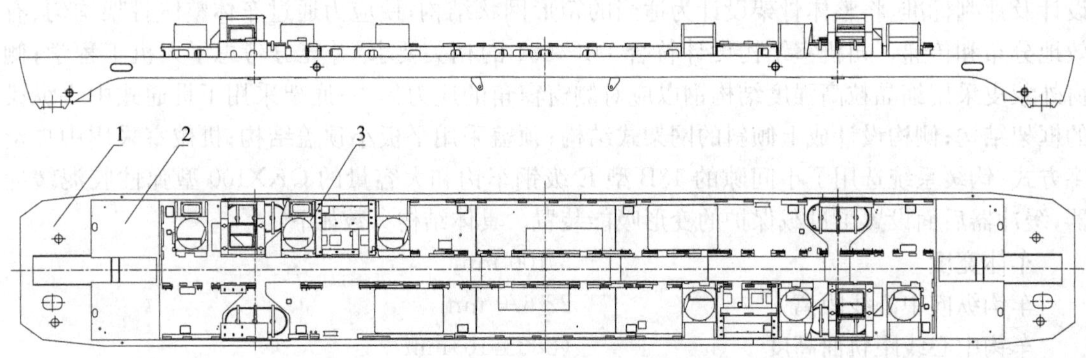

图 2-3　HXD1C 型电力机车底架

1—底架框架；2—底架地板；3—车内设备安装骨架

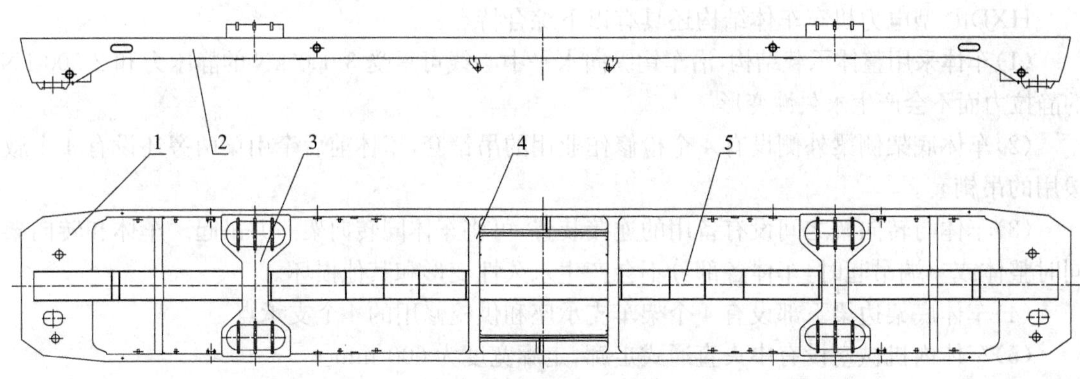

图 2-4　HXD1C 型电力机车底架框架

1—牵引梁；2—侧梁；3—枕梁；4—变压器梁；5—中央纵梁

4．司机室

HXD1C 型电力机车布置有两个具有同样操作功能的司机室，分别设在机车前后两端。司机室采用准流线型外形，增强了整体外观的视觉效果。司机室的布置符合人机工程学的要求和美学原理，保证整个司机室具有友好的人机界面，便于司机操作和日常检查维修。司机室前部设有前窗，采用胶黏方式将两块复合的电加热玻璃分别与司机室钢结构粘接联结。司机室两侧面设有可上下开启的活动侧窗以及入口门。司机室后墙上设有走廊门，通向机械间中央走廊。

司机室顶部焊有头灯安装箱及天线安装座，前下部左右两边对称焊有安装机车副头灯的安装法兰。在司机室前窗口边沿下及两侧大倒角处，焊有方便维护、清洁及调车用扶手杆。为保证司机室的防寒隔热，在司机室各主要骨架梁焊接前塞满防寒隔声材料。

司机室钢结构如图 2-5 所示。

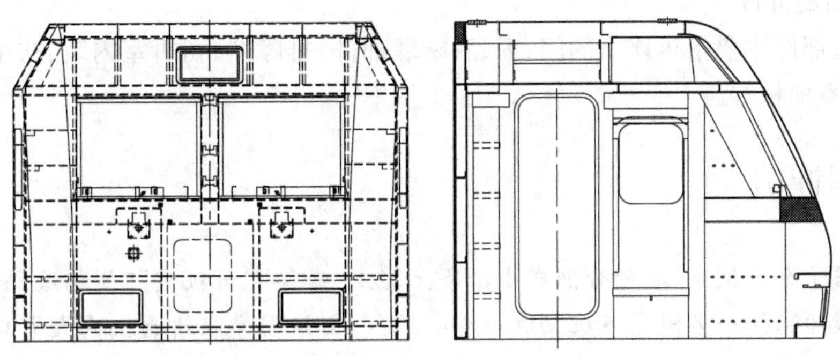

图 2-5　HXD1C 型电力机车司机室钢结构

5. 侧构及隔墙

HXD1C 型电力机车车体侧构采用了上倾斜网架式结构，根据设计计算分析结果，侧构骨架的设计和布置充分体现了强度和刚度强弱合理布置的原则。如布置于侧构上部的两根上弦梁均采用了 6 mm 厚的板材，通过压型、焊接、设置加强隔板等方式，形成封闭的箱形结构，并且两上弦梁之间设置了较多、较强的连接梁，有效强化了侧构上弦梁部位的强度和刚度；而侧构下部骨架的立柱和横梁大都设计成一边均匀断续开口的角梁结构，断续边与蒙皮焊接在一起，使断续边与蒙皮自然形成坡口，保证了其焊接可靠性，也降低了侧构平面的焊接变形，同时由于下料成型的均匀断续边，减少了人工控制断焊的不均匀性，提高了焊接质量。侧构上弦梁部位设置了多个通风口，用于安装单独通风冷却电气设备的通风过滤装置。侧构顶部焊接了 HALFEN 安装轨，用于安装车体顶盖。侧构除上弦梁外的其他纵、横梁均采用 3 mm Q345E 钢板压型，蒙皮也采用 3 mm Q345E 钢板。

HXD1C 型电力机车车体隔墙因不承受较大的载荷，其骨架厚度设计较薄。隔墙的司机室侧设置了隔声性能优良的减振复合隔声钢板，有效地隔离了机械间噪声对司机室的污染。后端墙不仅构成车体箱体结构的一个端面，还要考虑与另一节车相连，因此设计了后端墙门和通道。后端墙上还设置了尾照灯、连挂风挡等。

6. 顶盖

HXD1C 型电力机车车体顶盖为 4 个可拆卸的框架式活动小顶盖，通过 HALFEN 螺栓与侧墙和顶盖联结横梁上的 HALFEN 安装轨相连。顶盖 1、顶盖 4 上均焊有受电弓安装座，顶盖 1 上还设有检修人员登顶用的天窗门；顶盖 2 上有高压互感器安装座和通风口安装座；顶盖 3 上有冷却塔进风网安装座；除此之外，各顶盖上还焊有绝缘子安装座。顶盖结构如图 2-6 所示。

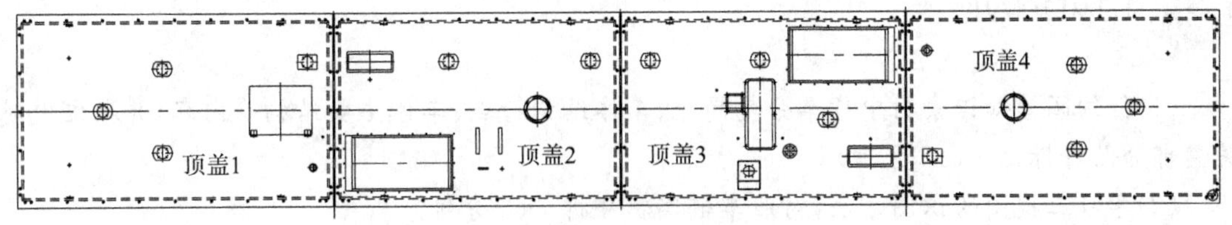

图 2-6　HXD1C 型电力机车车体顶盖结构示意

7. 车体附属部件

车体附属部件主要指车体上的门、窗、后端墙部件、排障器、司机室内装、扶手杆、脚踏、走廊盖板、司机室地板等。

效果评价

准备好若干个小纸条,教师分别在小纸条上写上“底架”“司机室”“侧构及隔墙”“顶盖”等部件名称。教师选择一名同学随机抽取一个小纸条,由该同学在讲台上向大家口述该部件在车体上的位置及其结构组成。依次往复进行,教师负责观察学习效果。

思考题

1. 车体有哪些功能？对车体的要求有哪些？
2. 按车体的用途分类,有哪几类车体？
3. 按车体承载方式分类,有哪几类车体？
4. HXD1C 型电力机车车体有哪些特点？HXD1C 型电力机车车体由哪几部分组成？

任务三　货车车体结构认知

任务介绍

近年来,我国研制开发了具有自主知识产权的载重 70 t 级敞车、棚车、平车、罐车和漏斗车等 5 大类 10 余种新型提速、重载铁路货车,实现了中国铁路货车由 60 t 级向 70 t 级全面升级换代。本次任务主要了解敞车、平车、棚车、罐车等主要特点,重点学习其车体结构特点,掌握车体底架、侧墙、端墙、车顶等部件的结构组成及作用。

问题引导

(1)你对铁路货车分类有哪些认识？

(2)猜猜使用最多的铁路货车是哪一类？

自觉活动

(1)仔细阅读知识素材中货车分类简介、车体结构特点、车体主要结构等内容,并在文中对关键部分做好标记。(15 分钟)

(2)学习三视图的识图方法,对照车辆实物分析。(5 分钟)

知识素材

一、敞车（C70 型）

敞车具有固定的侧墙和端墙，无车顶。该车主要用来运送煤炭、矿石、木材、钢材、集装箱等货物；敞车加盖防水帆布或其他遮篷后，可以代替棚车使用，运送怕湿损货物；敞车可以运送轻型的机械设备。

敞车具有很大的通用性，在货车中数量最多，约占货车总数的 60％以上。我国所使用的敞车主要有 C62A 型、C62B 型、C64 型、C64K 型等载重 60 t 的通用敞车，25 t 轴重通用敞车 C70 型、运煤专用车 C63 型、C60 型、C80 型、加长敞车等。

C70 型敞车装用转 K6 型转向架，其主要性能参数及尺寸如下：

载重	70 t
自重	≤23.6 t
轴重	≈23 t
容积	77 m^3
运营速度	120 km/h
车辆长度	13 976 mm

C70 型敞车由底架、侧墙端墙、车门等部件组成，如图 2-7 所示。车体为全钢焊接结构，主要材料采用屈服强度为 450 MPa 的耐候钢。

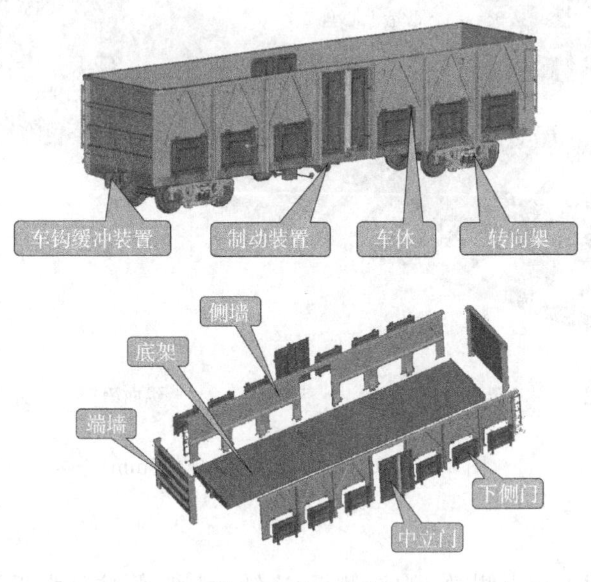

图 2-7　C70 车体

1. 底架

底架（图 2-8）由中梁、侧梁、枕梁、大横梁、端梁、纵向梁、小横梁及钢地板组焊而成，如图 2-8 所示。中梁采用 310 乙型钢组焊而成，允许采用冷弯中梁，侧梁为 240 mm×80 mm×8 mm 的槽形冷弯型钢；枕梁、横梁为钢板组焊结构，底架上铺 6 mm 厚的耐候钢地板；采用锻造上心盘(直径为 358 mm)及材质为 C 级铸钢的前、后从板座，前、后从板座与中梁间、脚蹬与侧梁间均采用要求的专用拉铆钉连接。

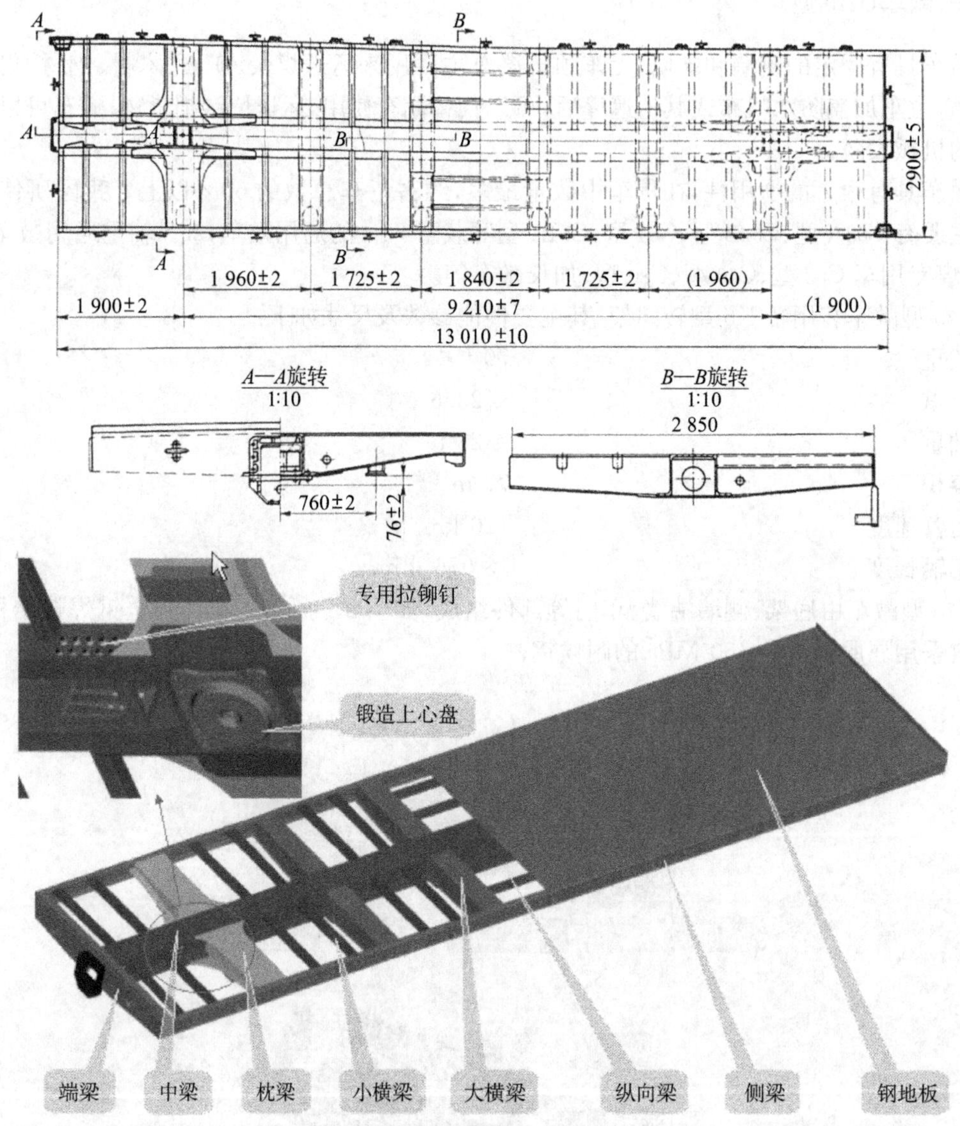

图 2-8　C70 车体底架组成(单位：mm)

2. 侧墙

侧墙为板柱式结构，由上侧梁、侧柱、侧板、连铁、斜撑、侧柱补强板及侧柱内补强座等组焊而成，如图 2-9 所示。上侧梁采用 140 mm×100 mm×5 mm 的冷弯矩形钢管，侧柱采用 8 mm 厚冷弯双曲面帽形钢，侧柱与侧梁采用专用拉铆钉连接。

3. 端墙

端墙由上端梁、角柱、横带及端板等组焊而成，如图 2-10 所示。上端梁、角柱采用 160 mm×

100 mm×5 mm 的冷弯矩形钢管，横带采用断面高度为 150 mm 的帽形冷弯型钢。

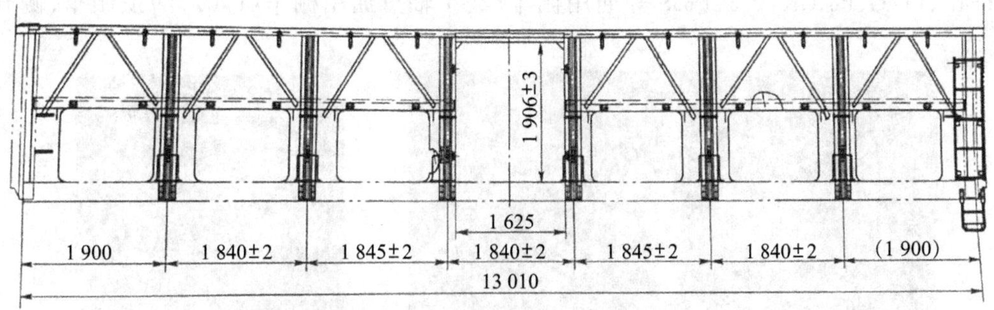

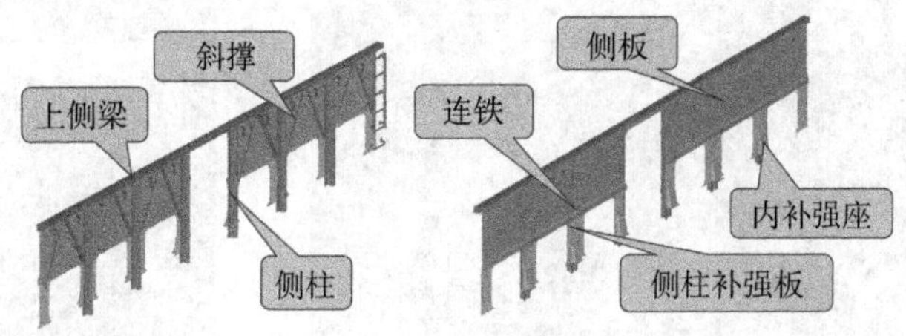

图 2-9　C70 车体侧墙(单位:mm)

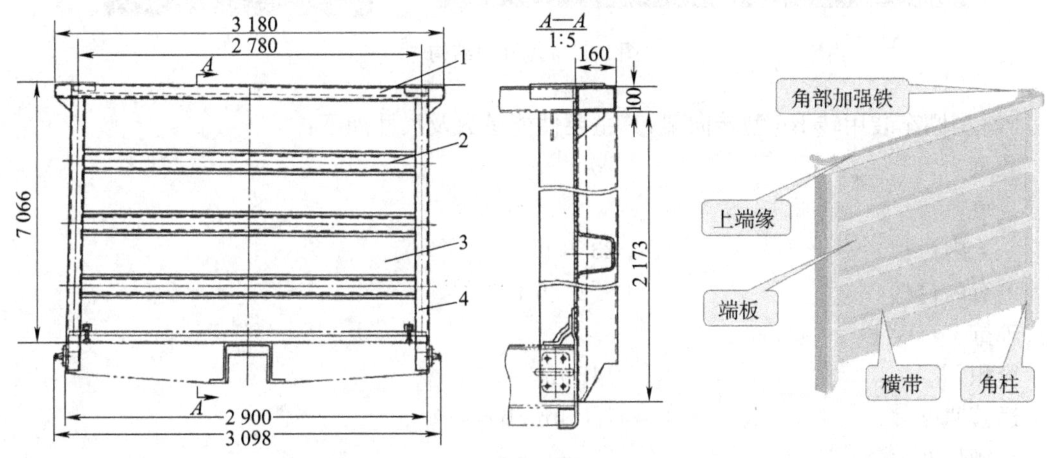

图 2-10　端墙(单位:mm)

4. 侧开门及下侧门(图 2-11)

在车体两侧的侧墙上各安装一对侧开式侧开门及 6 扇上翻式下侧门。侧开门采用新型锁闭装置，门边处组焊槽型冷弯型钢，增强了刚度并将通长式上锁杆封闭其中，防止变形与磕碰。下门锁采用偏心压紧机构，当车门关闭后，通长式上锁杆可防止下门锁蹿出，操作简单，安全可靠。下侧门结构与 C64 型敞车相同。

二、棚　　车

棚车设有车顶、侧墙、端墙和门窗。棚车主要用来运送怕日晒、雨淋、雪浸的货物，如粮谷、食品、日用品及贵重仪器设备等。除货运外，部分棚车还可以运送人员和马匹。

棚车具有较大的通用性，其数量约占货车总数的20%左右。我国所使用的棚车主要有P64、P64A、P64G、P64GK、P65、P65S等通用棚车；25 t轴重通用棚车(P70)、活顶棚车、侧开棚车等。

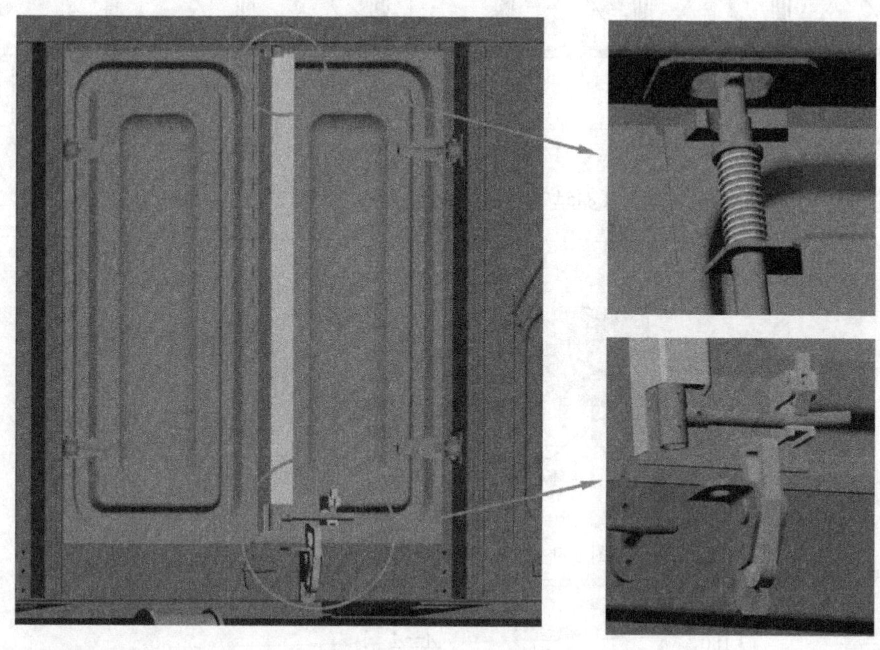

图2-11　侧开门结构

P70型棚车装用转K6型转向架，其主要性能参数及尺寸如下：

载重	70 t
自重	
无内衬板	23.8 t
有内衬板	≤24.6 t
轴重	23 t
容积	145 m^3
运营速度	120 km/h
车辆长度	17 066 mm

P70型棚车主要由底架侧墙、端墙、车顶、车门、车窗等组成，如图2-12所示。该车车体为全钢焊接整体承载结构，底架主要型钢板材采用Q450NQR1高强度耐候钢，端、侧墙及车顶的主要型钢板材采用09CuPCrNi-A耐大气腐蚀钢。

1. 底架

底架由中梁、枕梁、下侧梁、大横梁、端梁、小横梁、纵向梁、地板等组成，如图2-13所示。中梁采用屈服强度为450 MPa的热轧310乙型钢或冷弯中梁；采用直径为358 mm的锻钢上心盘和C级铸钢的前、后从板座；下侧梁为冷弯型钢组焊成的鱼腹形结构；枕梁为双腹板、单层上下盖板组焊而成的变截面箱形结构；大横梁为工字形组焊结构；底架铺设竹木复合层积材地板，门口处装3 mm厚扁豆形花纹钢地板，装用车号自动识别标签，预留便器安装座及火炉安装孔。前、后从板座与中梁间，脚蹬与侧梁间均采用专用拉铆钉连接。

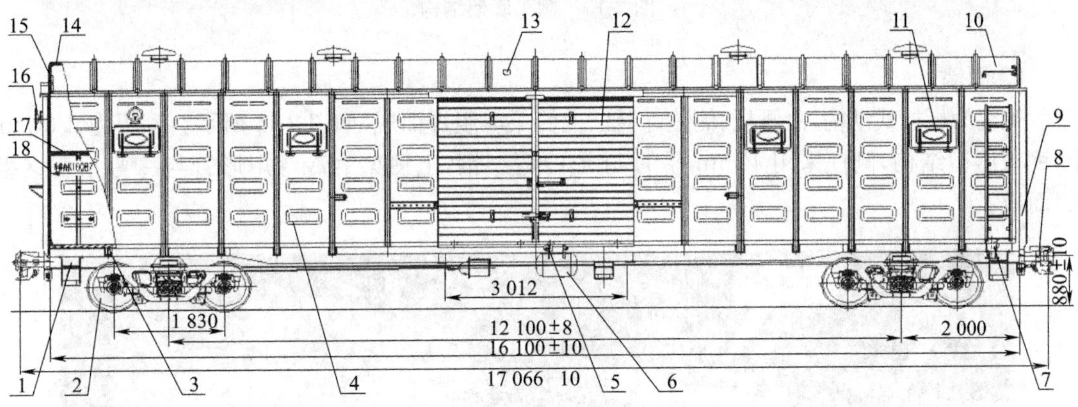

图 2-12　棚车结构(单位:mm)

1—底架组成;2—转 K6 转向架;3—底架木结构;4—侧墙组成;5—底架附属件;6—风制动装置;7—便器组成;8—车钩缓冲装置;9—端墙组成;10—车顶组成;11—车窗组成;12—车门组成;13—烟囱座组成;14—车顶木结构;15—电气安装;16—手制动装置;17—侧墙木结构;18—端墙木结构

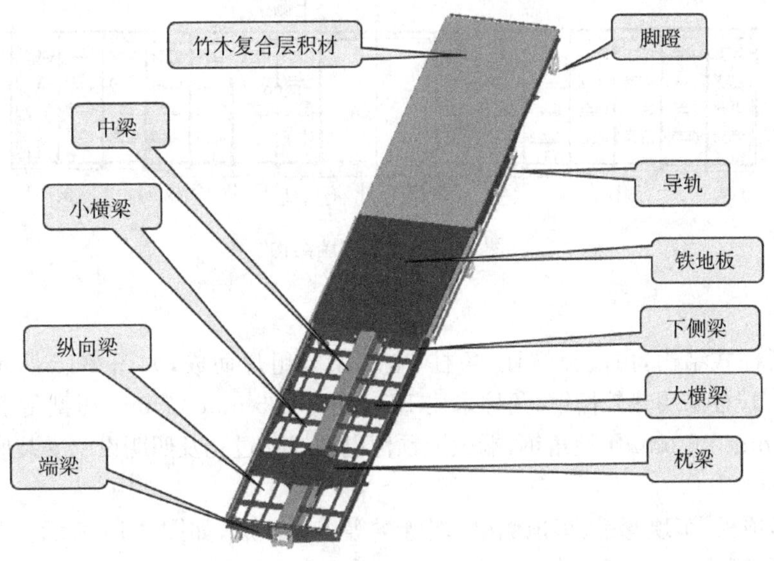

图　2-13

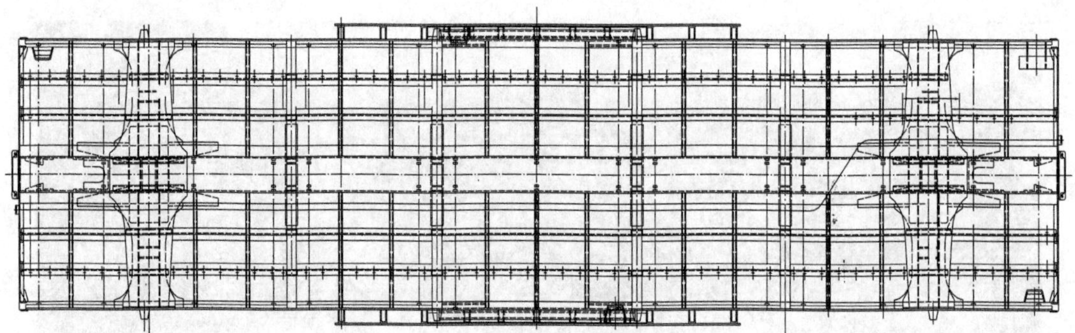

图 2-13　棚车底架结构

2. 侧墙

侧墙为板柱式结构，由侧板、侧柱、门柱、上侧梁等组焊而成，如图 2-14 所示。侧板为 2.3 mm 厚钢板压型结构，侧柱采用 4 mm 厚的 U 形冷弯型钢，上侧梁为冷弯矩形管与冷弯角型钢组焊而成。

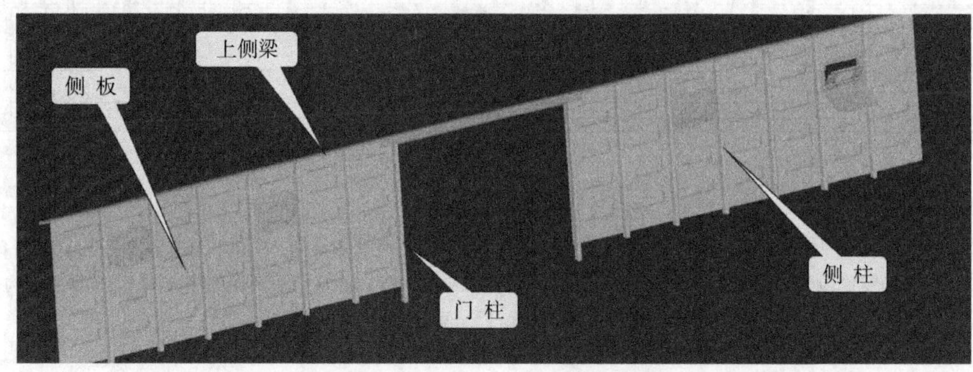

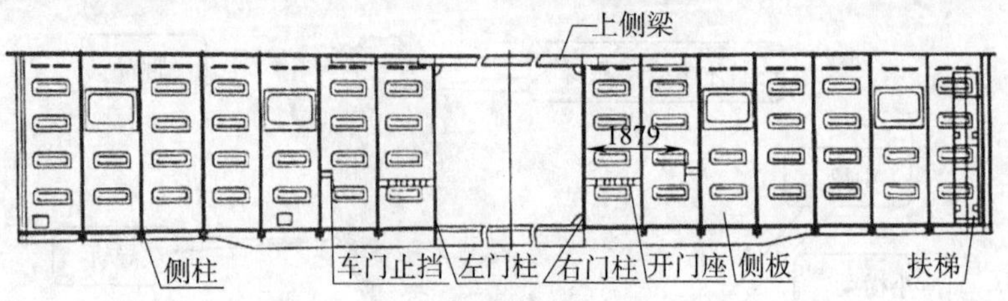

图 2-14　棚车侧墙结构

3. 端墙

端墙为板柱式结构，由端板端柱、角柱、上端梁等组焊而成，如图 2-15 所示。端板采用 3 mm 厚钢板，端柱采用热轧槽钢，角柱采用 125 mm×125 mm×7 mm 压型角钢，上端梁采用 140 mm×60 mm×6 mm 压型角钢，端板上预留电源线通过孔及照明设施安装座。

4. 车顶

车顶由车顶板、车顶弯梁、车顶侧梁、端弯梁等组焊而成，如图 2-16 所示。车顶弯梁为圆弧形结构，车顶侧梁采用冷弯型钢。车顶外部安装 4 个通风器和 1 个烟囱座，车顶弯梁处设有照明设施安装板。

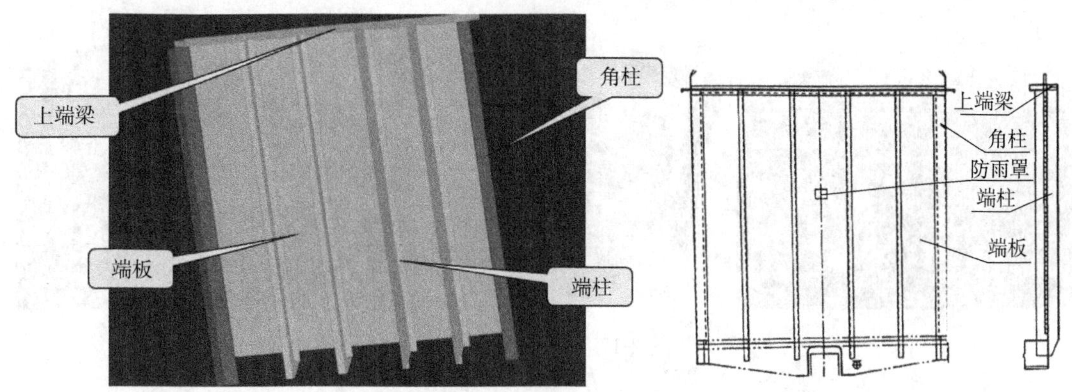

图 2-15　棚车侧墙结构

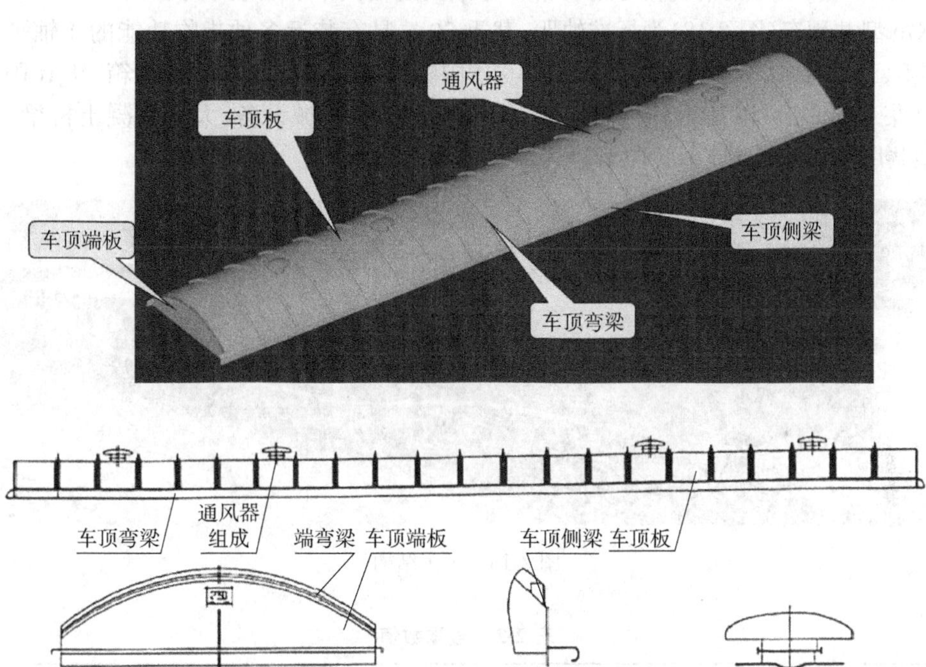

图 2-16　棚车车顶结构

5. 车门、车窗

车体每侧安装一组推拉式对开车门，车门板采用 1.5 mm 厚冷弯波纹板，车体每侧设 4 扇下翻式车窗，如图 2-17 所示。

三、平　　车

平车属于底架承载结构的车辆，两侧通常设有柱插。平车主要用来运送钢材、木材、汽车、拖拉机、军用车辆、机械设备及集装箱等货物。部分平车装有活动矮侧墙、端墙，也可以运送矿石、沙土、石砟等散粒货物。

平车是一种运用较广的通用车辆，其数量约占货车总数的 5%左右。我国所使用的平车

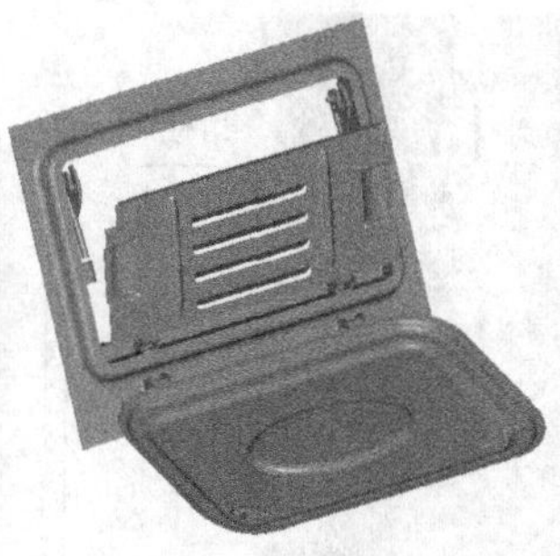

图 2-17　棚车车门结构

主要有 N_{17} 系列平车、NX_{17} 型、NX_{70}(NX_{70}A)型平—集两用车、X_{6}A 型、X_{6}B 型、X_{6}C 型、X_{1}K 型、X_{2}K(X_{2}H)型、X_{3}K 型集装箱专用平车、SQ 系列运输汽车双层平车等。

NX_{70} 型共用车(图 2-18)为标准轨距、载重 70 t、具有装运多种货物功能的 4 轴平车。可装载 20 ft(1 ft=0.304 8 m)国际标准箱、40 ft 国际标准箱。45 ft 国际非标箱、48 ft 国际非标箱、50 ft 集装箱,还可以装运各种军用装备、钢材、汽车、机械设备、大型混凝土桥梁等货物。NX_{70} 型共用车装用转 K6 型转向架。其载重数值见表 2-2。

图 2-18　平车结构

表 2-2　载重数值

载　重	数　值	
均布	72 t	
集重	1 m	30 t
	2 m	35 t
	3 m	45 t
	4 m	50 t
	5 m	55 t

NX_{70}(NX_{70}H)型共用车由底架、地板、集装箱锁闭装置、端门、制动装置、向架等部分组成,如图 2-19 所示。

1. 底架(图 2-20)

底架为全钢焊接结构,由端梁,中梁,侧梁,枕梁,中央大横梁,大、小横梁和辅助梁等组焊

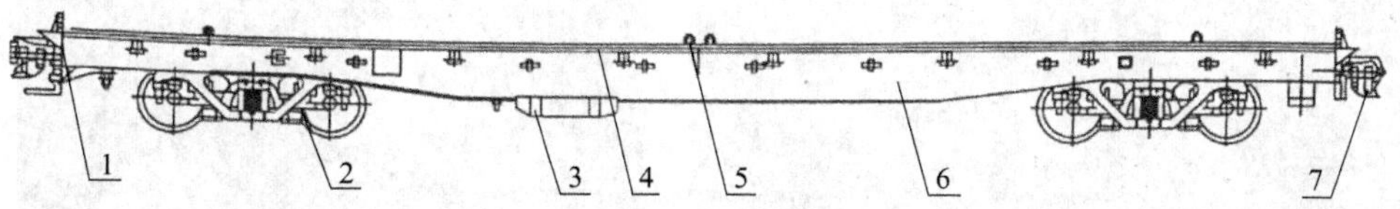

图 2-19　NX70(NX70H)型共用车平车结构

1—端门;2—转向架;3—制动装置;4—地板;5—集装箱锁闭装置;6—底架;7—车钩缓冲装置

而成。

中梁为两根 H630 mm×200 mm×13 mm×20 mm 型钢制成鱼腹形,加 10 mm 厚上、下盖板组焊成箱形结构,侧梁为单根 H600 mm×200 mm×11 mm×17 mm 型钢制成鱼腹形。底架设有中央大横梁以及工字形大横梁。中、侧梁间设有纵向辅助梁,端梁上设有绳栓,侧梁上设有柱插和绳栓。采用直径为 358 mm 锻钢上心盘及材质为 C 级铸钢的前后从板座。前、后从板座与中梁间采用符合要求的专用拉铆钉连接,装用铁路货车车号自动识别系统车辆标签。

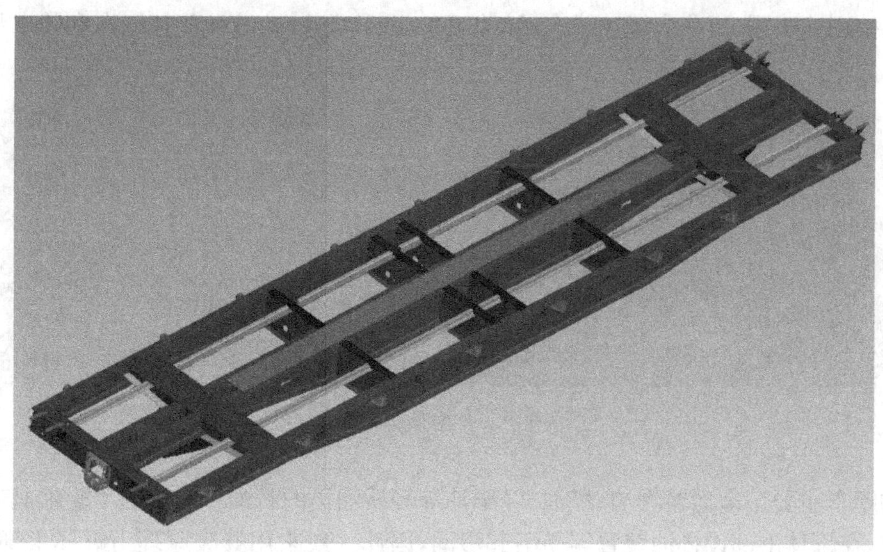

图 2-20　NX70(NX70H)型共用车平车底架结构

2. 地板

底架上铺有 70 mm 厚木地板或 45 mm 厚竹木复合层积材地板。

3. 集装箱锁闭装置

底架上设有集装箱锁闭装置(图 2-21),锁头可原位翻转。

四、轻油罐车

罐车(图 2-22)是一种罐状车体的车辆,是用来运送各种液体、液化气体及粉末状货物的专用车辆。罐车约占货车总数的 9.8%左右。罐车的装载能力是以体积来度量的,罐车的标记载重是以实际运输货物的比重来计算的,即测量罐体内所盛液体的水平面高度,根据液体容积表查得所盛液体的质量。每一种规格的罐体均有其容积折算表。

罐车的类型虽多,但其结构形式和主要部件基本相同。车体为圆筒形罐体,其两端用卡带

图 2-21　集装箱车锁闭装置

紧固在枕梁上。为方便货物的装卸及检修人员进入罐体，在罐体顶部设有进人孔，在进人孔的一侧安装有呼吸式安全阀。在罐体的顶部还设有走板、工作台、安全栏杆，罐体上设有卸油装置及内外扶梯等。

罐车按用途不同，可分为轻油罐车、黏油罐车、酸碱类罐车、液化气体罐车和粉末状货物罐车等。

图 2-22　罐车实物图

轻油罐车主要用来运输汽油、煤油、轻柴油等轻质油类的石油产品。由于轻油具有较强的渗透能力，在罐体下部设排油装置容易引起渗漏，因此一般来用虹吸原理由罐体上部卸货（即上卸式）。罐体外部涂成银灰色，以减少太阳辐射的影响，从而减少轻油类货物的蒸发。我国生产的轻油罐车主要有 G60 型、G60A 型、G70 型、GQ70 型、GQ7H 型轻油罐车。

G70 型轻油罐车是我国目前运用中的主型轻油罐车，是 G60 的升级换代产品。G70 型轻油罐车是在总结无底架罐车的基础上，充分利用轴重和限界，载重较 G60 提高 10 t。G70 型轻油罐车装用转 K6 型转向架，GQ70H 型轻油罐车装用转 K5 型转向架。

GQ70 型轻油罐车主要性能参数及尺寸如下：

载重　　70 t

自重　　≤23.6 t

轴重　　22.73～23.46 t

罐体总容积　　80.3 m^3

罐体有效容积　　78.7 m^3

运营速度　　120 km/h

GQ70 型轻油罐车采用无中梁结构，主要由罐体装配、牵枕装配、车钩缓冲装置、制动装置、转向架及安全附件等组成，如图 2-23 所示。车端不设通过台。

1. 罐体装配

罐体装配主要由封头、筒体、人孔、聚液窝等组成。罐体采用直锥圆截面斜底结构，底部由筒体两端向中间截面下斜，斜度为 1.2°。封头采用 1∶2.5 椭圆封头，内径为 3 050 mm，壁厚 10 mm，材质为 Q295A 低合金高强度结构钢。筒体两端内径为 3 050 mm，中部内径为 3 150 mm，壁厚 10 mm，材质为 Q345A 低合金高强度结构钢。罐体顶部设助开式人孔，罐体底部设聚液窝。

2. 牵枕装配

牵枕装配主要由牵引梁装配、枕梁装配、边梁装配、端梁装配等组成。牵引梁装配由牵引梁、前从板座、后从板座及心盘座和上心盘等组成。牵引梁采用符合要求的屈服强度为 450 MPa 的热轧 310 乙型钢，保证－40 ℃时的低温冲击功不小于 24 J。前从板座后从板座及心盘座材质采用 C 级铸钢，上心盘采用锻钢上心盘。

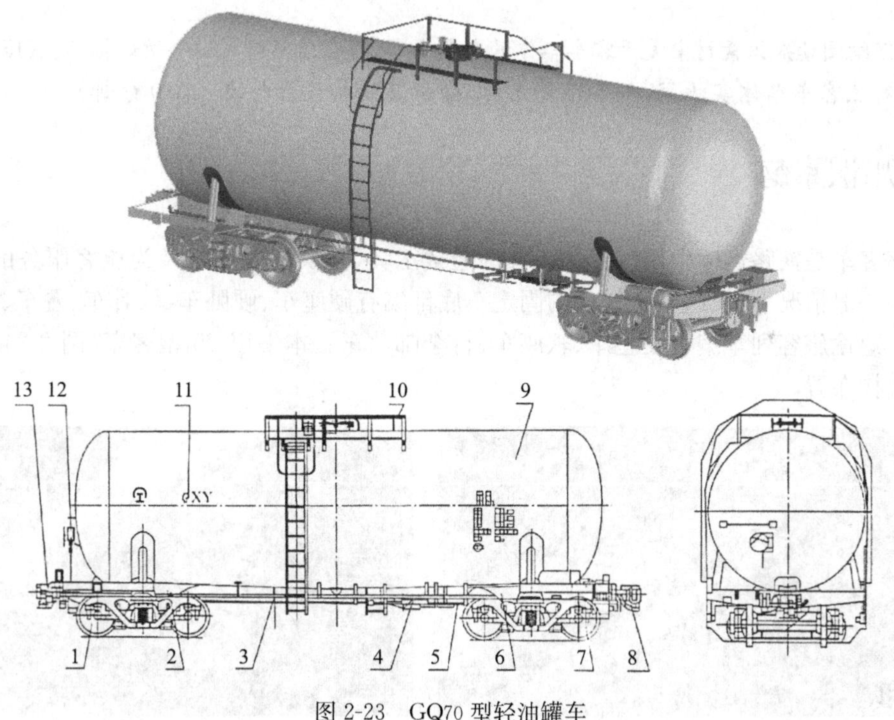

图 2-23　GQ70 型轻油罐车

1—转向架；2—牵枕装配(一位)；3—标签安装总成；4—风制动装置装配；5—吊托装配；6—牵枕装配(二位)；7—转向架；8—车钩缓冲装置(二位)；9—罐体装配；10—侧梯及走台装配；11—车辆标记；12—手制动装置装配；13—车钩缓冲装置(一位)

效果评价

分组讨论并选取 2～3 种铁路货车车辆制作其车体组成部分的 PPT，并对比其异同点。

任务四　客车车体结构认知

任务介绍

通过对客车车体的学习，掌握客车车体基本结构和特点。

问题引导

(1)客车车体有什么作用？

(2)客车车体都包括哪些组成部分？

自觉活动

(1)仔细阅读知识素材中关于客车车体的全部内容，并在文中对关键词做好标记。(15 分钟)

(2)对照客车车体实物，认知各部件名称，分析其结构设计特点。(10 分钟)

知识素材

铁路客车是铁路运输中用以运送旅客的运载工具，其供运送旅客及为旅客服务的部分称为车体。一般情况下，长途旅客列车的固定车底都编有硬座车、硬卧车、软卧车、餐车、行李车、邮政车。短途旅客列车编有硬座车、软座车、行李邮政车。本书以 25 型客车(图 2-24)为例介绍车体结构布置。

图 2-24　25 型客车车体

25 型客车有 25A、25B、25C、25G、25Z、25K、25T 及双层客车 SRZ25K、SRW25B、SYZ25B 等车型，在发展过程中，不断进行技术革新，采用了一系列新材料、新工艺、新技术，如低磨耗低噪声的风挡及橡胶风挡、单元式铝合金车窗、单元式空调装置、自动塞拉门、真空集便器等。

一、车体组成概述

客车车体为全钢焊接结构，由底架、侧墙、车顶和端墙等四部分焊接而成。在侧墙、端墙、车顶钢骨外面，底架钢骨架的上面分别焊有侧墙板、端墙板、车顶板和纵向波纹地板及平地板，形成一个上部带圆弧，下部为矩形的封闭完体，俗称薄壁筒形车体结构，如图 2-25 所示。壳体内面或外面用纵向梁和横向梁、柱加强，形成整体承载的合理结构。

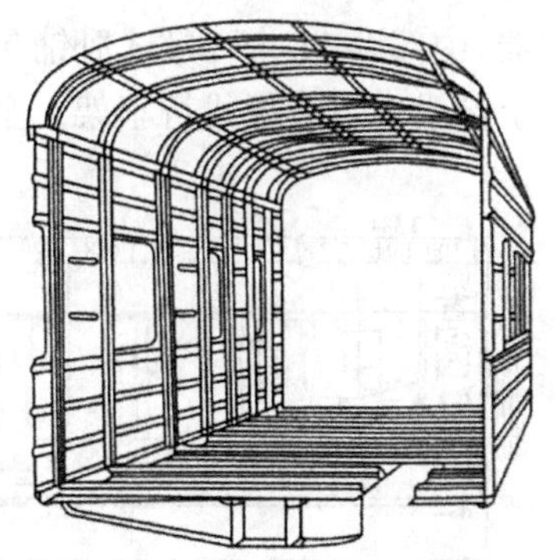

图 2-25 薄壁筒形车体结构

25T 型客车主要依据 UIC 标准及其他国际标准要求设计，同时满足我国相关标准的要求，主要技术指标达到国际领先水平。采用了无摇枕高速客车 AM96 型转向架，在卧车上，采用了整体玻璃钢模块包间，同时，提出了可靠性设计和寿命周期成本的概念，对铁路客车检修制度的改进起到了积极的促进作用。

二、25T 型硬座车(图 2-26)

25T 型硬座车客室两端设通过台、小走廊；一位端设乘务员室、配电室、茶炉间、厕所；二位端设厕所、洗脸间，厕所内装有气动密封式便器；中部为大客室，室内设 2＋3 排列的固定式座椅，定员 128 员(车长办公车 122 人)。

图 2-26 硬座车布置(单位：mm)

两侧墙上部设有铝合金板式行李架，两端上方设有电子信息显示屏；车顶板采用 ABS 工程塑料吸塑成型，顶板上设条缝式空调送风口及 2 条通长照明灯带，车顶两端设有制冷量为 2×29.07 kW 的单元式空调机组，采用玻璃钢静压送风道，墙板、间壁板采用防火板。侧门为气动塞拉门，风挡为密封式折叠风挡。

三、25T 型硬卧车(图 2-27)

25T 型空调硬卧客车的平面布置：客室两端设通过台、小走廊；一位端设有乘务员室、配电室、茶炉间、洁具室；二位端设有 2 个厕所和 1 个敞开式双人洗脸间，厕所内设气动密封式便器；中部设 11 个开敞式卧铺包间及通长大走廊，包间内设上、中、下半软式卧铺各 2 组，大走廊上部设铝合金板式行李架。全车定员 66 人。

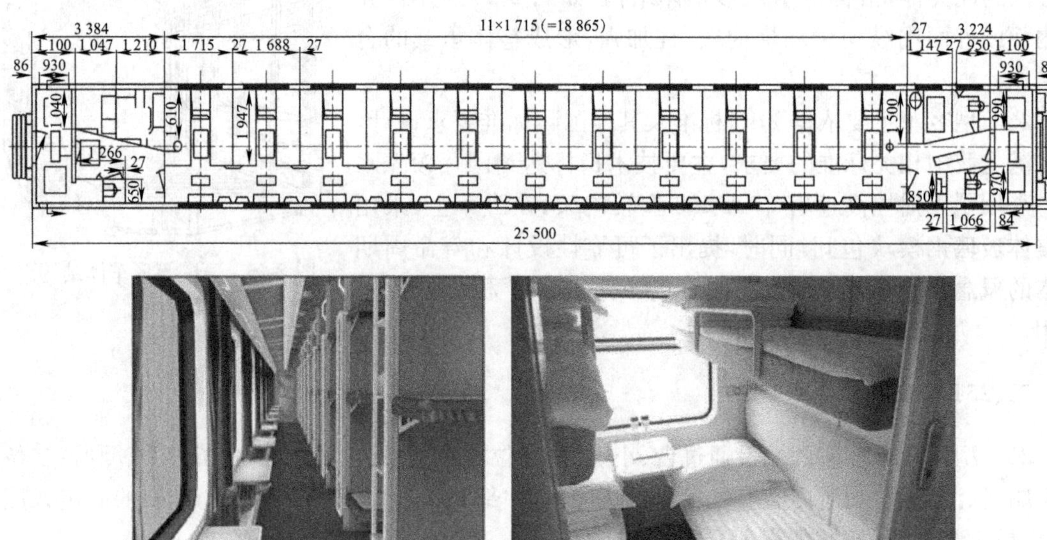

图 2-27　硬卧车布置(单位:mm)

四、25T 型软卧车(图 2-28)

软卧车是一种比硬卧更舒适的客车。25T 型软卧客车定员 36 人。全车共有 9 个包间，每个封闭式包间内有双层软垫铺位 4 个，全车共有 36 个铺位。在车辆的一位端设有乘务员室、茶炉间；二位端设蹲式及坐式便器的厕所以及洗脸间。

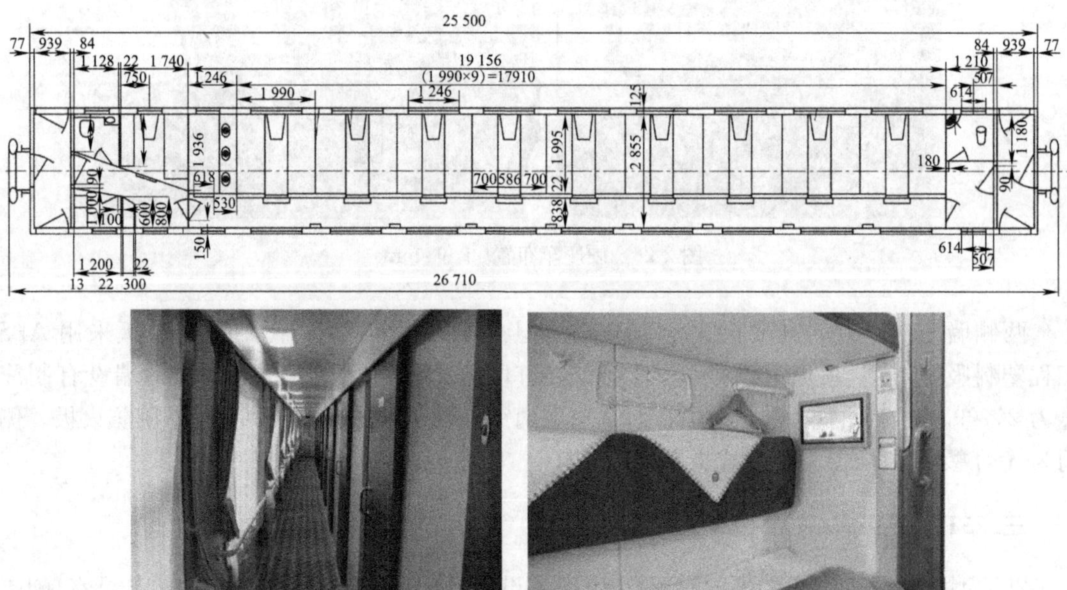

图 2-28　软卧车布置(单位:mm)

五、25T 型软座车

25T 型软座车定员 78 人，称为 A 型座车。一位端设洗脸间及乘务员室，二位端设蹲式及坐式便器的厕所。该车采用开敞式客室布置，在客室中部设透明玻璃隔断，图 2-29 为软座车客室布置。

图 2-29　25T 型软座车客室

六、25T 型餐车

25T 型餐车车内布置主要包括储藏室区、吧台区、餐厅、厨房、厨房外大走廊，如图 2-30 所示。

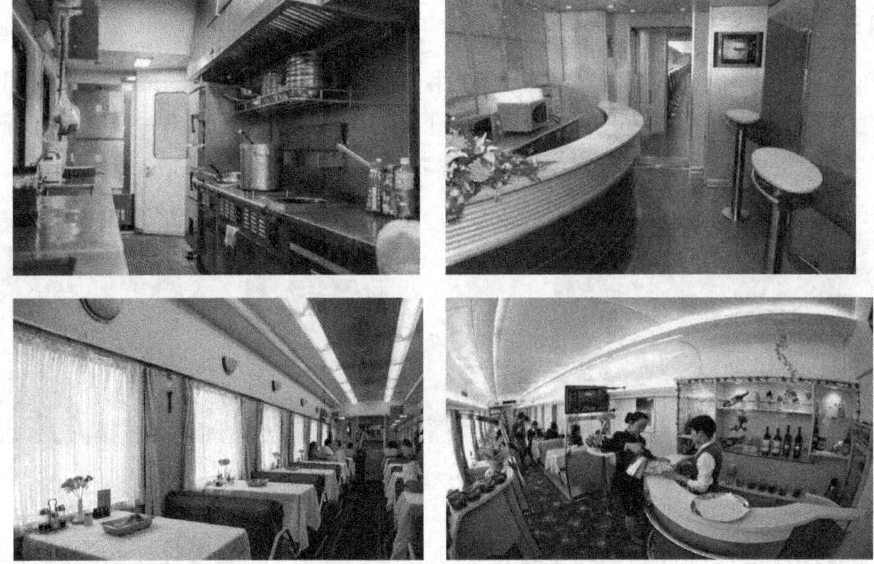

图 2-30　25T 型餐车

1. 餐车一位端

餐车一位端包括一个工作间，内部有 VOD 控制柜、小推车间、储藏室、走廊(走廊设紧急制动阀和一个配电柜)、吧台区。一位端吧台区还有以下设施:内部通信电话系统、展示柜、侧墙展示柜、吧台、低柜(低柜内装有洗手盆、低音音响等)、沙发、吧桌、吧凳、靠凳、小桌、垃圾箱、聚光灯、2 个备用电源插座、烟火报警主机。25T 型餐车辆布置如图 2-31 所示。

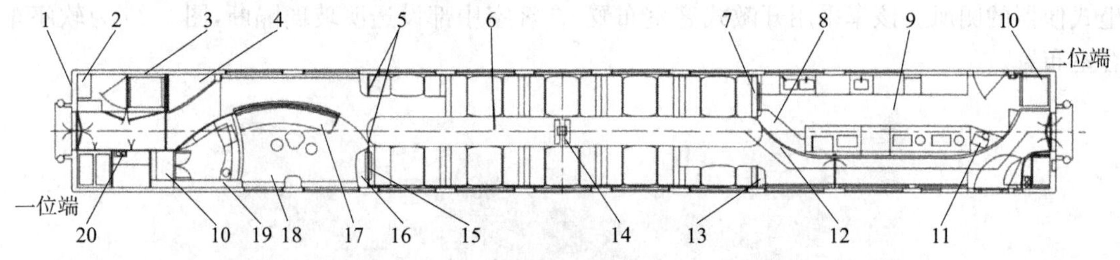

图 2-31　25T 型餐车车内布置

1—手制动机;2—VOD 控制柜;3—配电室;4—储藏室;5—间壁;6—餐厅;7—厨房间壁 LCD;8—冷拼展示柜;9—厨房;10—冰箱;11—厨房配电柜;12—送饭口;13—花架;14—LCD;15—LCD;16—垃圾箱;17—沙发;18—酒吧休闲区;19—展示柜;20—灭火器

2. 餐车中部

餐车中部设有餐厅,内设 16 个双人座椅、4 个单人座椅,每两个双人座椅之间设大餐桌,每两个单人座椅之间设小餐桌,定员 36 人。

3. 餐车二位端

餐车二位端设厨房,厨房内设电磁炉(平底 5 kW)、电磁炉(凹底 5 kW)、电磁炉(凹底 8 kW)、电炸锅、电蒸饭锅、调味架、卧式冰箱、立式冰箱、电茶炉、温水器、微波炉、排油烟机、单洗池(带冷热水阀)、双单洗池(带冷热水阀)、消毒柜。

七、行李车和邮政车(图 2-32)

行李车供旅客装运行李、包裹及快件货物之用。行李车编挂在车列的最前端或尾部。行李车每侧有开度 1 600 mm 全钢焊接可拆卸的双开滑门 2 扇,1 个通过台。车内一位端设有行李员办公室、厕所、工具室、配电室、走廊,车内其余部分为行李间。行李间容积 126 m^3,载重 17.7 t。

图 2-32　行李车和邮政车

邮政车专用来运送邮件和在列车运行中办理邮政业务,一般编挂在长途旅客列车的首部或尾部。邮政车车体为全钢结构,侧墙为平墙板。板厚≤6 mm 的板材及压型件采用高强度低合金耐候钢。车体钢结构侧墙板厚为 2.5 mm,顶板厚为 2 mm,邮件室地板厚为 4 mm,其余钢地板厚为 3 mm,邮件室内墙板厚为 1.5 mm 钢板,厨房、卧室及办公室地板为波纹钢板。

隔热材料采用超细玻璃棉，用塑料薄膜严密包装并覆盖铝箔。隔热材安装应牢固、严密。隔热层的厚度：侧墙、车顶为 74 mm，端墙为 70 mm，底架为 90 mm。车的一位端设有通过台、运转车长室、厕所，中部设办公室、休息室等，两个邮件室分别位于两端。

效果评价

分组讨论并分享各小组关于客车车体结构组成、特点及作用等方面的认识。

思考题

1. 通过铁路货车运送货物的种类，分析货车的分类。
2. 简述货车车体的基本结构。
3. 简述通用货车(敞车、棚车、平车)的基本结构组成和特点。
4. 能描述 25T 型客车基本结构特征。

任务五 CR400AF 型动车组车体结构认知

任务介绍

CR400AF 型动车组是我国“复兴号”动车组中的一种，是由中国国家铁路集团有限公司牵头组织研制、具有完全自主知识产权、达到世界先进水平的动车组。本次任务主要了解 CR400AF 型动车组车体结构和车内设备，掌握车体底架、侧墙、端墙、车顶、司机室等部件的结构特点，以及车内设备的结构和作用。

问题引导

(1)你对 CR400AF 型动车组有哪些了解？

(2)说说动车组车体主要由哪几部分组成？动车组车内设备有哪些，它们有什么作用？

自觉活动

(1)仔细阅读知识素材中 CR400AF 型动车组简介、车体结构特点、车体主要结构等内容，并在文中对关键部分做好标记。(15 分钟)

(2)学习三视图的识图方法，对照车体实物分析。(5 分钟)

(3)画出 CR400AF 型动车组车体的简易图，并在图中标注车体主要部件的名称。(10 分钟)

知识素材

动车组车体系统包括车体结构、车下设备舱和车体附件，其中车体附件包含头罩开闭机构、前端吸能装置、前头排障装置、受电弓平台隔声罩和高压接头箱活盖，动车组车体系统构成如图 2-33 所示。

图 2-33　CR400AF 型动车组车体系统构成

一、车体结构

根据车顶设备布置不同，CR400AF 型动车组分为头车、有受电弓中间车和无受电弓中间车三大类。头车车体结构如图 2-34 所示，有受电弓中间车车体结构如图 2-35 所示，车体断面如图 2-36 所示。

CR400AF 型动车组车体主要由底架、侧墙、车顶、端墙等组成，采用超薄大型中空铝合金型材(图 2-37)焊接组成的薄壁筒形整体承载结构，如图 2-38 所示。

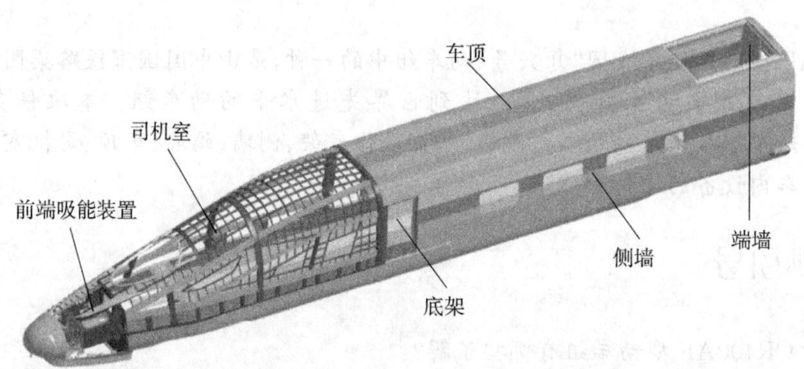

图 2-34　头车车体三维模型

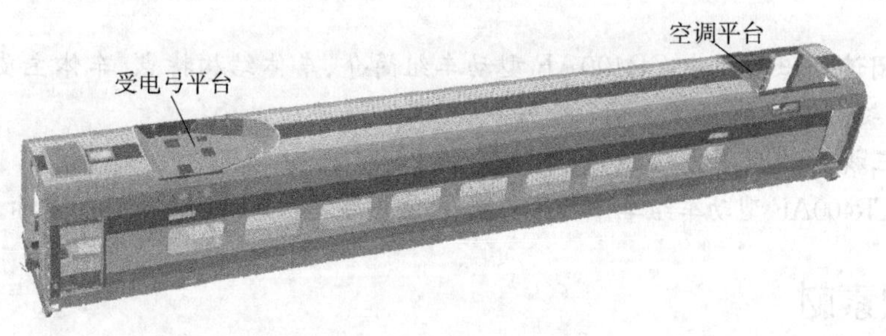

图 2-35　中间车车体三维模型

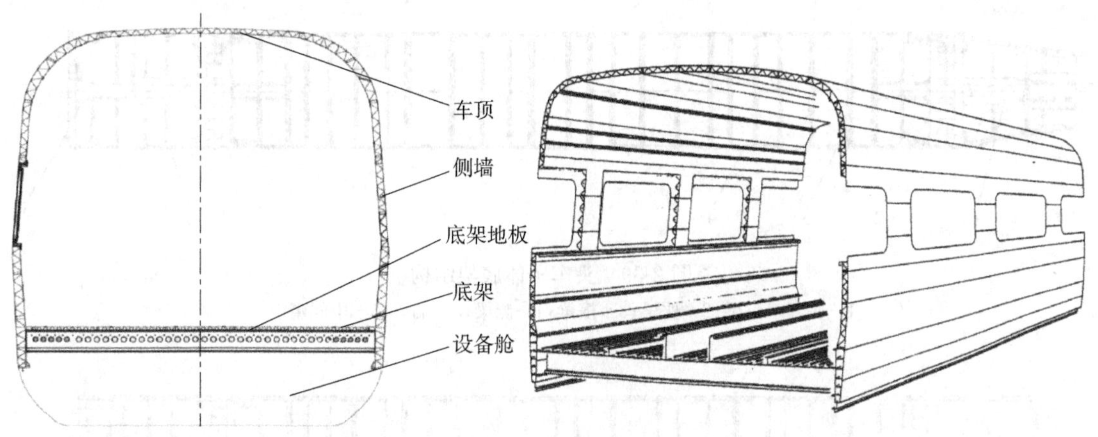

图 2-36　车体断面

图 2-37　超薄大型中空铝合金型材

图 2-38　铝合金型材焊接

1. 底架

CR400AF 型动车组底架由侧梁、横梁、枕梁、牵引梁、端梁以及地板等组成。侧梁也叫边梁，采用通长铝合金挤压型材拼焊而成，是位于底架地板下左右两侧的纵向梁，也是底架与侧墙连接成筒体的关键部件，承受车体的各种纵向力，是底架的主要部件。横梁采用铝合金挤压型材。横梁位于底架地板下方，是为支承安装在地板下的设备和支承地板，连接左右两侧梁的横向联系梁。横梁需要根据车下设备的布置情况进行断面和位置的调整。在质量大的设备安装处，还需对横梁进行加强。牵引梁主要由铝合金挤压型材和铝合金板焊接而成，连接车体底架的端梁和枕梁，并为车钩缓冲装置设置相应的附加结构。车钩缓冲装置传递的纵向载荷通过固定在牵引梁上的从板座作用到牵引梁上，从而再通过枕梁等结构传递到整个车体结构，实现整体承载。枕梁由铝合金挤压型材和铝板焊接而成，支撑车体载荷。枕梁设置相应结构，保证转向架悬挂系统的正常联结。枕梁外侧设置顶车座，便于救援和维修时顶车作业。端梁由铝合金挤压型材和铝合金板焊接而成。也是底架的重要组成部分。底架地板结构在横梁的上表面，由通长的挤压铝型材通过自动焊焊接而成，以增强地板的刚度和气密强度。

头车车体底架结构、中间车车体底架结构及车体底架实物分别如图 2-39、图 2-40 和图 2-41 所示。

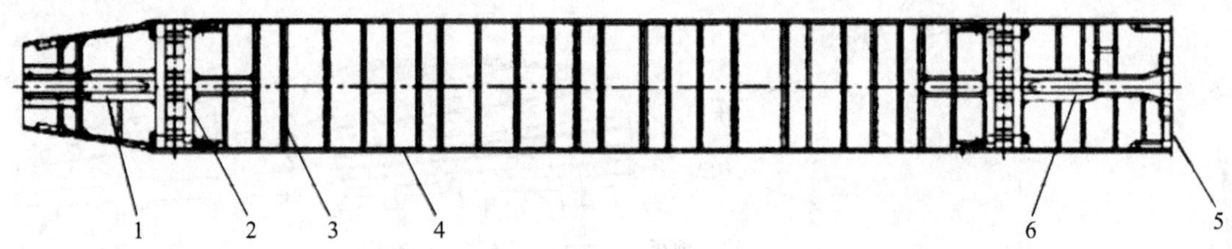

图 2-39　头车车体底架结构

1—头部牵引梁；2—枕梁；3—横梁；4—侧梁；5—端梁；6—中间牵引梁

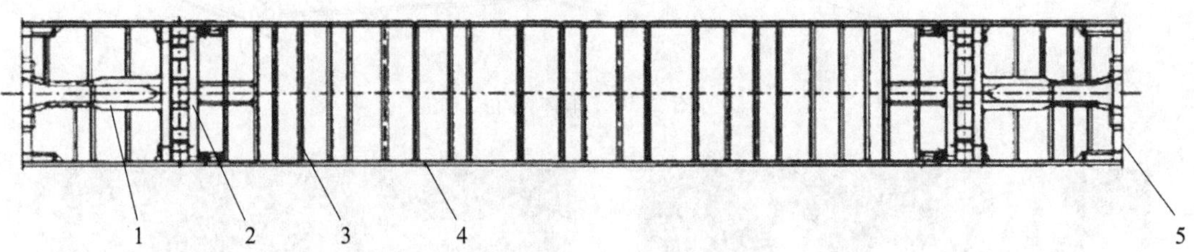

图 2-40　中间车车体底架结构

1—中间牵引梁；2—枕梁；3—横梁；4—侧梁；5—端梁

图 2-41　车体底架实物

2. 侧墙

CR400AF 型动车组侧墙是由大型中空薄壁挤压型材经自动焊接而成。侧墙采用中空薄壁挤压型材在保证刚度、强度的基础上，省略了侧墙内侧的立柱。型材间的焊接是沿车体纵向进行自动连续焊接。侧墙和车顶及侧墙和底架边梁的结合方式如下：车内侧采用点固焊接，车外侧采用连续焊接。

使用大型中空薄壁挤压型材，可以将内装修材料安装用的窗帘轨道设置在侧墙中部，并且能将行李架及侧顶板安装槽直接设置在型材上一起挤压成型。车体侧墙实物如图 2-42 所示。

图 2-42　车体侧墙实物

3. 车顶

车顶是车体上部结构，是受电弓、高压电缆等车顶设备的安装基础。CR400AF 型动车组车顶由大型中空挤压型材构成，结构断面如图 2-43 所示。

头车和中间车车顶结构相同但纵向长度不同。车顶型材之间的焊接采用在车体长度方向连续焊接。车顶和侧墙的连接采用车内侧、车外侧连续焊接结构。

根据车型的不同，在车顶根据受电弓、车顶电缆等设备的安装位置焊接车顶焊接件，适应其安装。根据设备件的安装位置焊接车内骨架。另外，在车顶板内侧，铺设有隔声和隔热材料。

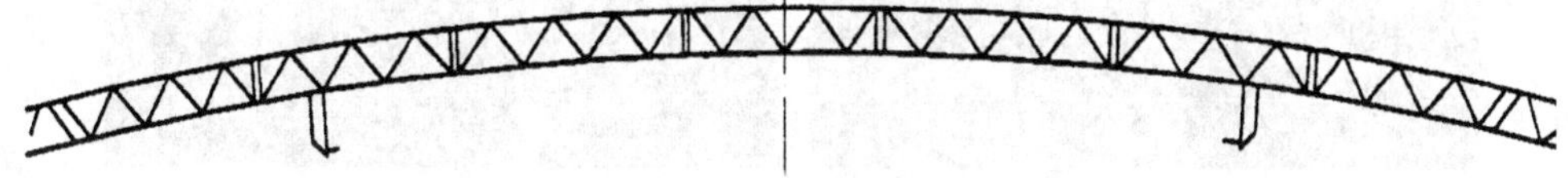

图 2-43　车顶结构断面

4. 端墙

头车车体一侧带有端墙，中间车两侧均带有端墙。

端墙根据车辆卫生间和洗脸间的布置主要分为两种结构形式，即分体式和整体式两种。在端部设有卫生间和洗脸间的车辆，其端墙是分体式结构，外板上设有用于搬运卫生间玻璃钢模块的开口，搬运完后，用螺栓安装由铝板和铝型材骨架焊接而成的闭塞板，并填充密封材料保持气密性。端部未设卫生间和洗脸间的车辆，其端墙是整体式结构，为铝板和铝型材骨架构成的焊接结构。

分体式和整体式外端墙都在外端骨架上设置了适合风挡安装的结构，可以采用螺栓快速连接，使风挡的安装方便快捷，大大降低了施工时间及劳动强度。另外，端墙上还设有登车扶手。整体式端墙实物如图 2-44 所示。

图 2-44　整体式端墙实物

5. 司机室头部结构

头车车体前端为司机室头部结构，它以骨架外壳结构为基础。头部结构按车头断面形状变化将纵骨架形成环状，与横向骨架叉接组焊，骨架外焊接铝制外板。对需要更高强度的部位，采取增加板厚、缩小骨架间距、增加加强材等措施。整个头部结构焊接严格要求气密性，结构上适应配线、配管及内装需要。司机室头部结构及头车实物分别如图 2-45、图 2-46 所示。

图 2-45　司机室头部结构实物

图 2-46　头车实物

二、车下设备舱

车下设备舱(图 2-47)的作用是保护车下设备免受飞石和冬季冰雪的破坏,并且可以改善列车空气动力学性能,降低列车运行阻力及噪声。

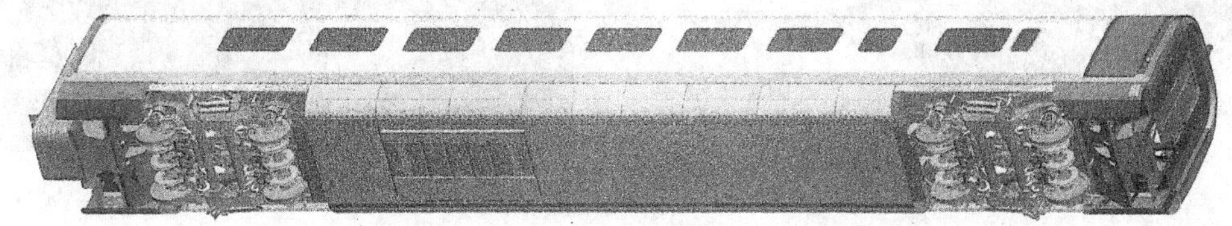

图 2-47　CR400AF 型动车组车下设备舱

CR400AF 型动车组车下设备舱分为端部模块、中部模块、防护板和端板四大部分,如图 2-48 所示。端部模块位于枕外,中部模块位于枕内,防护板位于转向架区域车体地板下方,端板位于转向架前后部的端部骨架上,设备舱断面外形与车体统一。设备舱骨架、裙板、底板为中空挤压铝型材结构,端板和防护板为不锈钢板结构。

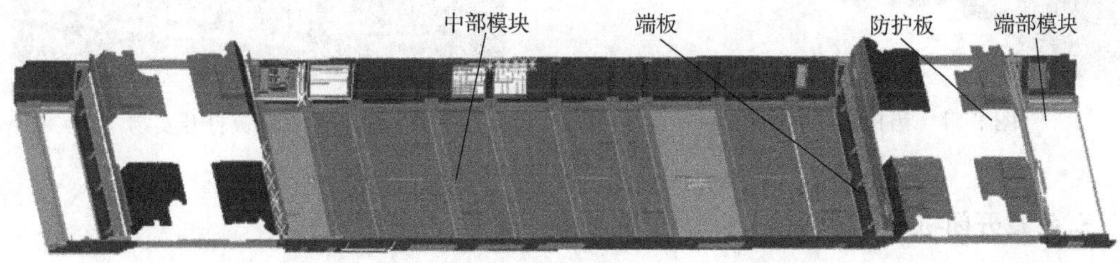

图 2-48　CR400AF 型动车组车下设备舱

车下设备舱采用模块化、平顺化、密封性设计,依托骨架连接成整体模块结构,即可单件安装拆卸,也可模块整体装卸,结构防松、防脱,检修维护方便。车下设备舱结构特点如下:

(1)车下设备舱采用模块化结构设计。分为端部模块和中部模块,每个模块由骨架、裙板和底板组成,通过骨架连接成整体模块结构,车下预组,整体安装。

(2)车下设备舱侧部、底部、转向架前后区域设计成平顺、流线型结构,避免直角或局部凸凹结构,降低动车组运行时的空气阻力,减少冰雪及砂石的击打。

(3)为防止冰雪、砂石、杂物的侵入,车下设备舱进行密封设计。底板间、底板与骨架下边梁间、裙板与骨架间通过密封胶条实现结构密封。

(4)频繁操作部位(如注水口、排污口等)的裙板盖板采用内置滑道式结构;减少车下设备舱裙板、底板的螺栓连接结构,裙板全部采用"转轴+锁"活门结构,底板采用上置式滑道抽拉结构,上部采用橡胶轮垂向压紧,仅外端部通过两个螺栓固定;大大降低检修维护工作量。

(5)车下设备舱设计尽量减少焊接结构,安装采用 HARD-LOCK 强力锁紧螺母和弹簧垫圈防松方式并进行冗余设计;裙板采用安全碰锁、转舌锁、安全吊带三重安全防脱结构;底板固定螺栓采用串联钢丝方式防松,便于快速目测防松检查,并设置防脱销进行二次防脱。

底板安装结构与实物分别如图 2-49、图 2-50 所示。

裙板打开状态及打开实物分别如图 2-51、图 2-52 所示。

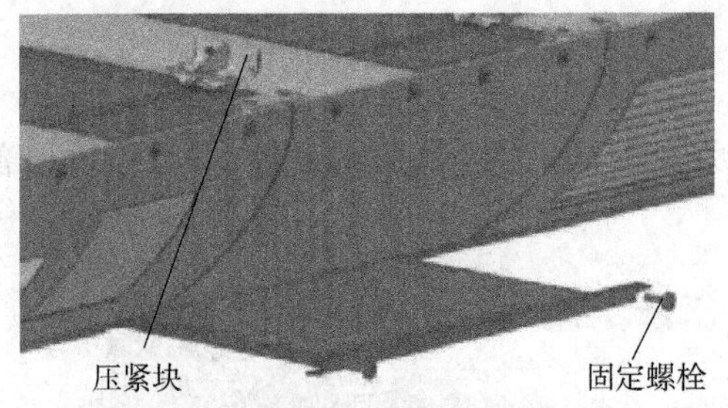

图 2-49 底板安装结构

图 2-50 底板实物

图 2-51 裙板打开状态示意

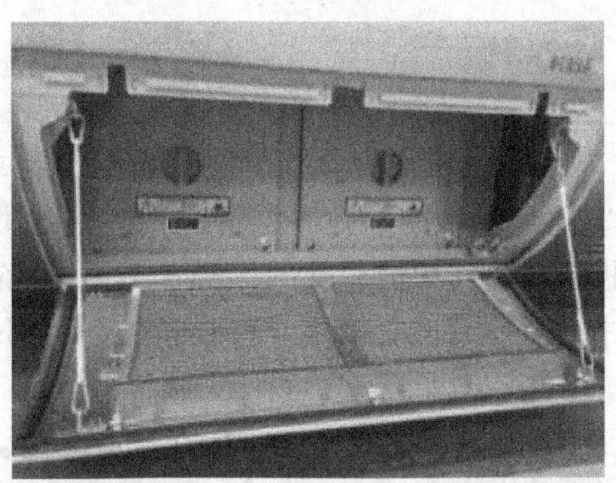

图 2-52 裙板打开实物

三、头罩开闭机构

司机室前端模块设有头罩开闭机构(图 2-53),它主要由流线型外形头罩与头罩开闭机构组成,通过位于司机室前端下部的头罩开闭机构可以实现自动、手动打开头罩的功能,同时设有头罩全自动锁定、手动解锁的功能,在使动车组具有良好的空气动力学性能的同时,方便动车组重联及救援时的车钩连挂。在动车组正常运行期间,开闭机构处于关闭状态,以防止叶片、灰尘和冰雪的进入。在重联、回送和救援工况,可打开开闭机构,伸出车钩以实现车辆连挂。

图 2-53 头罩开闭机构

头罩开闭机构有两种结构，结构 1 如图 2-54 所示，结构 2 如图 2-55 所示。两种结构机械接口、电气接口和气路接口统一，具有整体互换性，且均采用气缸驱动头罩绕固定旋转轴旋转直接打开方式，其中：结构 1 采用单气缸驱动，结构 2 采用双气缸驱动。头罩开闭机构具备自动开闭、手动开闭、自动锁闭、手动解锁等功能，并在运动部位设有头罩打开、关闭到位传感器。

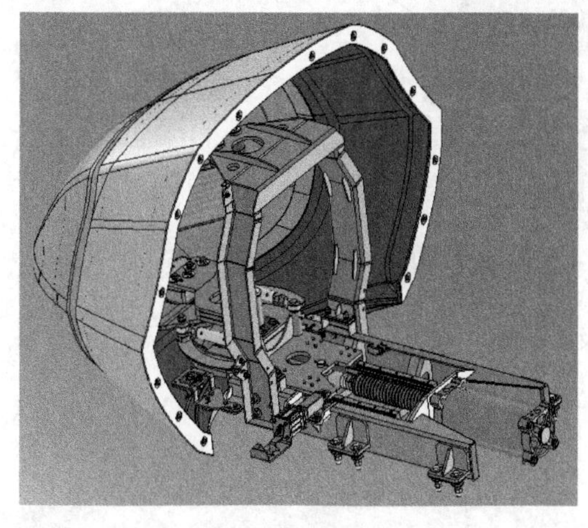

图 2-54　CR400AF 型动车组头罩开闭机构(结构 1)

图 2-55　CR400AF 型动车组头罩开闭机构(结构 2)

手动打开采用六角棘轮扳手，带动锁闭杆至解锁位置，再手动扳动开闭罩至打开位置，松开六角棘轮扳手锁闭杆至锁闭位置。结构 1 只需单侧操作锁闭杆即可同时实现头罩开闭，结构 2 需分别操作两侧锁闭杆实现同侧头罩开闭，如图 2-56、图 2-57 所示。

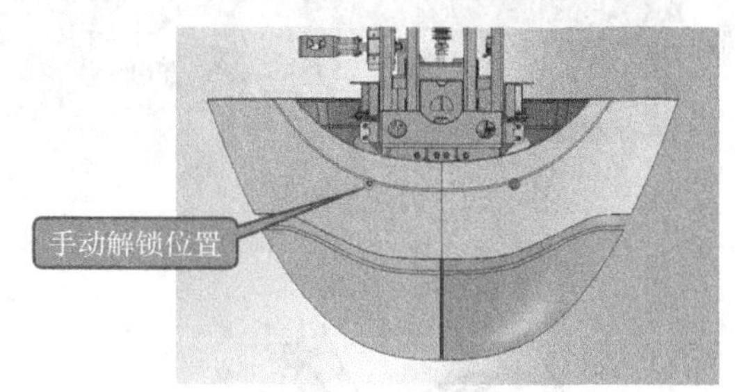

图 2-56　结构 1 解锁位置

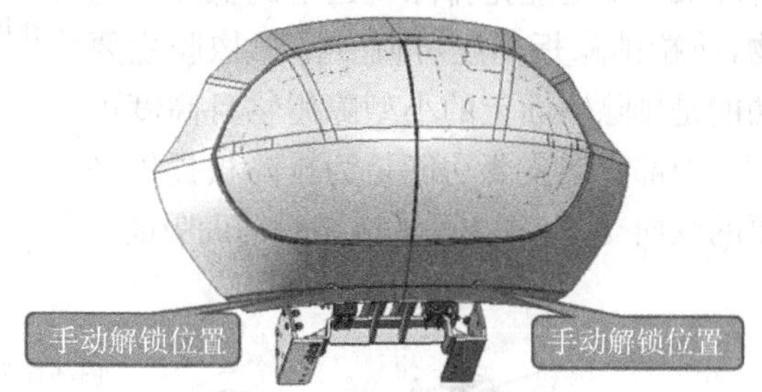

图 2-57　结构 2 解锁位置

四、前端吸能装置

为满足碰撞吸能要求，头车前端设置吸能装置。前端各部件空间关系如图 2-58 所示。碰撞吸能装置前端设置车钩安装座，后部通过螺栓与司机室连接，主吸能模块(图 2-59)上部设有防爬吸能单元。前端吸能装置五级修进行拆解检查，其余各修程需做外观和紧固件状态检查。

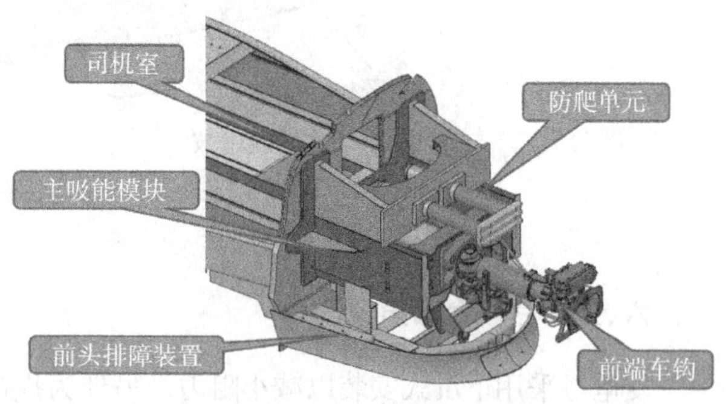

图 2-58　前端各部件空间关系

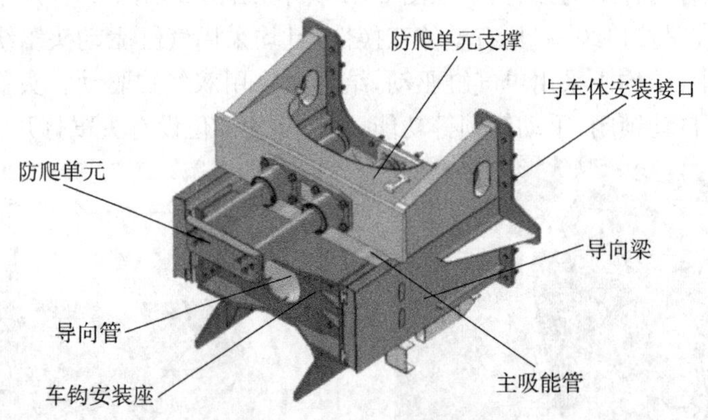

图 2-59　主吸能模块

五、前端排障器

司机室前端设有前端排障器(图 2-60),其外形美观,与司机室曲面匹配良好,共同形成了头车及尾车优美的流线外形。

图 2-60　前端排障器

前端排障器主要由排障板、内部骨架和排障橡胶等部件组成,如图 2-61 所示。排障板主要功能是排除轨道上的低矮障碍物,前端排障板高度可调。排障橡胶主要功能是排除轨面上的小型障碍物且高度可调。内部骨架主要功能是为排障板提供必要的纵向支撑,并在严重碰撞时辅助吸能。

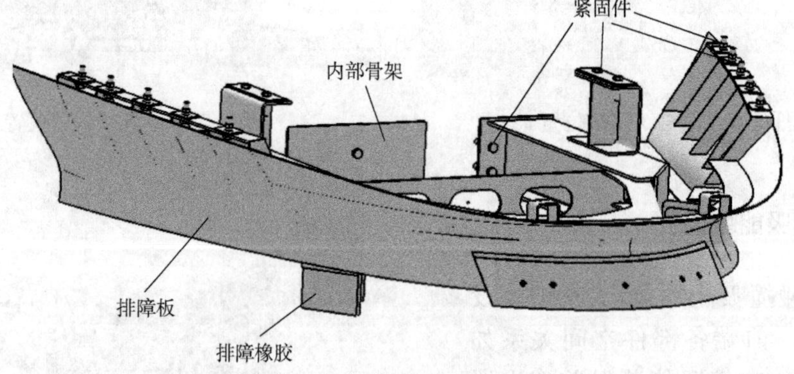

图 2-61　前端排障器结构

六、受电弓平台隔声罩

受电弓采用下沉式安装以减小阻力。另外为提高受电弓区域车体结构隔声量,受电弓平台(图 2-62)上部设置隔声罩。受电弓平台隔声罩内部结构如图 2-63 所示。采用外层不锈钢板、内部不锈钢骨架、中空部分填充发泡隔声材的“三明治”结构，使用螺栓安装与受电弓平台连接。

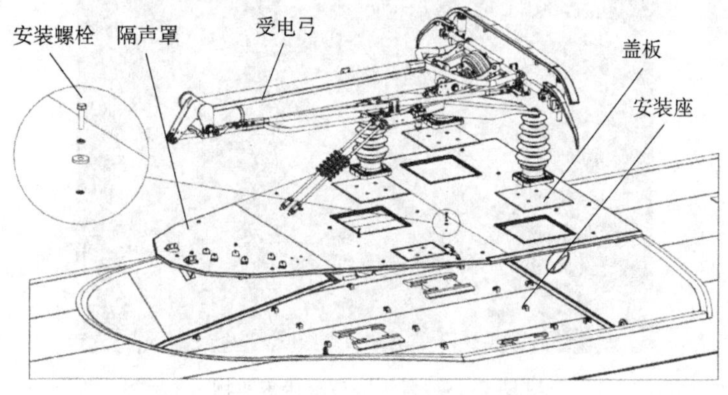

图 2-62　受电弓平台各部件空间关系

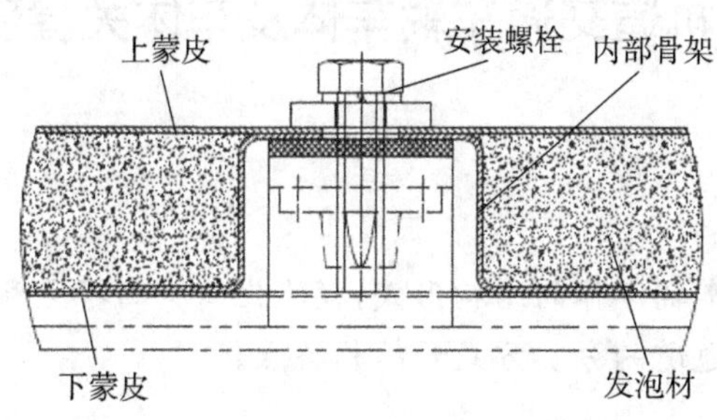

图 2-63　受电弓平台隔声罩内部结构

七、高压接头箱活盖

Tp03 车、Mh04 车、Mb05 车和 Tp06 车车顶两端设置高压接头箱，车顶高压接头沉入箱内安装，箱体上部设置活盖，防止雨水、阳光、杂物等进入。活盖主体结构为铝蜂窝板，周围设置铝合金边框，使用螺栓与箱框连接，密封胶条密封。高压接头箱活盖安装如图 2-64 所示，其实物如图 2-65 所示。

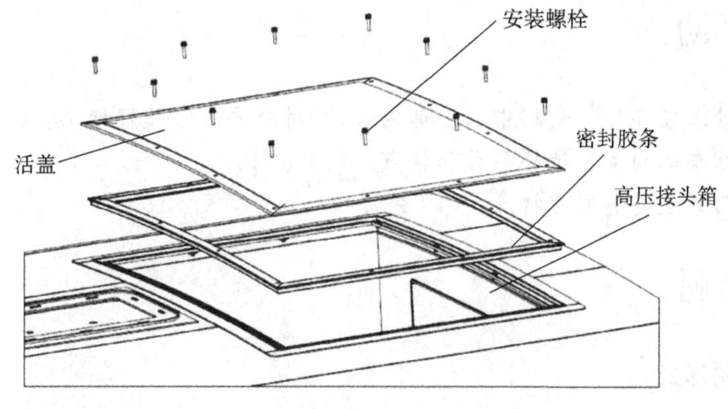

图 2-64　高压接头箱活盖安装

图 2-65　高压接头箱活盖实物

任务六　城市轨道交通车辆车体及车体关键部件结构认知

任务介绍

通过本任务掌握城轨车辆车体的结构形式，模块化结构的特点和车体的结构组成，以及车体关键部件——车门和贯通道的分类方式和结构特点。

问题引导

(1)车体如何承受乘客和设备的载荷？
(2)车体都由哪些部分组成？
(3)你知道哪几种城轨车辆车门？
(4)你知道郑州地铁是使用的哪种车门吗？
(5)你知道贯通道是什么作用吗？

自觉活动

(1)仔细阅读本任务知识素材中的全部内容，并对重要内容做好标记。(25 分钟)
(2)归类总结车体的主要结构形式和特点。(10 分钟)
(3)总结车门的主要类型和特点。(10 分钟)

知识素材

一、车体结构形式

按照车体结构承受载荷的方式不同，车体可分为底架承载结构、侧墙和底架共同承载结构和整体承载结构三类。

(1)底架承载结构:全部载荷由底架来承担的车体结构,也称自由承载结构。

(2)侧墙和底架共同承载结构:由侧、端墙与底架共同承担载荷的车体结构,也称侧墙承载结构。其侧、端墙与底架等通过固接形成一个整体,具有较高的强度、刚度。

(3)整体承载结构:在板梁式侧、端墙上固接由金属板、梁组焊而成的车顶,使车体的底架、侧墙、端墙、车顶连接成一个整体,成为开口或闭口箱形结构,此时车体各部分结构均参与承受载荷,因而称这种结构为整体承载结构。

二、车体模块结构

郑州地铁一号线车辆采用了铝合金模块化结构车体,车体断面如图 2-66 所示。模块化结构车体是将整个车体分为若干个模块,在每个模块的制造过程中完成整车需要的内装、布管与布线的预组装,并解决相互之间的接口问题。各模块完成后进行整车组装,每一模块的结构部分采用焊接,而各模块之间的组装采用紧固件机械连接。

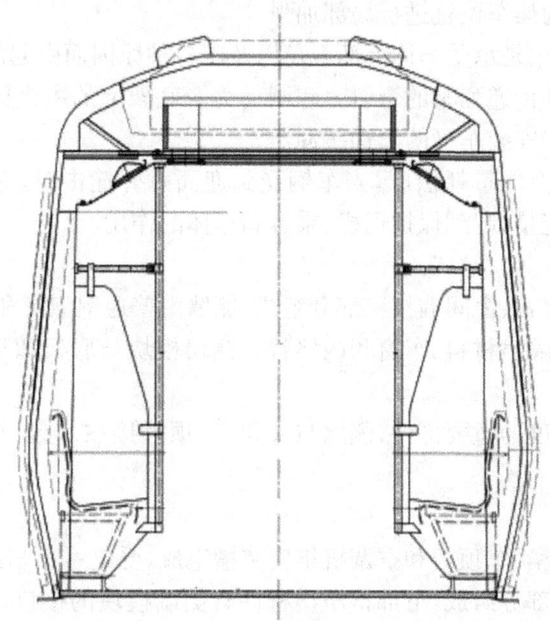

图 2-66　郑州地铁一号线车体断面

三、车体特点

(1)车体结构采用了大断面中空挤压铝型材模块化结构和整体承载结构设计,铝合金的比重仅为钢的 1/3,从而降低车辆的自重和动力的消耗,节省运行的能源,还可减少车辆对轨道线路的负荷,延长钢轨的使用寿命和维修周期,从而降低运营成本。

(2)鼓形车体、对开式电动塞拉客室侧门以及手动塞拉司机室侧门结构不仅增大了客室空间,而且车体外表平整,无凹凸结构,造型美观。

(3)鼓形车体使车辆在隧道内获得最大的空间截面积,提高了车辆在圆形隧道内的活塞效应,加强隧道的自然通风能力。

四、车体结构组成部件及作用

车体由底架、侧墙、车顶、中间端等预先装配好的模块组成，车体总装配时，用 HUCK 螺栓将这些预装配好的模块按顺序联结在一起。

车体的模块是用铝型材（占车体重量约 90%）焊接而成，几乎所有的挤压型材是由合金 ENAW 6005A 制成，它们是空心的。由于强度要求，底架的牵引梁用铝合金 ENAW 7020（铝合金板和一块铝合金挤压材）制成。某些低应力区域由合金板 ENAW 5083 制成。每车模块的每侧有 5 对客室门结构和 4 个车窗结构，带司机室的拖车模块每侧还包括 1 个司机室门框架和一个前端门框架，中间端宽度与贯通道宽度几乎相同。

1. 底架

底架是车体的基础结构，底架结构模块包括地板、边梁（左和右）、枕梁（2 根）、牵引梁（2 个）组件。边梁、枕梁、牵引梁采用连续焊接组合在一起，将地板、隔热隔声材料、底架下管路和电线槽预先与底架组成一体，然后与侧墙和端部模块连接，底架边梁在整个长度上与侧墙模块进行机械连接，在底架的架车位置进行局部加强。

车体底架的主要作用是承受车体上部载荷以及因各种原因而引起的横向力和走行部传递来的各种振动和冲击，并传递列车的牵引力和制动力。底架上的主横梁用于走行部的连接并传递其载荷，牵引梁用于安装车辆的车钩缓冲器。

车体底架的前端设有能量耗散区，当车辆受到迎面意外撞击时，它能产生较大的塑性变形，从而吸收纵向冲击能量，起到保护司机、乘客和车体的作用。

2. 侧墙

侧墙由上墙板、下墙板、窗间墙板三部分组成，侧墙由普通铝型材和中空铝型材焊接而成，在侧墙内侧预装有隔热隔声材料、车窗和内墙板。侧墙模块与底架和车顶模块之间用拉铆紧固联结。

侧墙是决定车体高度的重要部件，侧墙与底架、车顶连接在一起，共同承受和传递来自车体的载荷。

3. 车顶

车顶结构由车顶侧梁、车顶板和空调机组安装槽组成，受电弓车车顶结构还包括受电弓安装槽。车顶侧梁由三个部分组成，下部挤压型材件有侧墙模块的接口，并包括门口，其特点与底架上边梁相同。中间挤压型材件具有侧墙和车顶的弯曲形状，上部挤压型材件包括车顶板插槽和内部安装槽的接口。

车顶板与车顶侧梁和风道一起形成封闭的车顶，它包括 6 个纵向布置的小型挤压型材件。安装槽有一些纵向的小挤压型材件（根据车辆长度）和安装空调机组及受电弓的支架，空调机组安装槽也包括与内部（由板制成的）空调机组安装槽连接的接口槽。

4. 端墙

端墙安装在客室的两端头，其作用是联结客室车体与贯通（或司机室）的联结体，其结构包括地板、贯通道框架、侧墙部件。中间端上有许多结构部件和孔用于内部和外部设备的安装联结。

五、车　　门

在城轨车辆运营中，车门是乘客直接接触的部件，它关系到乘客的人身安全问题，由于城市轨道交通运输客流量大、乘客乘降频繁，因此列车的车门数量很多，以方便乘客上下车并尽量减少所用时间。

郑州地铁一号线列车司机室侧门为手动内藏门，客室侧门结构为对开式电动塞拉门。司机室门数为每侧 1 扇、每辆 Tc 车 2 扇；客室车门数为每侧 4 套、每辆车 8 套，每个客室车门上均安装有一个车门控制单元(EDCU)，车门的开关指令由 VTCU 通过列车总线传输到每个车门的 EDCU，车门的动作由 EDCU 控制。

司机室侧门的参数如下：

司机室侧门净开宽度 560 mm

司机室门开启时高度 1 860 mm

客室侧门的参数如下：

净开宽度 1 300 mm

净开高度 1 880 mm

每辆车相邻客室车门中心距 4 460 mm

相邻车之间相邻客室车门中心距 6 140 mm

司机室门与相邻客室车门中心距 2 130 mm

客室车门主要由机构安装部件、承载驱动部件、限位导向部件、解锁隔离装置、门扇等组成。

机构安装部件包括顶吊架、侧吊架和门槛嵌块，其中吊架用于机构部件与车体之间的连接。

车门承载驱动部件包括电机、丝杆、上滑道、携门架组件、传动螺母、横向导柱和纵向导柱，如图 2-67 所示。门的运动由一个带减速器的电机驱动丝杆(对于双页门，丝杆一半是右旋的，一半是左旋的)来实现。螺母与门扇相连。门扇通过携门架实现运动。携门架通过滚珠直线轴承在长导柱上滑动。它将力从机构传送到门扇并且也把力从门扇传送到机构。携门架通过螺钉牢牢地安装在门扇上。所以携门架将门扇的所有重量和动力传送给长导柱。在携门架与门板连接处，提供了一个偏心调节装置，该装置用来调节门扇的“V”。在携门架内部，还提供了一个偏心调节装置，用来调节门扇与车体之间的平行度。

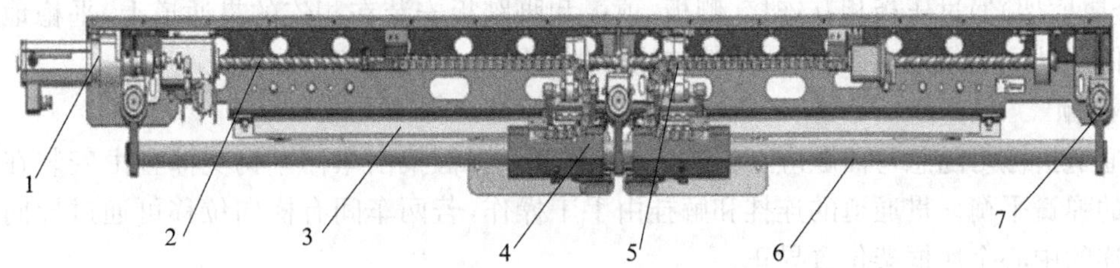

图 2-67 车门承载驱动机构

1—电机；2—丝杆；3—上滑道；4—携门架组件；5—传动螺母；6—横向导柱；7—纵向导柱

限位导向部件主要由上滑道和下滑道组成。通过滑道实现门扇沿设定的轨迹运动。上滑道安装在顶部机构上。携门架上有一个滚轮在滑道里运动。下滑道安装在门扇上，一个安装在车体结构上的滚轮摆臂装置与该滑道啮合，以提供所要求的导向运动。该导向部件仅承受横向力，不承受纵向或垂向力。

解锁隔离装置包括内部紧急解锁装置、外部紧急解锁装置和门隔离装置(图 2-68)。在车门附近内侧墙上装有一把手柄。操作该手柄,将会启动紧急解锁开关,并发出“紧急操作”信号;通过牵拉绳索,门锁被释放;如果此时车辆门释放列车线有效,可以手动开门;如果车辆门释放列车线无效,电机将施加在关门方向上一个力,以阻止门被打开。紧急手柄可复位。在紧急手柄复位后,门的开关回到正常操作状态。

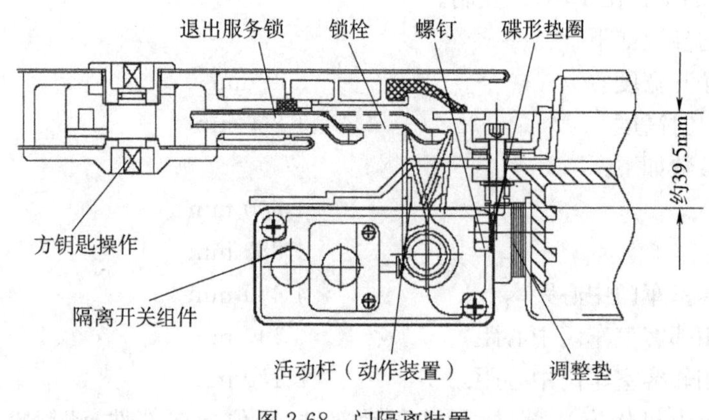

图 2-68　门隔离装置

门扇为铝蜂窝复合结构,具有铝框架、铝蒙板和铝蜂窝芯,采用热固化。为加强机械强度,蒙板的周边都包在铝框架上。

六、贯 通 道

贯通道的作用是连接两节车辆的过渡结构,使乘客沿全列车可以随意走动,使乘客在全列车中均匀分布,也有利于在列车发生意外事故让乘客有秩序地沿贯通道经司机室前端安全门撤离。

贯通道由金属框架、折棚、侧护板组成、顶板组成、脚踏板组成、下部贯通道设备、金属框架支撑等部件组成。贯通道四周采用橡胶棚布密封,防止雨水和灰尘的侵入。一个贯通道具有2个结构相同的金属框架和折棚,其中车端金属框架通过紧固件与车体端部牢固连接,另一端(中央金属框架)通过压板相互连接,侧板、顶板和脚踏板安装在相连的贯通道上,平稳地跟随两个车体运动。贯通道在客室内、外部结构分别如图 2-69、图 2-70 所示。

1. 折棚

贯通道折棚可随意弯曲顺应车体的运动,中央金属框架由车体车钩支撑且由安装在贯通道上部的弹簧平衡。贯通道的连挂和解挂由手工操作,若两车间有横向位移可通过导向销将两个相连的中心金属框架位置导正。

2. 侧护板

侧护板由 2 块外侧护板和 1 块中间侧护板组成,外侧板由不锈钢板制成,面板表面粘贴装饰材料,中间侧护板由专用橡胶制成,且表面涂与车端侧板相近的颜色。车端板上下设有销轴,销轴插在支座内,列车运行过程中车端侧护板可作水平旋转。

3. 顶板

顶板安装在中心金属框架上,由车端板和中央板组成,材料为不锈钢板,且表面粘贴有装饰材料,每块板均能相对两车体位移。

图 2-69　贯通道在客室内部结构

图 2-70　贯通道在客室外部结构

4. 脚踏板

脚踏板由踏板和渡板组成,渡板与中心金属框架相配合,由铰链连接可做垂直旋转,踏板与车端用铰链连接,踏板可上下移动。踏板由有磨光的不锈钢板制成,渡板采用不锈钢花纹钢板制成,具有防磨耗及防滑功能。

效果评价

(1)简述城轨车辆车体的结构形式。

(2)简述郑州地铁一号线车体的基本结构。

(3)简述郑州地铁一号线车门的主要结构。

(4)简述贯通道的主要作用。

思考题

1. 简述郑州地铁一号线列车车体的主要结构。
2. 简述郑州地铁一号线列车车门的主要组成。

项目三　列车车辆设备

项目描述

列车车辆设备主要指车顶设备、车内设备以及车底设备。本项目以 HXD1C 型电力机车、CR400AF 型动车组和郑州地铁一号线为例，对车辆设备的布置原则、特点、部件组成以及设备布置情况做比较详细的叙述。

能力目标

(1)掌握 HXD1C 型电力机车的设备布置、设备名称及作用。

(2)能画出 HXD1C 型电力机车的设备布置草图。

(3)能够熟悉不同车辆的设备主要部件组成、对应位置和功能。

任务一　列车车辆设备认知

任务介绍

通过对机车设备、动车组和城轨车辆设备布置概述的学习，重点掌握车辆设备布置应当遵循的相关原则。

问题引导

根据你自己的理解，说说电力机车设备布置、动车组和城轨车辆设备布置有哪些要求并分析原因。

自觉活动

(1)仔细阅读本任务知识素材中关于车辆设备布置的所有内容，并在文中对主要知识点进行标记。(5 分钟)

(2)分组讨论为何车辆设备布置要遵循的原则，并展示小组讨论结果。(5 分钟)

知识素材

由于机车、动车组、城轨车辆结构复杂、设备项目众多、体积不一、重量不等，既有高压电器，又有低压电器，既有空气管路，又有通风冷却等机械动力设备。车辆机械、电气设备的品种繁多，车辆的管线布置应符合本身设备单元定位的要求，因此车辆的机电设备及电、气管线的布置不尽相同，但一般应兼顾一些原则。除此之外，机车、动车组和城轨车辆在车顶、车内和车下有一些共同存在的设备，比如受电弓、座椅等。

一、列车车辆设备布置原则

车辆设备布置应满足重量分配均匀、安装可靠，便于运用、检修，不危及人身安全，并能充分利用车体内、外空间，在兼顾各设备特殊要求又相互协调基础上尽力为乘务人员创造一个良好、舒适的工作环境。

为使众多设备布置合理，设备布置应遵循以下基本原则：

1. 重量分布均匀

目的在于使车辆的轴重分布均衡，能使牵引力充分发挥，因此成对的设备应两端对称或斜对称布置。

2. 安装和维修方便

设备应尽可能按照屏柜化、模块化的设计原则进行设计和布置。便于车下组装和车上吊装，结构紧凑，接近容易，维修方便。特别是运用中经常要接近的设备，应留有足够的作业空间。

3. 安全防护

凡危及人身安全的设备，比如高压设备，要有防护措施及警示标牌。

4. 经济

设备布置应充分利用空间，缩短车体长度，电缆、母线、风管、风道尽可能短，以简化施工，节约材料。

5. 舒适

舒适主要是指司机室设备布置，即在设计上符合造型设计和人机工程学，要求人机之间的作业范围合适，操作方便，视线角度合理，有良好的瞭望和采光条件，容易正确观察仪器、仪表及信号灯的指示，留出必要的工作和生活空间，并尽量使噪声远离司机室。同时某些部件需兼顾机车维修时检修人员的操作舒适性。

6. 设备安装牢固

设备安装牢固，应能承受一定的冲击力，并有足够的隔振防松措施。

7. 电路布置合规

在整车电路布置时，应符合技术规定。

(1)各电路应能经受耐压试验。

(2)各电路的电气设备连接导线应采用多股铜芯电缆，其耐压等级、导电性能、阻燃性均应符合有关规范要求。

(3)电线电缆的布放应合理排列汇集，不得已交叉时，高压线缆的接触部分应有绝缘加强。线缆应纳入专用管槽，并用线卡、扎带等捆扎卡牢。电缆管槽要安装稳固，防止车辆运行引起振动损伤。穿越电器箱壳的线缆应用线夹卡牢。

(4)接地连接线应有足够的截面积，汇集点合理布放、可靠地传导回路电流并保护轮对轴承免受接地电流的不良作用。

总之，车辆设备布置是总体设计的重要组成部分，必须综合考虑、选择最佳方案。

二、列车受电弓

电力机车车顶上一般带有受电弓，受电弓从接触网引流，电压值高达 DC 25 000 V；动车组和城轨车辆只有动车车辆车顶上带有受电弓，拖车车顶没有，动车组的动车上的受电弓引流电压值高达 DC 25 000 V，城轨车辆的动车上受电弓引流电压值为 1 500 V，各自通过逆变成为交流电输入牵引电机带动列车正常起动。

无论电力机车、动车组动车，或是城轨车辆动车，其受电弓结构主要包括基础框架、框架、集流头、压力弹簧和升降弓装置。受电弓一般通过基础框架安装在车顶上，并尽量靠近转向架回转中心，以避免车辆通过曲线时引起受电弓偏离接触网导线。列车通常为升双弓运行，考虑接触网振动波的传播速度对后受电弓受流质量的影响，一般柔性接触网供电系统中的运营车辆受电弓布置在头车（可能是拖车）上，而刚性接触网供电系统不必考虑此影响，受电弓一般安放在动车上，以减少高压线路在车辆之间驳接和对拖车乘客造成安全隐患。

效果评价

随机抽取 2 名同学，到黑板上写出车辆设备布置应当遵循的原则及原因。再随机抽取另外 2 名同学，对前面 2 名同学的完成情况进行检查。在这个过程中，教师负责观察学生对本任务知识的掌握情况。

任务二　HXD1C 型电力机车设备布置认知

任务介绍

通过对 HXD1C 型电力机车设备布置的学习，了解和谐机车设备布置的总体特点，重点掌握司机室、机械间、车顶、车下和车端的设备布置情况。

问题引导

（1）HXD1C 型电力机车是满足我国铁路干线、长距离、重载运输的主型机车，你了解 HXD1C 型电力机车内部有哪些主要设备吗？

（2）你能根据 SS4G 型直流传动电力机车和 HXD1C 型交流传动电力机车的特点，说说两者在设备组成和布置方面会有什么大的区别？（制动机、电传动、辅变流）

自觉活动

（1）仔细阅读知识素材中关于 HXD1C 型电力机车设备布置的全部内容，并在文中对主要知识点进行标记。（20 分钟）

(2)画出 HXD1C 型电力机车机械间设备布置草图,画出 HXD1C 型电力机车司机室操纵台设备布置草图。(15 分钟)

知识素材

一、HXD1C 型电力机车设备布置特点

HXD1C 型电力机车采用双司机室,机械间为贯穿中间走廊结构,机械间设备按照斜对称原则进行布置(图 3-1)。其设备布置采用中间走廊、先进的模块化结构设计,以便有效地缩短组装时间,使系统和部件能独立地在机车外进行预组装和预试验,设备布置的主要特点如下:

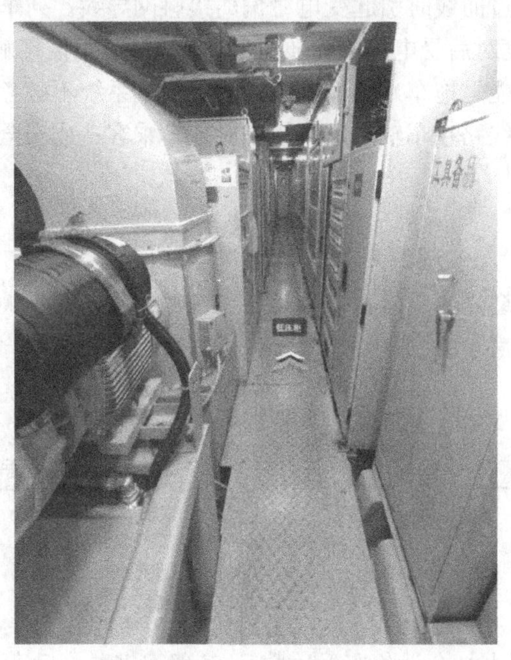

图 3-1 机械间设备布置

(1)高度集成化、模块化;采用中间走廊屏柜对称分布。

(2)机车的主变压器、滤波电抗器置于同一油箱内,位于机车中部,下悬于底架下,以降低机车重心。

(3)蓄电池安装在主变压器的两侧,便于检修和维护。

(4)机车采用先进的油水冷却设备来冷却变压器油和主变流器水,散热器采用共体分层模式,充风利用空间并提高了冷却效率。

(5)机车机械间内布管和布线采用先进的预布式中央管排和中央线槽方式,中央管排和线槽安装在中央走道下,美观且便于安装和维护。驱动系统的动力线则安装在走道两边的设备安装架内,使动力电缆与控制及信号线有效地分离,以保证控制系统的可靠性。

(6)HXD1C 型电力机车整车采用独立通风方式,从侧墙上部进风百叶窗吸入冷风,向发热部件冷却后从车底排出。整车通风系统分为 5 个支路,即牵引电机通风支路、冷却塔通风支路、机械间散热通风支路、主压缩机散热器通风支路、辅助变流器通风支路。整车通风系统示意如图 3-2 所示。

(7)机车上装备有卫生间、冰箱、微波炉等必要的生活设施。

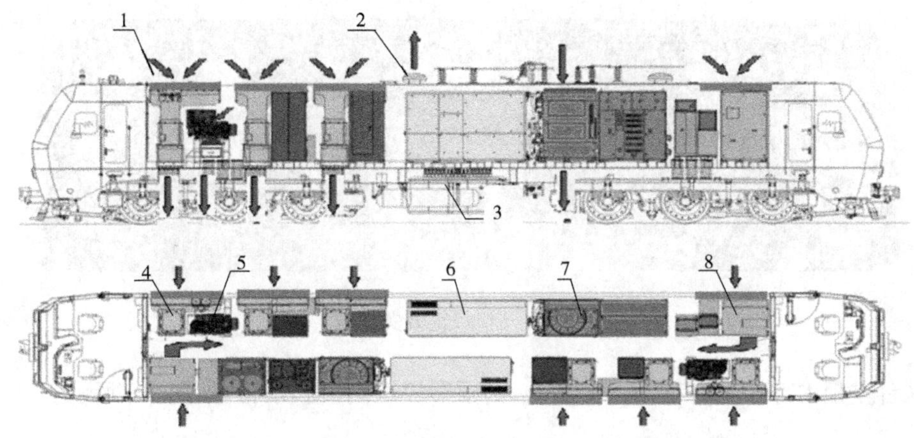

图 3-2　整车通风系统示意

1—百叶窗;2—车顶通风窗;3—主变压器;4—牵引风机;5—主压缩机;6—牵引变流器;7—冷却塔;8—辅助变流器柜

二、司机室设备布置

HXD1C 型电力机车布置有两个具有同样操作功能的司机室,分别设在机车前后端。司机室结构及操纵台的设计考虑了人机工程学的要求和美学原理,既保证机车乘务人员有舒适的工作环境,又能清楚地瞭望信号和观察仪表、显示屏,且方便操作。司机室的设计适应单司机操作的要求。

在司机室内布置有两个司机座椅供乘务人员使用,座椅具有前后调节、体重调节、角度旋转等功能。

司机室的设备布置基本可以分为 6 个部分:操纵台、前墙设备布置、左侧墙设备布置、右侧墙设备布置、后墙设备布置、顶棚设备布置。

司机操纵台(图 3-3)的设计符合人体工程学原理,布置为左手控制空气制动,右手控制牵引和电制动。

图 3-3　司机室操纵台

司机扳键开关的布置如图 3-4 所示。

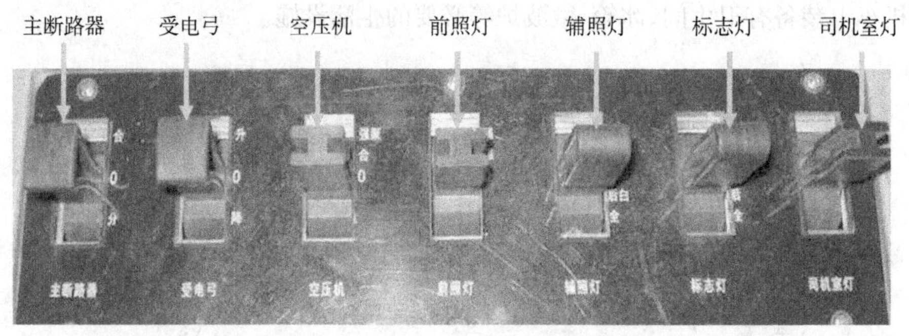

图 3-4　司机扳键开关布置

操纵台左柜内部布置有刮雨器控制器、刮雨器控制阀板和水箱，如图 3-5 所示。

图 3-5　操纵台左柜

1—刮雨器水箱；2—刮雨器注水软管；3—刮雨器注水口；4—刮雨器操作面板

在操纵台的中柜内布置有空调装置，中柜门上分布有空调控制面板、机车重联电话、打印机和扬声器。在操纵台的右柜内布置了接口箱，接口箱内的部件主要有紧凑型 I/O 和继电器等。空调装置的控制面板如图 3-6 所示。

司机室的前墙布置有遮阳帘、窗加热玻璃、刮雨器等设备；左侧墙布置有活动侧窗及司机室灯控制按钮；右侧墙布置有活动侧窗、司机室灯控制按钮、车长阀和 PC(微机)插座等；后墙布置有后暖风机、灭火器、添乘坐卧两种椅、衣帽钩，另外司机侧的后墙还有紧急放风阀；司机室顶棚布置有 2 个司机室灯，司机室灯内有 2 个白炽灯和 2 个荧光灯管，可以实现强弱光功能。

三、机械间设备布置

HXD1C 型电力机车机械间设备布置采用贯穿中间走廊结构，原则上两侧设备斜对称分布，如图 3-7 所示。另外考虑机车轴重 23 t 和 25 t 的转换，机车所加的压车铁安装在机械室内枕梁附近，采用斜对称布置。

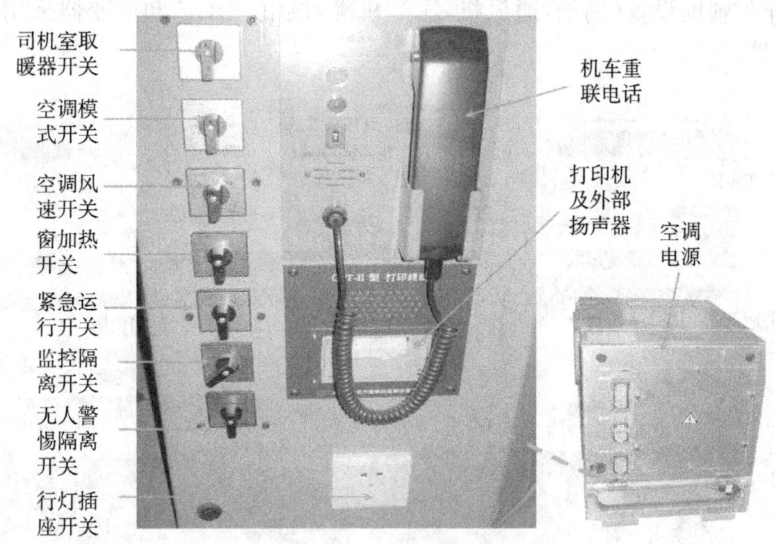

图 3-6　空调控制面板

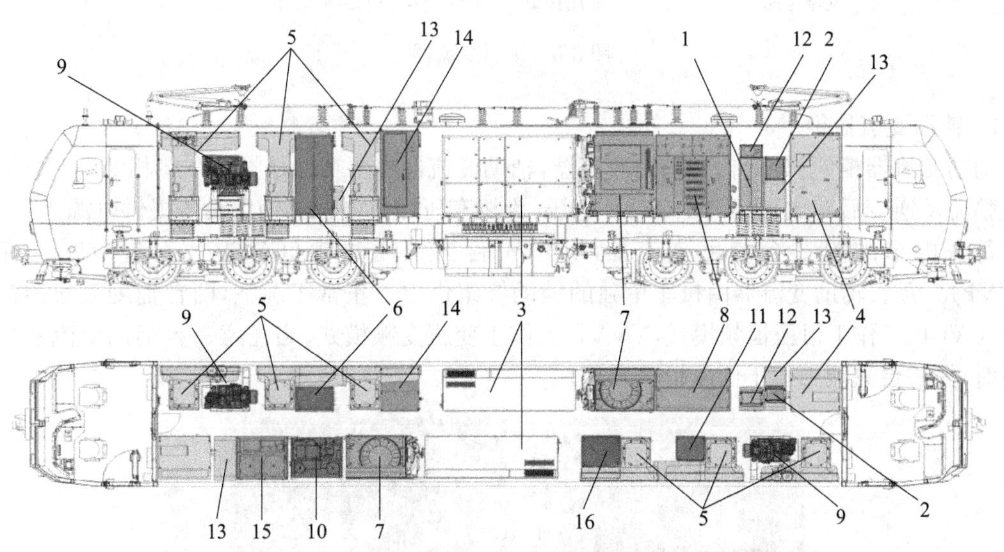

图 3-7　机械间设备布置

1—工具柜；2—冰箱；3—主变流器柜；4—辅助逆变器柜；5—牵引通风机；6—第三方设备柜；
7—冷却塔；8—低压电器柜；9—压缩机与干燥器；10—空气管路柜；11—控制电源柜；
12—微波炉；13—压车铁；14—卫生间；15—风源柜；16—蓄电池柜

主要设备功能如下：

1. 牵引变流器

牵引变流器采用先进的水冷 IGBT 模块，含有 2 个相互独立的牵引传动变流系统和辅助变流系统。牵引变流器(图 3-8)从主变压器次边取电，通过 3 个四象限斩波器(4QC)向两个独立的中间电压直流环节供电。牵引传动三相逆变系统由两个相同的 PWM 逆变器组成，每个 PWM 逆变器为同一转向架上的两台牵引电机供电。辅助变流系统由两个相同的 PWM 逆变器组成，为机车的辅助设备(例如，通风机、压缩机等)供电。4QC 和逆变器采用相同的模块，所以具有互换性。

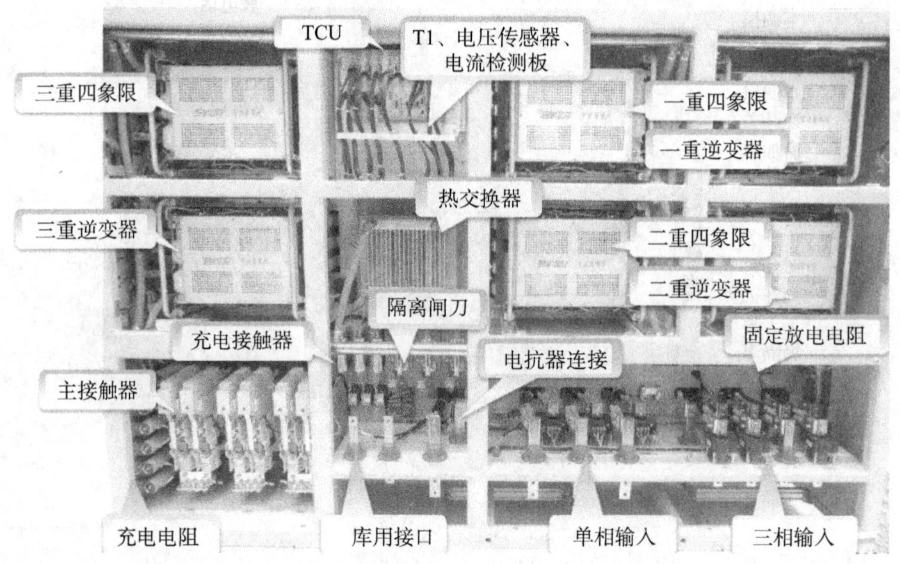

图 3-8　牵引变流器

2. 辅助变流器柜

辅助变流器柜(图 3-9)含有辅助变流器，辅助变流器主要功能是将机车单相 AC 470 V 电压经整流及逆变后变成三相 AC 440 V 电压，为机车压缩机电机等辅助设备提供电源。

每台机车配置 2 台辅助变流器，其中一台为恒压恒频(CVCF)，一台为变压变频(VVVF)。每台辅助变流器由机车单独的辅助绕组供电。正常工况下，两台辅助变流器都工作时，CVCF 工作于恒压恒频模式，VVVF 工作于变压变频模式；当任意一台辅助变流器出现故障时，另一台只能工作于恒压恒频方式。

图 3-9　辅助变流器柜

辅助变流器柜通风支路的作用是冷却辅助变流器，同时向机械间提供新风，维持机械间正压和通风散热。辅助变流器风机提供的车外新风风量：夏季约 1.0 m^3/s，冬季约 0.33 m^3/s。

3. 牵引通风机组

牵引电机通风支路的作用是冷却牵引电机。每一个牵引电机用一台通风机进行强迫通风冷却。6 台牵引电机采用 6 台 13 kW 的牵引风机(1.4 m^3/s)进行独立冷却，牵引风机从车顶侧吸入冷却空气。牵引电机通风支路示意如图 3-10 所示。

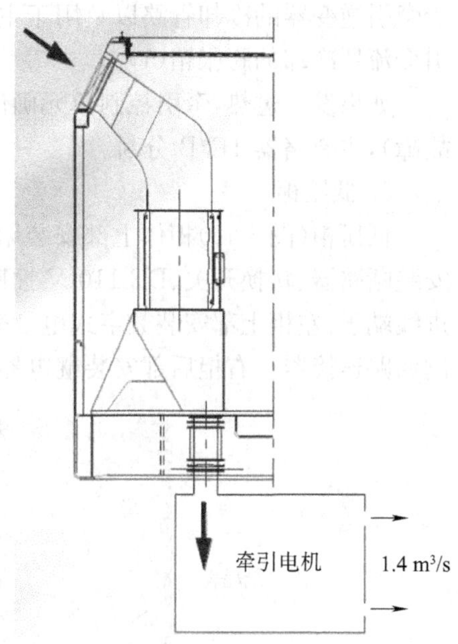

图 3-10　牵引电机通风支路示意

4. 冷却塔

机车装备有 2 个冷却塔，冷却塔包含轴流风机、水泵和复合冷却器。冷却塔位于机械间内用于冷却牵引变流器和主变压器中相应的冷却剂。冷却塔有两个独立的冷却回路：用于牵引变流器水冷却液回路，主变压器油冷却液回路。两个冷却回路的冷却液在冷却塔中彼此独立地进行风冷。主冷风机从机车车顶进风口吸入环境空气，空气向下经过冷却塔，穿过复合散热器，最后经机车地板吹到路基。水冷却回路包含一个冷却水泵和一个膨胀箱，冷却水泵用于提供冷却水，膨胀箱用于自动通风及平衡冷却水热量引起的膨胀。可以在膨胀箱上的液位显示处通过膨胀箱中的漂浮开关检查冷却液液位。冷却塔如图 3-11 所示。

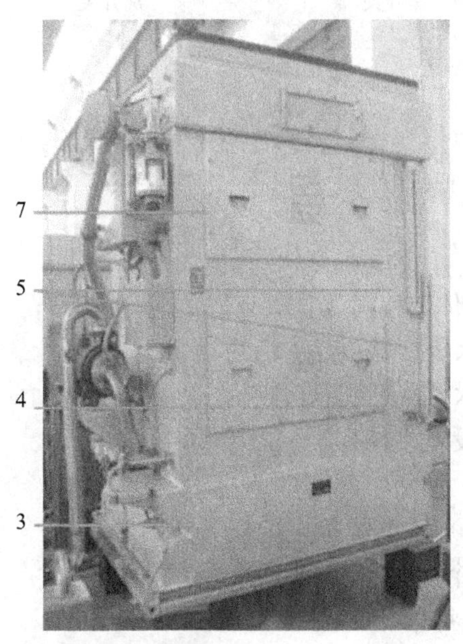

图 3-11　冷却塔

1—膨胀箱(水)；2 —冷却泵(水)；3—复合散热器；4—副油箱(油，仅 1 号冷却塔有)；5—液位指示器；6—空气减湿器；7—主冷风机在1号冷却塔油冷却回路中集成了一个副油箱(4)和复合散热器(3),副油箱用于平衡油热量引起的膨胀。在副油箱(4)上的液位指示器(5)处可以检查油位。一个空气减湿器吸收从空气流进入副油箱中的湿气。冷却塔通过法兰直接连接到变流器水的入口和出口,它包含用于牵引逆变器的冷却管路以及用于主变压器的冷却管路。冷却塔拥有冷却水泵(2)和用于牵引变流器冷却的膨胀箱(1)。

如果发生过热,牵引控制单元确保降低牵引功率。如果发生故障(冷却液泵故障或冷却塔故障),主断路器 HVB 分断。

5. 低压柜

低压柜(图 3-12)柜体上部安装用于机车控制的 GWM、VCM、ERM、DXM 模块;柜前中部安装断路器、转换开关、DC 110 V 插座等;柜体中间安装接触器等;柜体下部安装辅助回路的进线端子;左柜上部安装数字式电度表;左柜中下部安装库内动车转换装置;柜外右侧安装控制回路连接器。右柜后部安装继电器等。

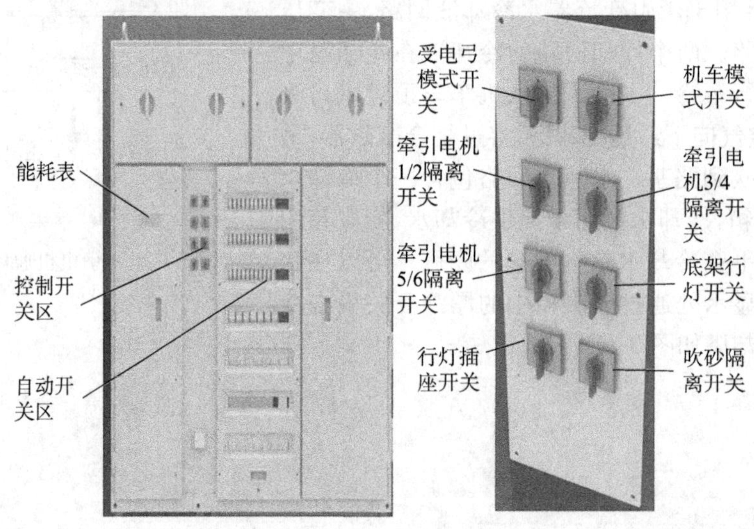

图 3-12　低压柜

6. 卫生间

在机车的机械间装有用于司乘人员盥洗的整体卫生间(图 3-13)。该卫生间采用压力冲水、非直排式,具有压力冲水集便器、水箱、污物箱、显示面板、取暖器、通风排气扇、洗手台、节水水龙头、照明灯、废物收集装置、地漏、冲洗开关、排气照明开关、扶手等设施。

图 3-13　卫生间

7. 电源柜

机车上装有一个 TGY03 型电源柜(图 3-14),该电源柜主要用于 7 200 kW 6 轴交流传动电力机车,主要有两个部分的功能:一个是为机车内部电器提供控制电压,AC/DC 模块将单相交流 220 V 电源变为直流 110 V 电源,为机车提供 110 V 电源,并为蓄电池组充电,同时电源柜上的 DC/DC 模块将机车上的直流 110 V 电源变为直流 24 V 电源,为应急灯、仪表等设备提供电源;电源柜的另外一个功能是针对 110 V 输出和 24 V 输出进行一定的低压配电。

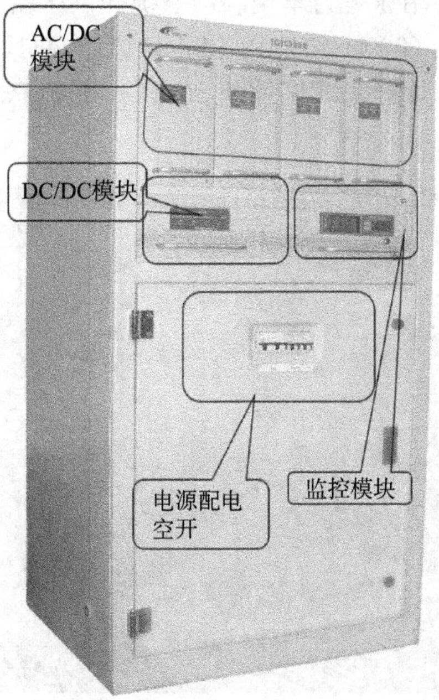

图 3-14　电源柜

8. 空气制动柜

空气制动柜(图 3-15)集成了 CCBⅡ型电空制动系统和空气管路系统相关部件以及 MVB 网络的相关接口,为机车空气制动的核心组成部件;在其上部还装有机车辅助压缩机和安全钥匙箱(BSV)。

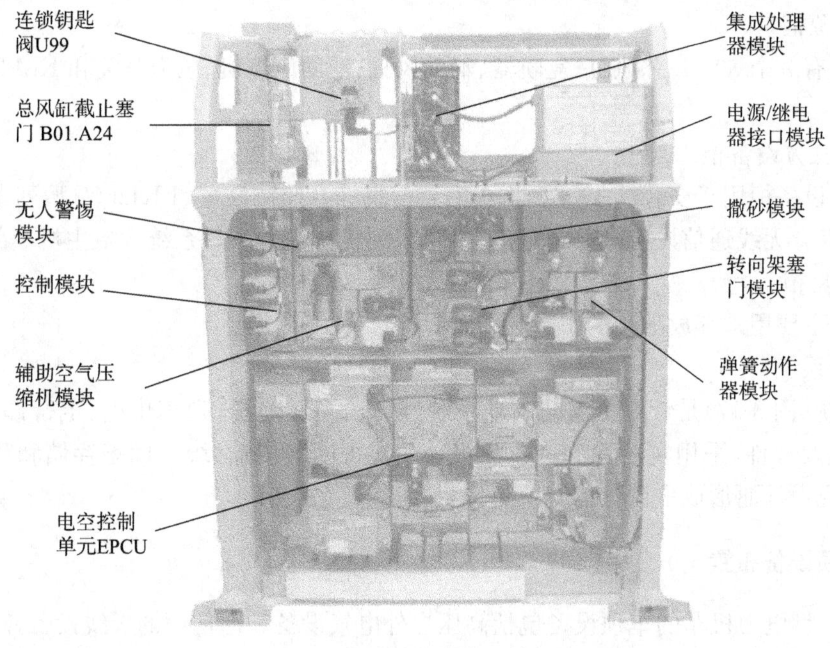

图 3-15　空气制动柜

9. 空气压缩机

空气压缩机(图 3-16)主要用途是为车辆制动系统提供压缩空气。当总风压力低于(680±20)kPa,启动两台压缩机打风,(900±20)kPa 停止打风;当总风压力低于(750±20)kPa 但不低于(680±20) kPa 时,启动非操纵端压缩机,(900±20)kPa 停止打风;当总风压力低于(500±20)kPa,机车牵引封锁。

图 3-16 空气压缩机

压缩机通风支路的作用是冷却主压缩机。该通风支路设置有冬夏季转换装置,夏季将机械间内热空气和压缩机的热量排出车外,冬季将压缩机的热量排在车内。

10. 蓄电池柜

机车装有 48 节 DM170 型蓄电池,为机车提供 DC 110 V 控制电源。

11. 风源柜

机车装有 2 个 300 L 总风缸、复轨器、辅助风缸、辅助压缩机、压力开关和 KM-2 排风阀等部件。

12. 第三方设备柜

第三方设备柜用于安装 TAX2 型机车安全信息综合监测装置、LKJ2000 型列车运行监控装置、机车综合无线通信设备(CIR)主机、JT-C 系列机车信号车载系统设备主机等部件。

13. 工具柜

工具柜主要用来存放随车的工具和随车附件。

14. 6A 系统

6A 系统(图 3-17)是针对机车的制动系统、防火、高压绝缘、列车供电、走行部、视频等危及安全的重要部件,采用实时检测、监视、报警并实现网络传输、统一固态存储和智能人机界面,整体研究设计而形成平台化的安全防护装置。

四、车顶设备布置

HXD1C 型电力机车的车顶设备包括高压户外电气设备和通信用的天线设备,高压户外电气设备既要满足机车电气性能的要求,又要有足够的高压绝缘性能和抵抗风、沙、雨、雪、低温等恶劣自然环境的侵害及雷电过电压袭击的能力。HXD1C 型电力机车在设计时还充分考虑用户的重度煤尘污染和防寒的环境要求。

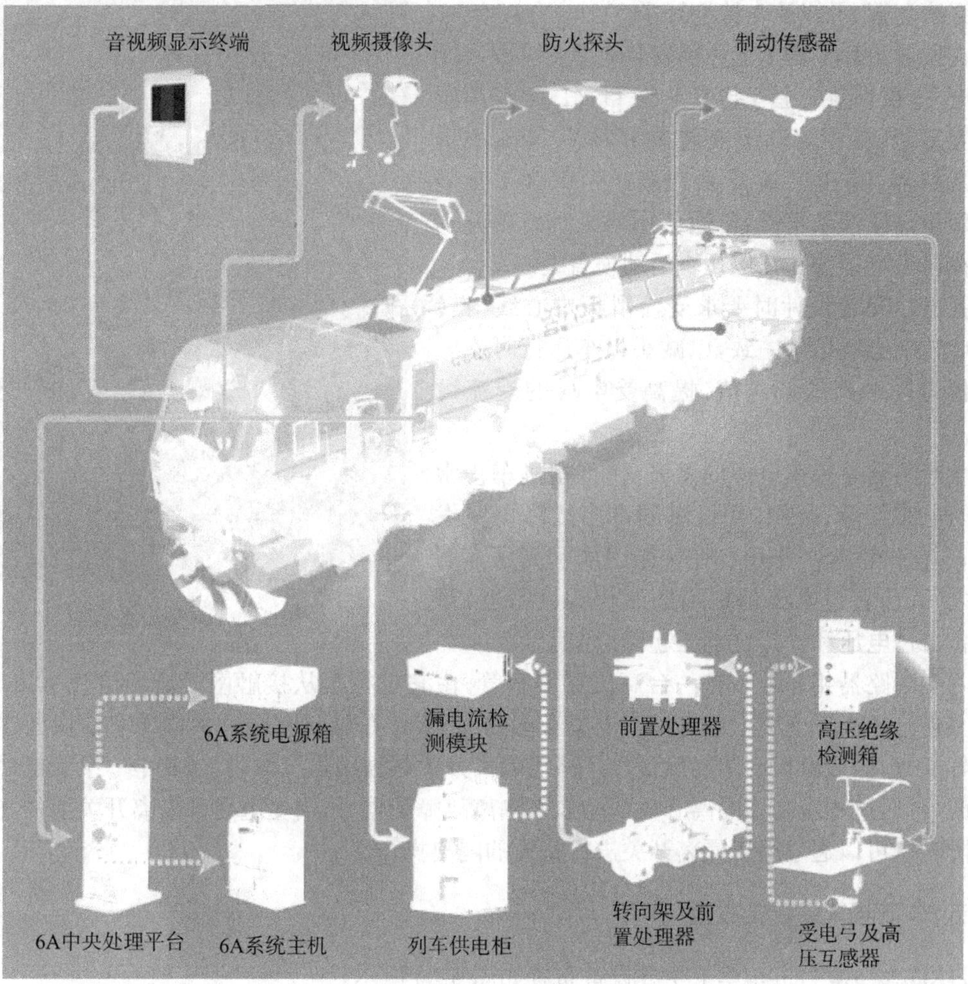

音视频显示终端
视频摄像头
防火探头
制动传感器
6A系统电源箱
漏电流检测模块
前置处理器
高压绝缘检测箱
6A中央处理平台
6A系统主机
列车供电柜
转向架及前置处理器
受电弓及高压互感器

图 3-17　6A 系统

车顶设备主要布置在Ⅰ端司机室顶盖、顶盖 1、顶盖 2、顶盖 3、顶盖 4、Ⅱ端司机室顶盖上，如图 3-18、图 3-19 所示。

1
2
3
4
5
6
7
顶盖1
顶盖2
顶盖3
顶盖4
8
2
1

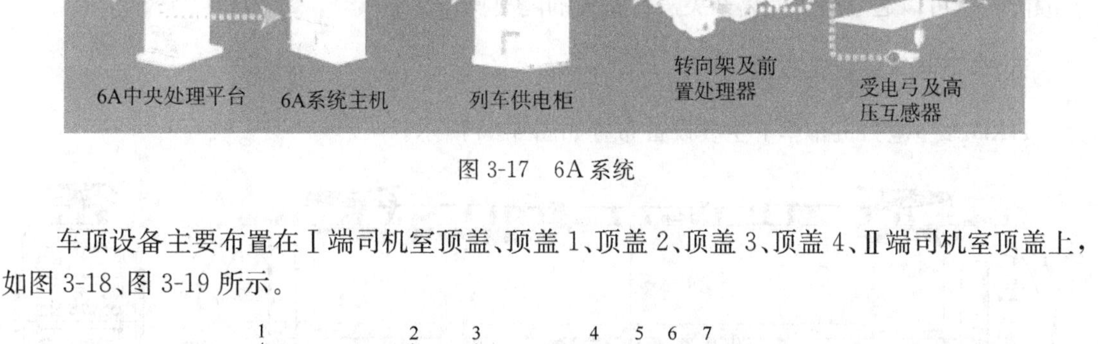

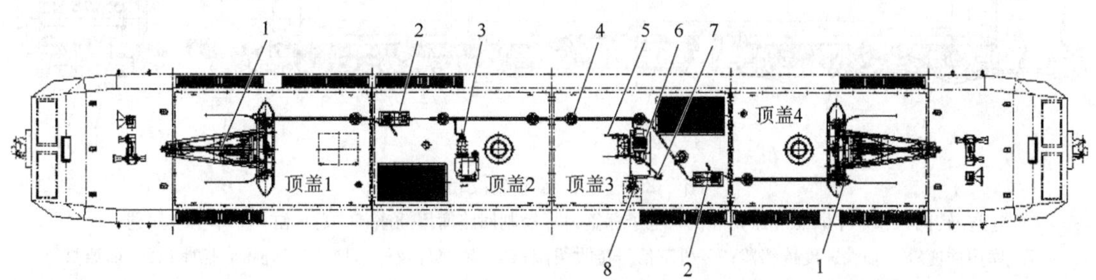

图 3-18　车顶设备布置

1—受电弓；2—高压隔离开关；3—高压电压互感器；4—母线及支持绝缘子；5—接地开关；6—主断路器；7—避雷器；8—高压穿墙套管

车顶高压电气设备包括:受电弓、主断路器、接地开关、高压电压互感器、避雷器、高压隔离开关、高压穿墙套管、母线及支持绝缘子。

在顶盖1和顶盖4上分别安装有2台TSG15B型受电弓,在顶盖2上安装有1台TBY1-25型高压电压互感器,在顶盖3上安装有BVAC.N99型真空主断路器、高压接地开关、YH10WT-42/105型金属氧化锌硅橡胶避雷器,通信用的天线设备分别安装在司机室顶盖和其他几块活动顶盖上。

图3-19　车顶设备实物

受电弓安装设计时要求受流滑板中心线与转向架旋转中心线尽量一致,以减小机车运行时受电弓滑板与接触网的偏离值,提高受电弓的受流可靠性。

主断路器是机车电源的总开关,承担机车正常工作时电路的分、合闸,在机车的许多故障情况发生时,起保护性分闸作用。在主断路器和高压穿墙套管之间,装有过电压保护用的氧化锌避雷器,可以对雷击过电压和操作过电压起保护作用。

与主断路器相邻处装有一台高压穿墙套管,由它把机车从接触网受流的电流引入车内。在与其连接的高压电缆上装有原边电流互感器(此部件在机械间内),主要用来提供原边电流信号,同时为原边保护回路提供信号。高压隔离开关起高压隔离作用,当其中一个受电弓发生故障时,可通过相应高压隔离开关的动作来隔离故障受电弓;当受电弓到隔离开关前的高压设备故障时也可以通过高压隔离开关进行相关的隔离操作。

五、车下与车端设备布置

HXD1C型电力机车车下主要设备布置如图3-20所示。

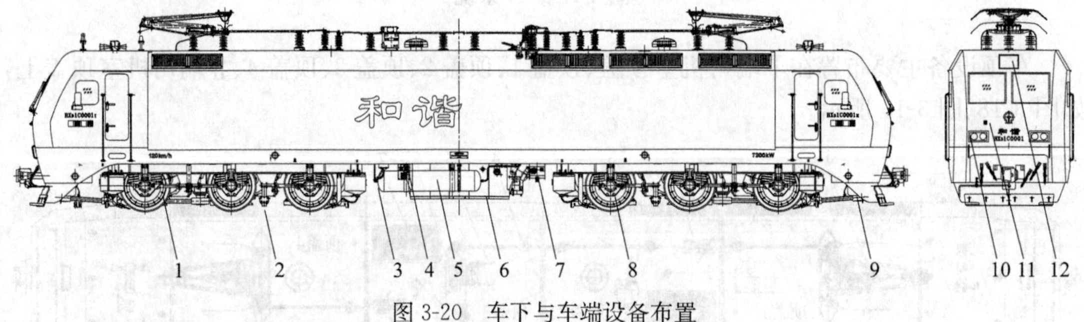

图3-20　车下与车端设备布置

1—转向架;2—车载感应器;3—机车电子标签;4—控制回路库用插座;5—总风缸;6—牵引变压器;7—库用插座;8—轴端速度传感器;9—机车信号接收线圈;10—辅照灯及标志灯;11—外重联插座;12—前照灯

转向架:两台C_0转向架分别位于6台牵引通风机的下方,中心距为9 000 mm。

机车自动信号感应接收线圈(整车数量4个):给信号安全系统提供地面信号,安装在车端排障器的后方距轨面高度 150 mm 处，安装座可调，当轮缘磨耗后可把接收线圈对轨面的距离调整到规定值，每端 2 个，附相应的接线盒。

控制回路库用插座(整车数量 2 个)：当机车在车库内时，给蓄电池充电和给车内控制系统提供直流 110 V 电源。

辅助回路库用插座(整车数量 4 个)：当机车在车库内时，给辅助回路各电气设备提供三相 380 V 电源，同时也是库内动车的电源插座。

光电速度传感器(整车数量 2 个)：给监控系统提供机车速度信号，安装在 2、3、6、8 轴轴端，对称布置，附相应的数模转换盒。

防滑速度传感器(整车数量 6 个)：给空电联合制动系统提供机车速度信号，安装在各轴轴端。

自动过分相设备地面感应接收线圈(整车数量 2 个)：给自动过分相装置提供地面信号，安装在每个转向架一侧。

机车电子标签(整车数量 1 个)：根据相关的运输要求向外发射机车电子标签信号，安装在底架下主变压器面向司机室的方向。

有关设备的安装实物如图 3-21 所示。

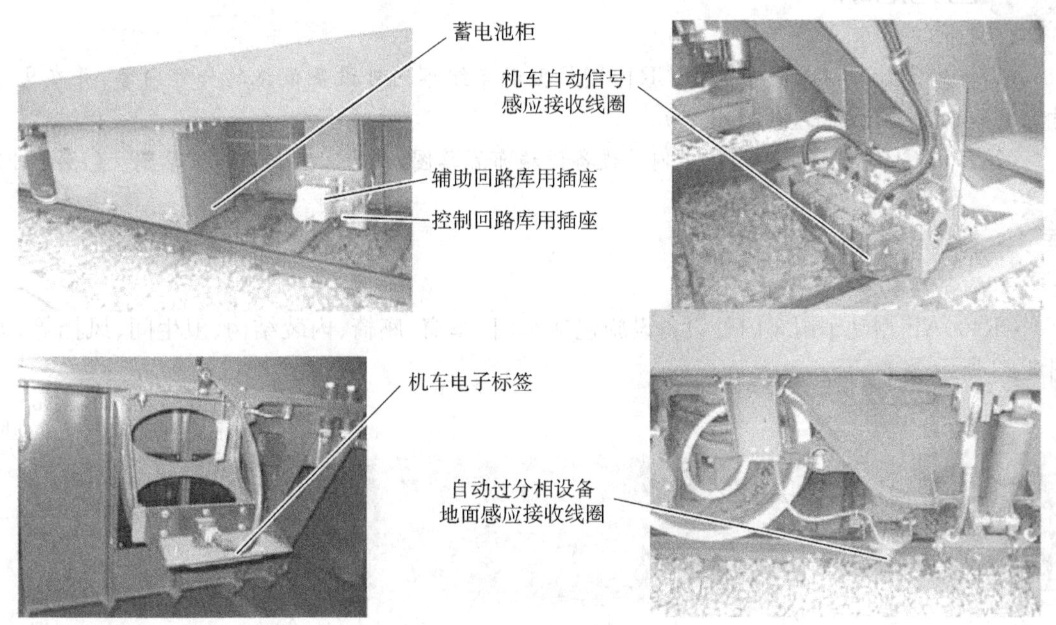

图 3-21　车下设备安装

效果评价

先回顾 HXD1C 型电力机车司机操纵台组成的理论知识，然后组织学生到实训基地，结合 HXD1C 型电力机车司机操纵台实物，理论联系实际，检验学生对司机操纵台各组成装置的掌握情况，教师负责观察并及时记录结果。

任务三　CR400AF 型动车组车内外设备设施认知

任务介绍

通过对 CR400AF 型动车组车内外设备设施的学习，了解设备的分类、特征、结构组成和功能，重点介绍了车门、车窗、座椅、内装结构、卫生间、风挡等设备的相关情况。

问题引导

(1)你了解 CR400AF 型动车组车内外有哪些主要设备吗?

(2)你能根据车门、车窗、座椅、内装结构、卫生间、风挡等设备的特点，说说各自分类方面有什么明显的区别吗?

自觉活动

(1)仔细阅读知识素材中关于 CR400AF 型动车组车内外设备设施的全部内容，并在文中对主要知识点进行标记。(20 分钟)

(2)画出 CR400AF 型动车组车内外设备设施布置草图，画出客室车门布置草图。(15 分钟)

知识素材

CR400AF 型动车组车内外设备设施包括车门、车窗、座椅、内装结构、卫生间、风挡等，如图 3-22 所示。

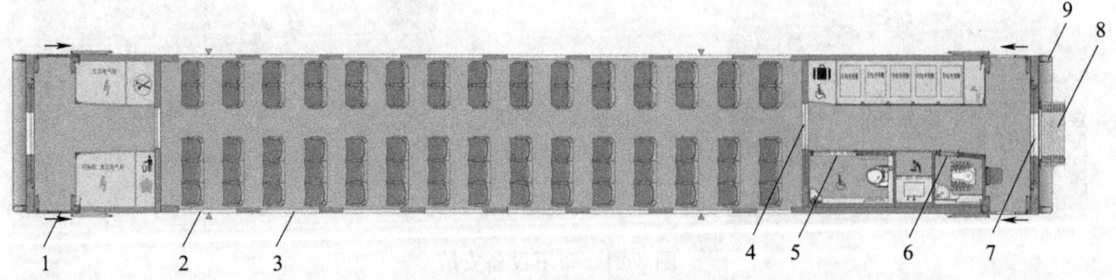

图 3-22　车内外设施示意

1—客室侧门；2—紧急逃生窗；3—普通车窗；4—自动内端拉门；5—残疾人卫生间自动拉门；6—普通卫生间手动拉门；7—自动外端拉门；8—内风挡；9—外风挡

一、车　　门

根据车门的功能及安装位置，车门可分为外门和内门两大类。外门泛指司乘人员及乘客进入车辆内部的车门，也就是客室侧门，CR400AF 型动车组侧门采用单扇电控电动外开塞拉门。内门是车厢内各部分之间的通道门或进入各独立空间区域的通道门，内门主要包含外端拉门(风挡门)、内端拉门和小间拉门等。

1. 客室侧门

客室侧门采用电控电动单扇塞拉门(图 3-23),电控气动压紧密封。采用主、副门控器进行单车网络通信,车辆与主门控器采用 MVB 连接进行列车级网络通信,同一辆车副门控器与主门控器采用 CAN 线连接进行车辆级网络通信。所有控制指令(关门指令、开门指令、释放指令、速度信号、安全回路)采用硬线传输,由网络系统对车门状态及故障信息进行监控。

图 3-23　塞拉门

CR400AF 型动车组为 8 辆编组,车门设置在每辆车的四角,01、05、00 车设置 2 套车门,其余车辆均设置 4 套车门,一列车共 26 套车门。其中 04 车近二位端两套车门采用宽门(净开度 900 mm),其余 24 套门采用窄门(净开度 800 mm)。01、00 车设置有可在车内和车外操作的隔离锁,其他车门在正常情况下只从内部操作隔离锁。车门布置图 3-24 所示。

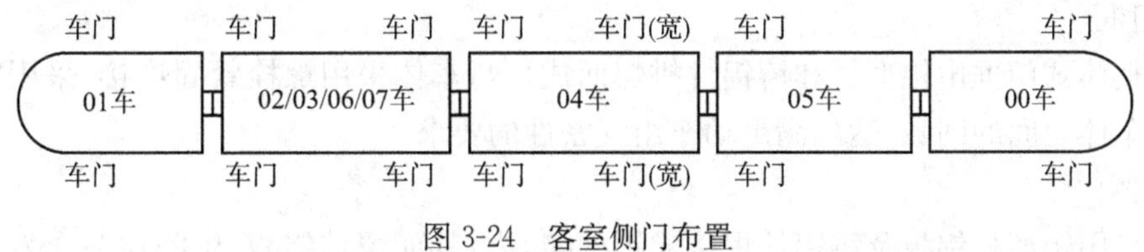

图 3-24　客室侧门布置

塞拉门因其门扇在开闭过程中有塞和拉的动作而得名,其运动轨迹如图 3-25 所示。

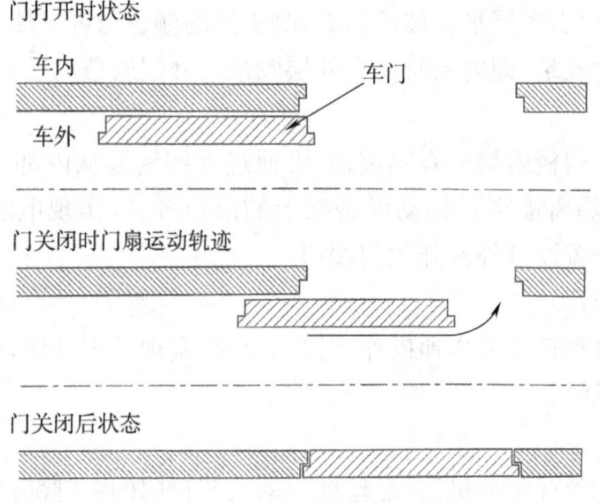

图 3-25　塞拉门运动轨迹

塞拉门主要由门框、门扇、门控单元、承载驱动机构、设备安装架、锁闭装置、控制面板等组成,如图 3-26 所示。

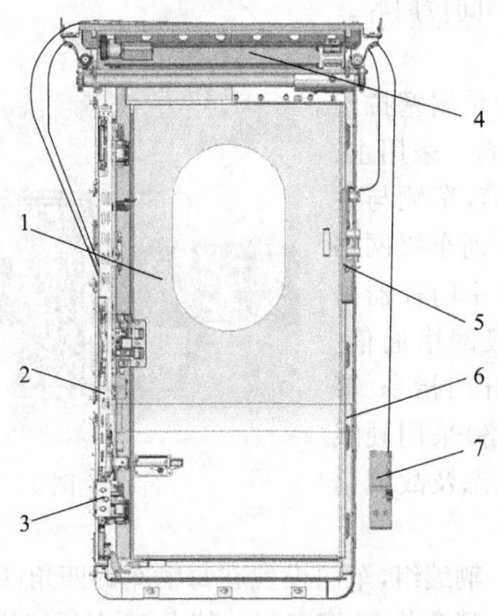

图 3-26　塞拉门结构

1—门扇；2—设备安装架；3—门控单元；4—承载驱动机构；5—内部控制面板；6—门框；7—外部控制面板

(1)门框

采用整体式门框由铝型材和铸铝件拼焊而成。与车体采用螺栓紧固连接，采用密封胶封堵门框与车体之间的间隙，达到满足动车组气密性的要求。

(2)门扇

门扇采用铝型材铝板及铸铝件焊接成铝框架，内、外面覆盖铝板，中间层注入发泡剂。因车体为鼓形，为与车体外形保持一致，门扇设计为弧形，四角为圆弧形。因门扇采用内部充填发泡隔热材的结构，具有很高的隔声、隔热性能，具有一定的气密性能。

门上设有窗户，窗户由多层平板玻璃构成，瞭望区的颜色与客室侧窗相同，粘接在门板上。门扇周边装有双层密封胶条(即内层胶条和外层胶条)、外层胶条的前端为护指股条，胶条内部装有防挤压开关。

门下部装有导轨。门板内集成有隔离锁，可通过专用钥匙从内部或外部手动操作进行侧门的机械隔离，并通过隔离锁锁舌触动设备架上的限位开关，实现电隔离。门板上设有接地线。门板外部中上部位置设有外部开关门按钮。

(3)门控单元(门控器)

门控单元接收来自车辆或者本地操作装置的命令，实现开闭动作，并可以实时监控门的状态并反馈给列车控制系统。

(4)承载驱动机构

承载驱动机构采用丝杠驱动机构，是丝杠驱动式塞拉门的关键部件，驱动机构上的滑车导轨起固定丝杆和给滑车(螺母副结构)导向两个作用。开关门时，驱动电机通过齿轮齿带机构带动丝杠转动，带动滑车沿着导轨运动，滑车通过连杆牵引门携架动作，从而实现开、关门动作。丝杠驱动机构采用直流电机驱动，可以更加容易地精确控制开关门时间及开关门的速度，在行程内可实现多段可调，耐低温能力强。

(5)设备安装架

设备安装架主要安装锁闭系统、气动系统、10%限位开关(门关闭和锁紧)、98%限位开关(门基本关闭)、解锁电机、带钢丝绳的紧急解锁拉手、"紧急操作"按钮和报警蜂鸣器等部件。

侧门主锁采用电动锁,解锁动作由电机实现。除主锁和隔离锁之外,上、下各设一个气动加压锁,可提高密封性能,增加系统可靠性。侧门内外操作装置设置了紧急操作手柄。在内外操作装置和主锁间的传动装置上设有电磁离合器,因此在列车高速运行时,即使操作紧急手柄也无法打开车门,提高了安全性能。

每个侧门装有 2 个带有锁爪的气动加压锁。气动加压锁所需压缩空气由动车组主风管经侧门供气单元提供。

(6)侧门控制面板

侧门内部控制面板上设置开关门按钮、紧急开关、内部紧急操作手柄、蜂鸣器等元件,外部控制面板上设置外部紧急操作手柄,如图 3-27 所示。

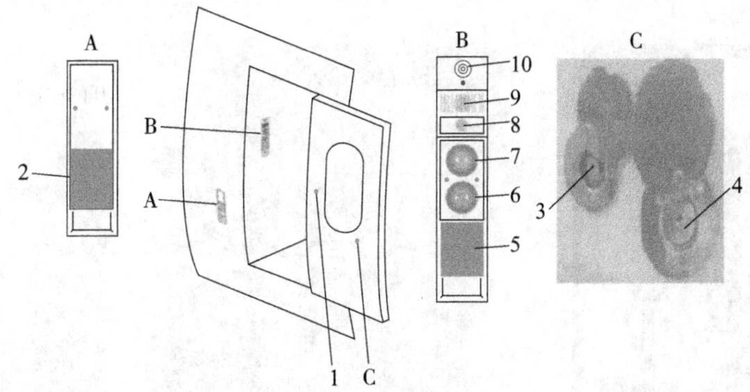

位置	名称
1	外部乘客按钮"本地开启塞拉门"
2	外部紧急解锁手柄
3	机械隔离锁
4	安全锁
5	内部紧急解锁手柄
6	乘客按钮"本地关闭塞拉门"
7	内部乘客按钮"本地开启塞拉门"
8	紧急开关(安全玻璃后面的压力开关)
9	蜂鸣器装置
10	紧急开关(车门控制的四角开关)

图 3-27　侧门控制面板示意

A—外部控制面板;B—内部控制面板;C—机械隔离锁及安全锁

塞拉门主要功能如图 3-28 所示。

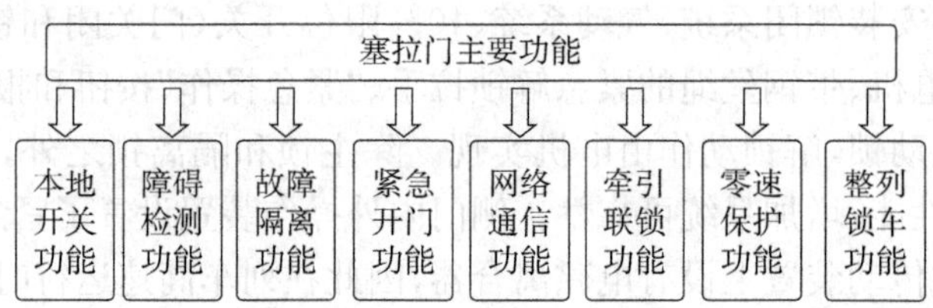

图 3-28　塞拉门主要功能

2. 外端拉门(风挡门)

在每辆车的车端部端墙处设置有外端拉门(图 3-29),将车厢之间分隔开,以保证各车厢之间的相互独立性,是车厢间的贯通通道。全列共 14 套,采用双扇电动玻璃拉门,上电后常闭,手动按钮开门,延时 10 s 自动关门,具有障碍检测功能,为方便通过,同一车端的两个门具有联动开门功能。

开门按钮

开门按钮开关

图 3-29　外端拉门

外端拉门具有防火门功能,发生火灾时,能够自动关闭,并提供不少于 15 min 的防火墙功能,关闭的防火门也能够手动打开,便于逃生。外端拉门使用的材料均已通过防烟火试验验证,门系统通过防火墙试验验证。紧急情况下,可以使用列车上配置的安全锤将其打碎以便逃生。

外端拉门主要功能如图 3-30 所示。

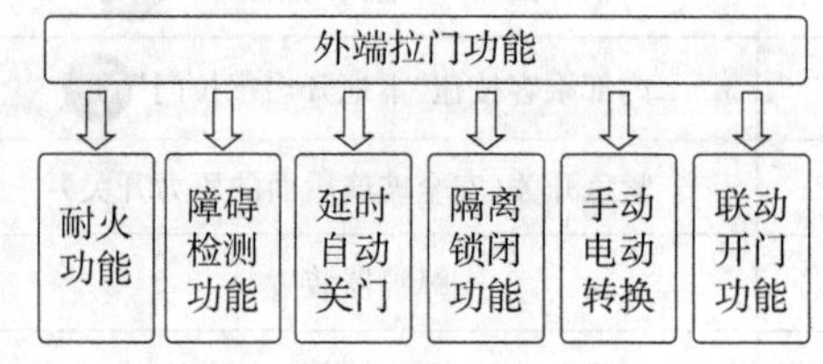

图 3-30　外端拉门功能

3. 内端拉门

内端拉门(图 3-31)位于客室两端,是客室两端与通过台之间的通过门,按门口净通过宽度可分为普通门和宽门，普通客室门口净开度为 800 mm，带残疾人通过的内端门净通过开度为 900 mm(04 车二位端)。内端门采用 5 mm＋0.76 mm＋5 mm 厚的夹胶玻璃钢化玻璃结构的门板，四周铝型材包边，门上部分的夹玻璃型材同时起到携门装置功能，门板上设有贴膜和丝印的防撞标记图案。

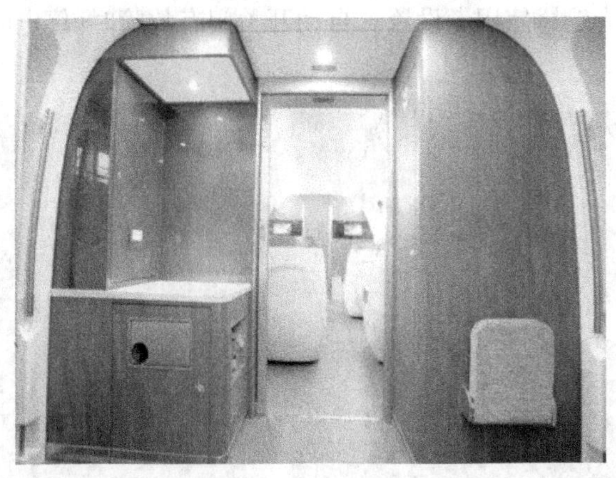

图 3-31　内端拉门

内端门是红外感应开关控制的电动开关门结构，人或物体通过时，门两侧的光电开关将检测信号传递给门控系统，从而实现自动开门。自动开关门有故障时(停电时)，用手动也能够轻松进行开闭。

4. 小间拉门

小间拉门(图 3-32)均为手动拉门，主要包括卫生间拉门、机械师室拉门、乘务员室拉门。机械师室拉门、乘务员室拉门门板上设有乳白色聚碳酸酯玻璃窗和换气用的通风板且设专用

图 3-32　小间拉门

锁，室内带内手动锁闭功能，与司机室后端门采用同一把钥匙；卫生间拉门不设窗户，设置了换气用的通风格栅，同时设门把手和在内侧锁闭的暗锁。

5. 残疾人卫生间门

残疾人卫生间门(图 3-33)为按钮触发式单扇自动拉门，门板设有无人暗锁；设置于 04 车无障碍卫生间处，主要为轮椅使用者设置。自动开关门有故障时(停电时)，用手动也能够轻松进行开闭。

图 3-33　残疾人卫生间门

6. 司机室后端门、厨房门

司机室后端门(图 3-34)和厨房门为手动转轴门，结构形式相同，司机室后端门上设有观察窗，厨房门上设有乳白色聚碳酸酯玻璃窗和换气用的通风格栅，厨房门为通用锁，司机室门为专用锁。

图 3-34　司机室后端门

二、车　　窗

在动车组运营过程中，乘客可通过车窗观赏旅途沿线的人文风光，并且车窗起到车内采光作用，紧急逃生车窗还可作为应急出口。车窗应具有良好的光学性能、隔声隔热和气密性能。

车窗主要分客室车窗、紧急逃生窗和司机室前窗。

1. 客室车窗

客室车窗(图 3-35)由安全玻璃和窗框组成。窗框采用铝型材折弯成型,车窗玻璃采用弹性胶粘接在窗框上。采用夹层中空安全玻璃,玻璃总厚约 35 mm,内外层为夹层玻璃,两层玻璃之间进行了密封,中空层充入惰性气体(如氩气)或干燥空气,提高了车窗玻璃的隔声和隔热性能。客室车窗结构如图 3-36 所示。车窗的外层玻璃与车体侧墙的连接处用密封胶平滑过渡,以减少列车运行的空气阻力和噪声。

图 3-35　客室车窗

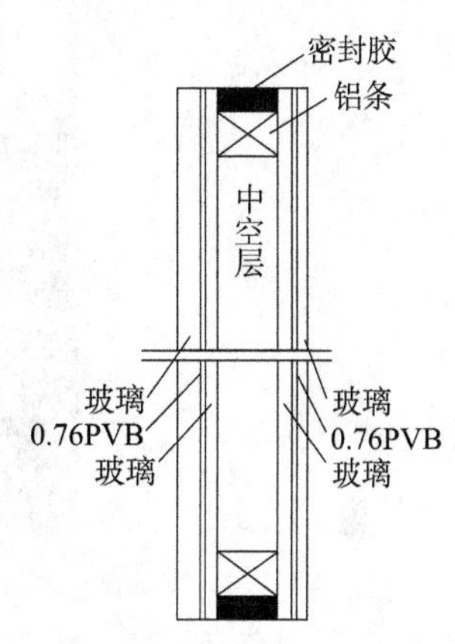

图 3-36　客室车窗结构

2. 紧急逃生窗

为保护乘客安全,车窗全都是密闭的,不能打开。考虑到紧急情况下乘客的逃生,在客室四角设置 4～6 个紧急逃生窗(图 3-37)。紧急逃生窗与普通侧窗的结构和安装方式基本相同。紧急逃生窗的玻璃结构与普通车窗不同,紧急逃生窗的中空玻璃夹层中夹有脆性树脂玻璃胶片或外侧贴防暴贴膜。在发生紧急情况时,乘客能够使用安全锤砸破四角的紧急窗玻璃逃出。

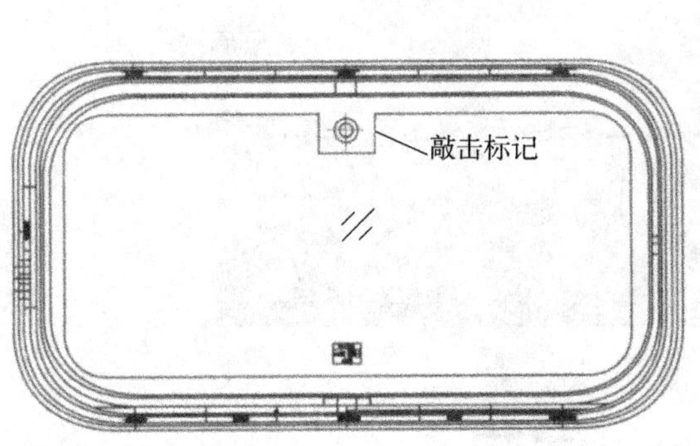

图 3-37　紧急逃生窗

3. 司机室前窗

司机室前窗(图 3-38)用于司机瞭望列车前方运行情况,由前窗玻璃、外框(附属框)、内框组成,通过螺钉紧固在车体安装面上,使用改性硅烷密封胶密封。前窗玻璃由多层玻璃与胶膜复合而成,以达到足够的强度保护司机在鸟撞、飞石冲击等意外发生时不受伤害。

前窗玻璃设置电加热功能，在冬季运行时防止结霜、结雾。通过布置在玻璃夹层中的极细的加热丝实现，加热功率为 550 W/m^2，由 AC 220 V 电源供电，当玻璃表面温度低于(14±3)℃时开始加热。为了防止加热过热，前窗玻璃加热具有过热保护功能，当玻璃温度高于(28±3)℃时自动停止加热。

图 3-38　司机室前窗

三、座　　椅

头尾车观光区设置商务座椅，01 车客室设 2+2 宽幅软座座椅(一等座椅)；其余车客室设 2+3 软座座椅(二等座椅)，如图 3-39 所示。座椅均采用可旋转 180°的结构，使得乘客总是可以面对行车方向乘坐。一等座椅靠背可由个人手动控制从 8°～30°，二等座椅靠背的角度可从 0°～24.5°自由调节和锁定，而且保证靠背的倾斜不会干扰到后面的活动空间。各座椅都设有供乘客使用的小桌和用于存放杂志的书报网。

图 3-39　座椅

1. 商务座椅

商务座椅分为单人座椅和双人座椅两种。根据人机工程学原理进行设计,具备可坐可躺功能,坐躺任意切换。软垫采用高档真皮蒙面,具备宽敞、舒适的座位空间。座椅带有宽大的私密罩壳,具备一定的私密空间,受外界影响小,同时配有视频系统、小桌板、电源插座、阅读灯等配套设备,满足乘客旅途休息、娱乐、就餐及办公等需求,为旅途提供一个温馨、舒适的乘坐环境。

商务座椅设置设有一套全电动驱动装置,主要有以下三种姿态:坐姿、半躺及平躺。控制面板上预置了上述三种姿态,可通过控制面板上提前设置好的程序实现一键到位控制。同时,旅客可以根据自己的喜好来调节座椅靠背、腿靠及脚踏等部件的角度,达到最佳姿态。商务座椅姿态调节如图 3-40 所示。

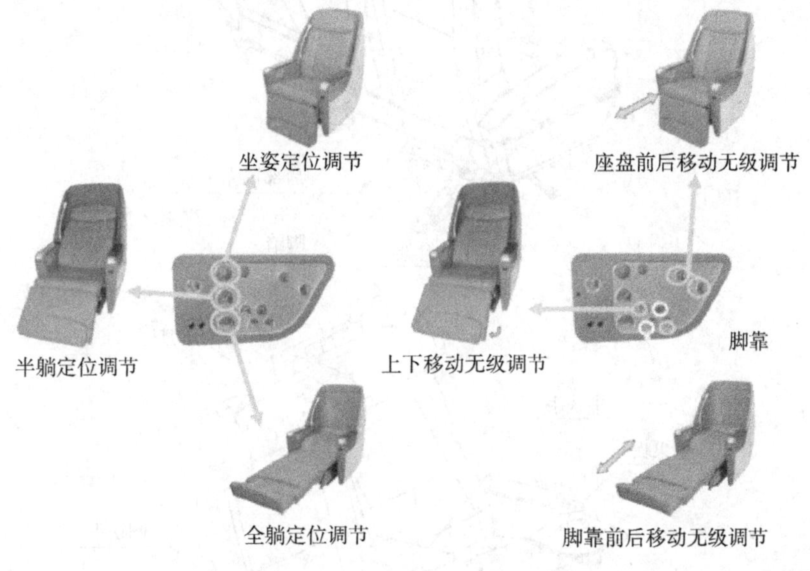

图 3-40 商务座椅姿态调节

座椅两侧的扶手设有折叠式小桌、视频系统、PC 电源、控制面板(PCU)、书报袋等,如图 3-41 所示。

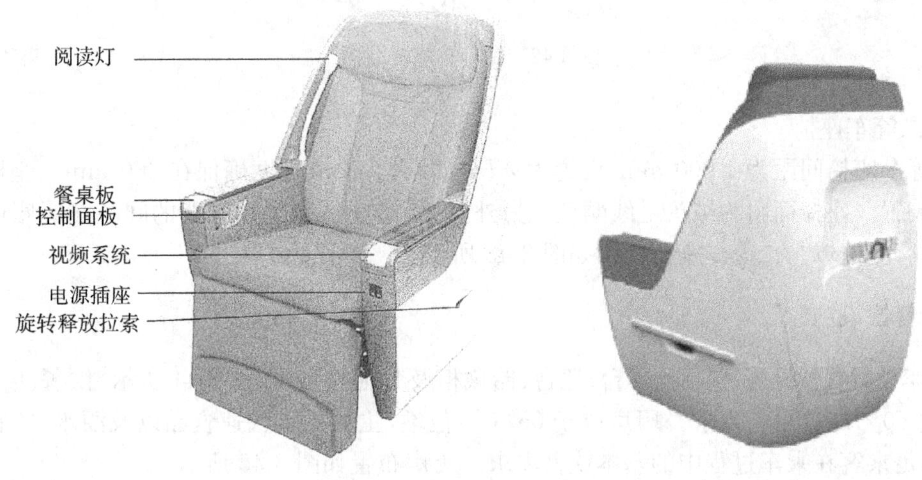

图 3-41 商务座椅

2. 一等车座椅

一等车座椅布置间距为 1 200 mm，采用 2＋2 座椅布置形式，过道宽度为 600 mm。座椅的设计充分考虑了轻量化。脚踏为背面弹动、双停止位置、转动翻出方式，可适合不同乘客使用。端部座椅的脚踏和杂物兜安装在客室端部墙壁上。座椅侧扶手设有内置式的可折叠小桌，中间扶手设置了耳机插孔，其结构如图 3-42 所示。

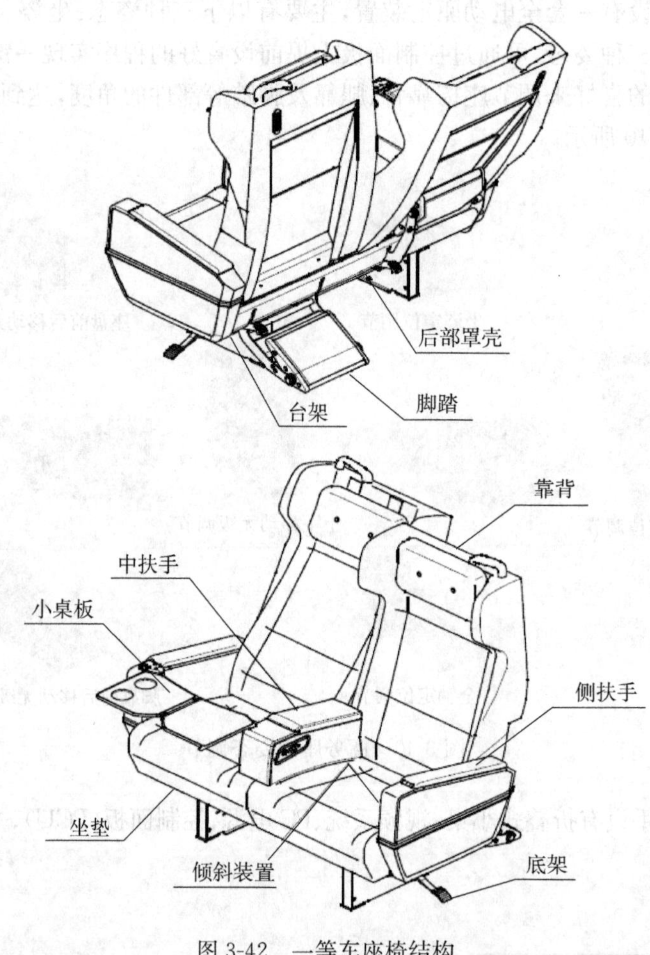

图 3-42　一等车座椅结构

3. 二等车座椅

二等车座椅间距为 1 000 mm，设置为 2＋3 的结构，通道宽度确保在 600 mm。座椅靠背带倾斜装置。座椅面料为绒头毛线颜色。另外，为了防止从坐垫和靠背的间隙往底座内插入垃圾，设有座椅罩。二等车座椅结构如图 3-43 所示。

四、餐饮设施

05 车设置餐饮设施，包括操作台、吧台、储藏柜及其他设备，如图 3-44 所示，供餐能力满足 1.5 h 内 50％定员用餐需求。厨房位于 05 车一位端，主要提供快速食品以及酒水、饮料等服务，以满足乘客在乘车过程中的基本饮食需求。厨房布置如图 3-45 所示。

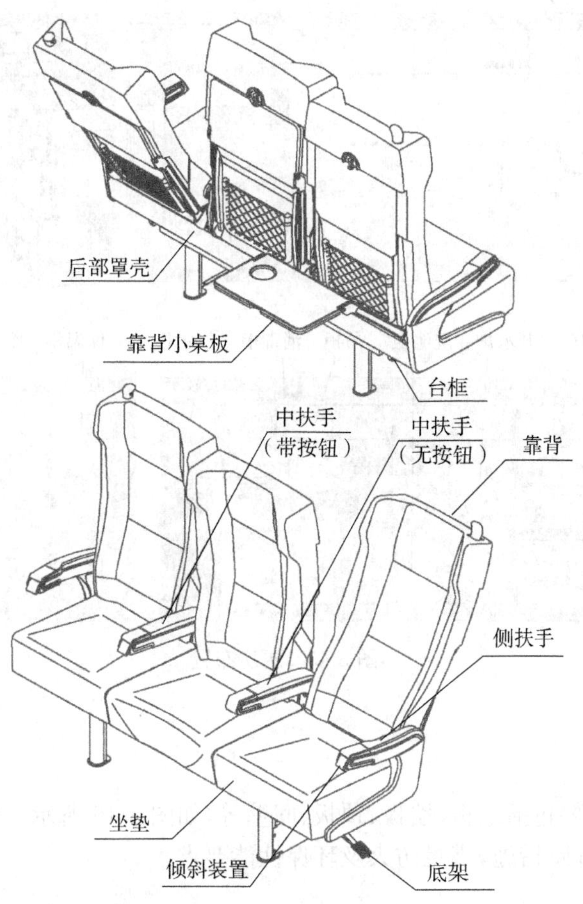

图 3-43　二等车座椅结构

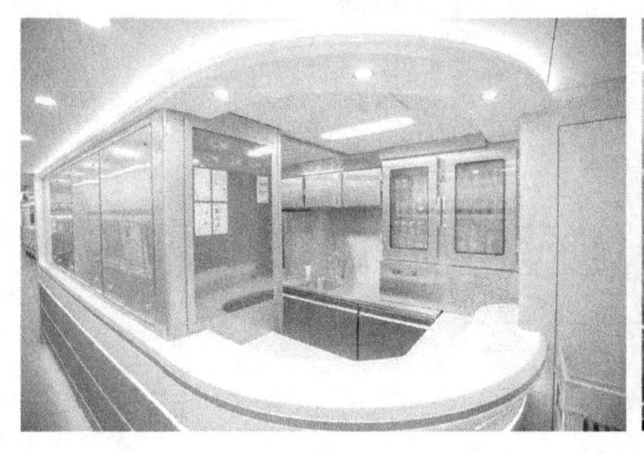

图 3-44　餐饮设施

厨房供餐模式为冷链盒饭、热链盒饭和常温链盒饭，加热设施为微波炉、烤箱或电磁炉。厨房选配设备有：冷冻柜、冷藏柜、冷藏展示柜、微波炉、烤箱、电磁炉、保温柜、消毒柜、开水炉、冷饮机、制冰机等。

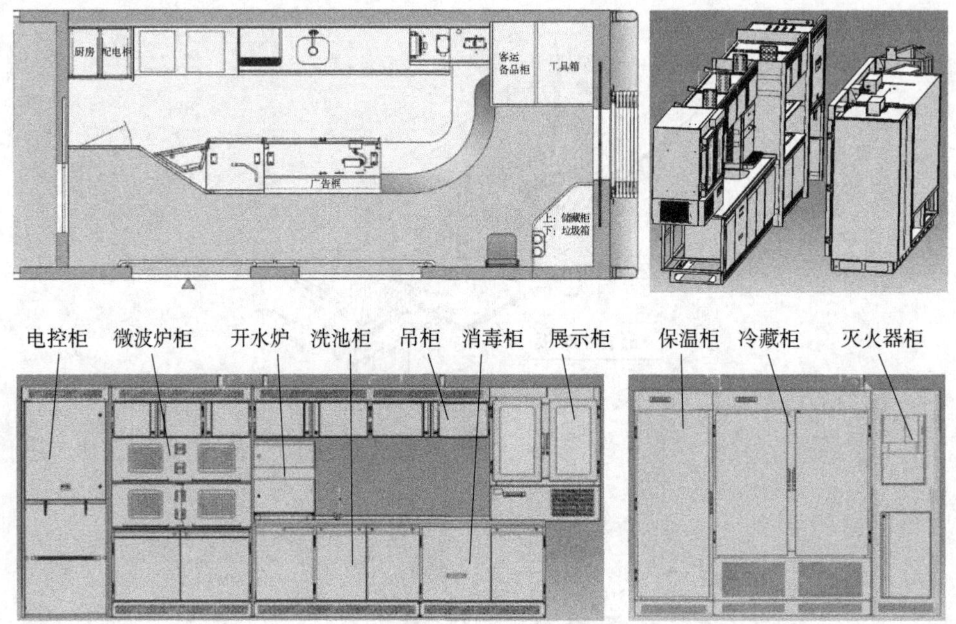

图 3-45　厨房布置

五、内装结构

车内内装结构主要包括地板、墙板、顶板、间壁等，如图 3-46 所示。内装采用轻量化、模块化结构，采取了隔声降噪措施，满足防火及环保性能要求。

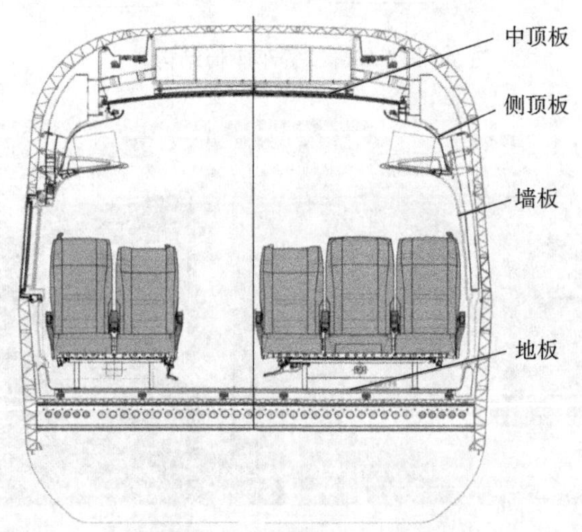

图 3-46　车内内装示意

1. 地板

车内地板安装于车体气密地板的支架上，地板分为铝蜂窝地板和复合隔声地板。车内客室地板采用铝蜂窝地板，总厚度为 21.7 mm。在端部及客室转向架影响区采用复合隔声地板，如图 3-47 所示。

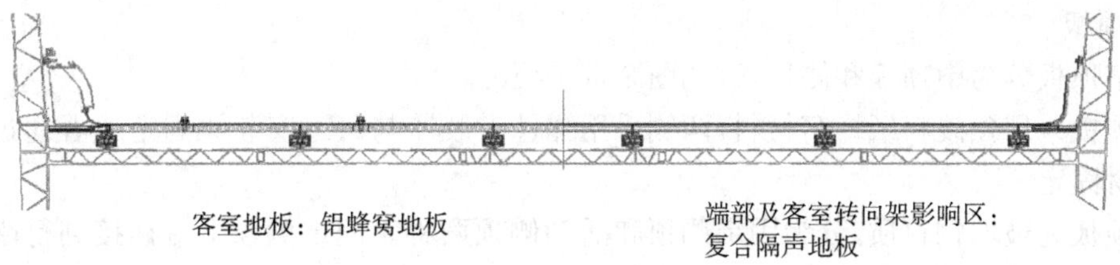

图 3-47　地板

蜂窝地板组成为：面板＋铝蜂窝芯＋型材骨架；隔声地板组成为：面板＋胶合板＋隔声层＋胶合板。地板表面铺装橡胶地板布，粘贴在地板上，具有耐磨、防火、寿命长、不开裂、防滑和无毒的特性，以及美观、易于清洁的特点。

地板安装采用浮筑结构，如图 3-48 所示。安装时先在车体地板支座上安装减振器，地板则通过固定螺钉扎在减振器的铝型材上，通过这种结构，使车内地板与车体形成了一种浮筑结构，提高隔声降噪和减振性能。

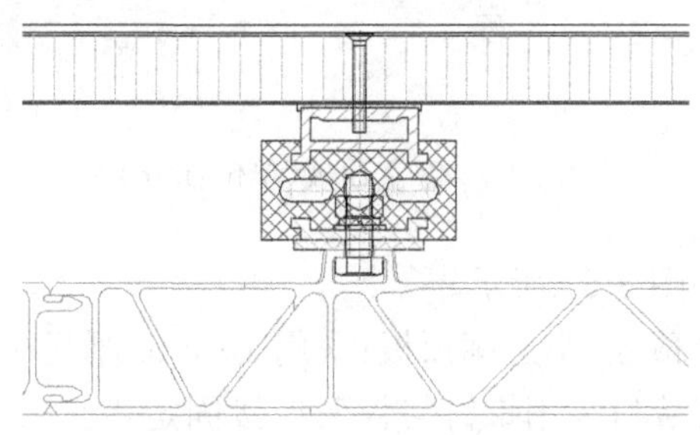

图 3-48　浮筑地板安装结构

2. 墙板

墙板（图 3-49）的安装主要通过是插接和螺钉固定在车体型材上，窗下墙板下端插接在废排风道型材中，上端用螺钉固定在过渡型材上；窗口墙板下端插接在固定窗下墙板的过渡型材上，上端通过螺栓固定在车体滑槽中，窗口四周通过胶条实现与玻璃密封。窗口墙板带有卷帘机构、衣帽钩，背面带有风道。

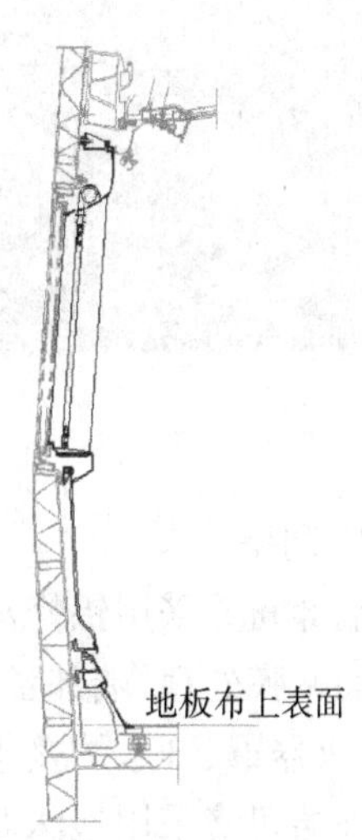

图 3-49　墙板

3. 顶板

客室顶板分为中顶板和侧顶板，如图 3-50 所示。

中顶板采用预浸料纸蜂窝材料，两侧采用弹性安装座与风道安装梁固定或者通过吊座与车顶型材固定。

侧顶板为玻璃钢材质，分为固定侧顶和活动侧顶两种。固定侧顶下端插接到行李架的型材上，上端固定于安装梁上，LED 灯安装在侧顶的型材中。

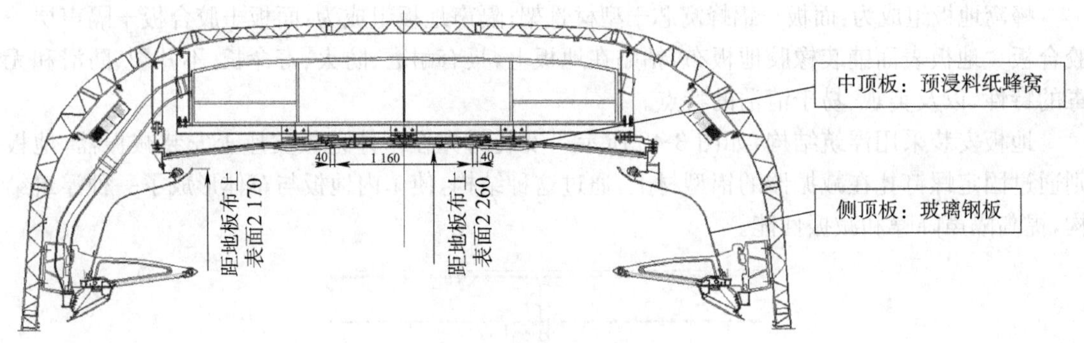

图 3-50　客室顶板(单位：mm)

端部顶板及小间顶板如图 3-51 所示。

端部平顶板包括通过台顶板、小走廊顶板；采用 10 mm 厚瓦楞板，表面覆膜处理。

通过台顶板通过筒灯安装口采用螺钉与骨架连接固定，走廊顶板采用装饰防松螺钉与顶板骨架连接固定，拆卸时仅将装饰防松螺钉拧下即可将顶板取下。

平顶板上通常设置空调的出风口、筒灯和扬声器等。

乘务员室、机械师室顶板为铝蜂窝复合顶板表面敷膜处理，通过螺钉固定在车顶对应位置的顶板骨架上，表面设有压条。

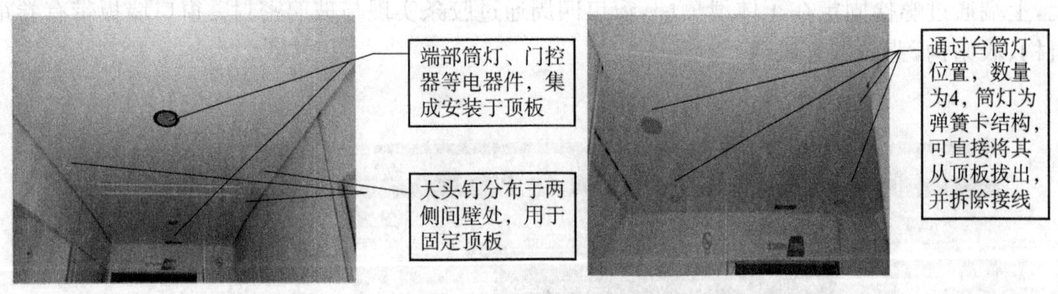

图 3-51　端部顶板及小间顶板

4. 间壁

端部间壁采用铝蜂窝复合结构，面板厚 0.8 mm，背板厚 0.5 mm，间壁厚度为 25 mm，可视界面贴膜处理，端部备品室、客运柜、洁具柜等表面采用贴膜处理。端部间壁集成了通风格栅、灭火器罩、开水炉接水盘、垃圾箱投放口等，如图 3-52 所示。

外端间壁采用泡沫芯复合材料，面板厚 0.8 mm，背板厚 0.5 mm，可视界面贴膜处理。侧墙侧、上下外置与骨架连接固定，门口侧与车体端门型材通过螺钉固定，下部与地板接触面处打密封胶进行防水处理，如图 3-53 所示。

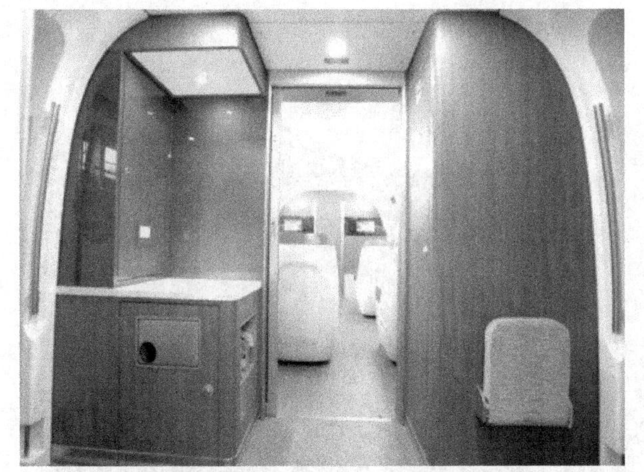

图 3-52　端部间壁

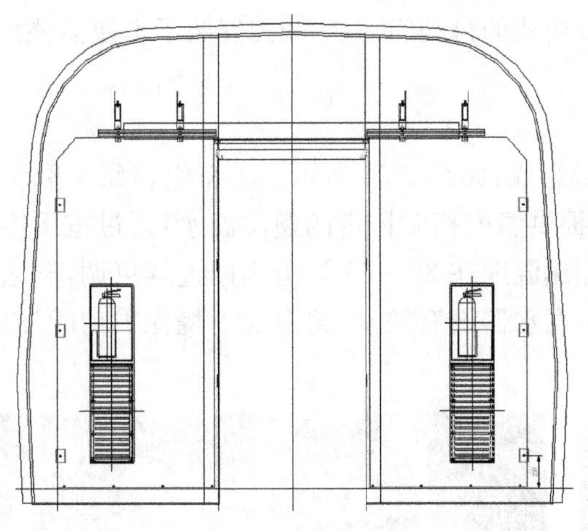

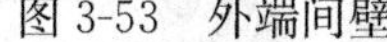

图 3-53　外端间壁

六、卫生间及盥洗室

1. 卫生间

CR400AF 型动车组除了餐车外每车均设置了卫生间，卫生间采用真空集便系统，分为坐式便器卫生间和蹲式便器卫生间，如图 3-54 所示。

卫生间采用整体 FRP 型式，安装了大理石台面、按压延时洗手装置、便器冲洗按钮、紧急呼叫按钮、坐垫盒、扶手、镜子、便纸支架等。动车组便器为真空保持式，当按压便器冲洗按钮时，便器排污管内抽真空，将污物吸入车下中转箱内并在便器部分设置了瓣阀，防止污物箱内的恶气回流。在卫生间顶部增加了开孔，为卫生间提供新风。同时，卫生间内通过排气格栅持续排气。

为减少污物的附着，坐式卫生间便器内表面采用特殊聚四氟乙烯涂层，蹲式便器便斗采用不锈钢材质。便器使用清水高压冲洗，分两次冲洗，首次冲洗耗水不超过 0.4 L/次，二次冲洗耗水不超过 0.2 L/次。

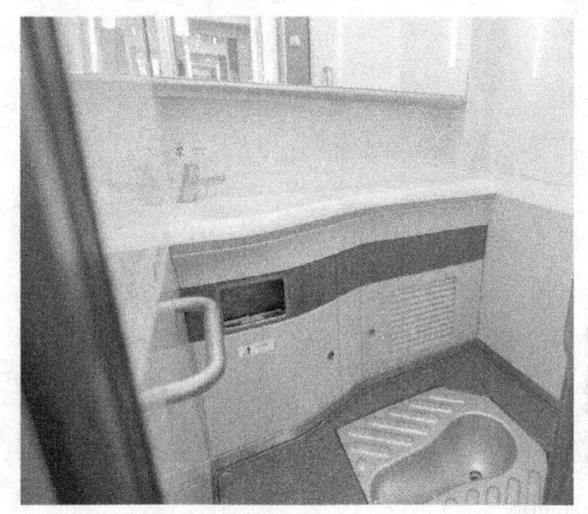
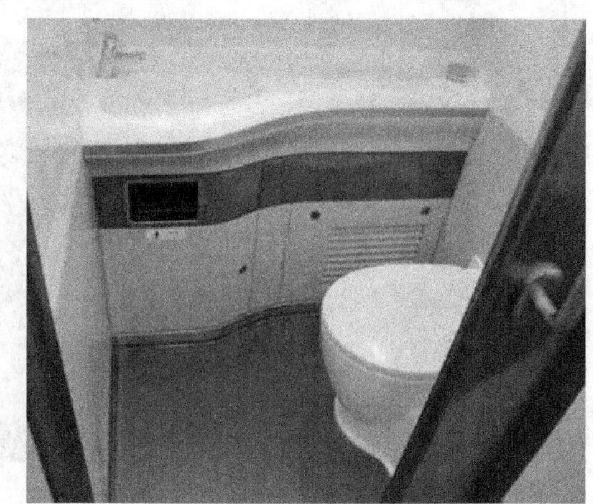

图 3-54　卫生间

同时，残疾人卫生间的拉门设置了按钮式的自动门，卫生间内安装了坐便器、婴儿护理台、可折叠扶手等，如图 3-55 所示。

2. 盥洗室

盥洗室主要由温水器、洗面台及镜子组成，如图 3-56 所示。动车组在每个盥洗室均设置一个温水器，采用储水加热方式，为乘客提供温度相对恒定的盥洗温水，通过按压冷热节水阀即出温水。温水器设有温度调节旋钮，加热温度在 30～75 ℃范围内连续可调，以适应不同的乘客需求。为防止异常工况下发生危险，温水器设有缺水、超温及干烧保护功能，温水器面板设有状态指示灯，用以查看其工作状态。

图 3-55　残疾人卫生间

图 3-56　盥洗室

七、乘务员室

乘务室位于 05 车，内设置办公桌和旋转座椅。办公桌设置有 4 个抽屉，最下层抽屉用于存放急救箱；扬声器和应急灯挂于办公桌上方间壁上；上部设有供乘务员操作的电气设备柜；

控制柜内设乘客信息显示屏、娱乐信息操作屏，如图 3-57 所示。

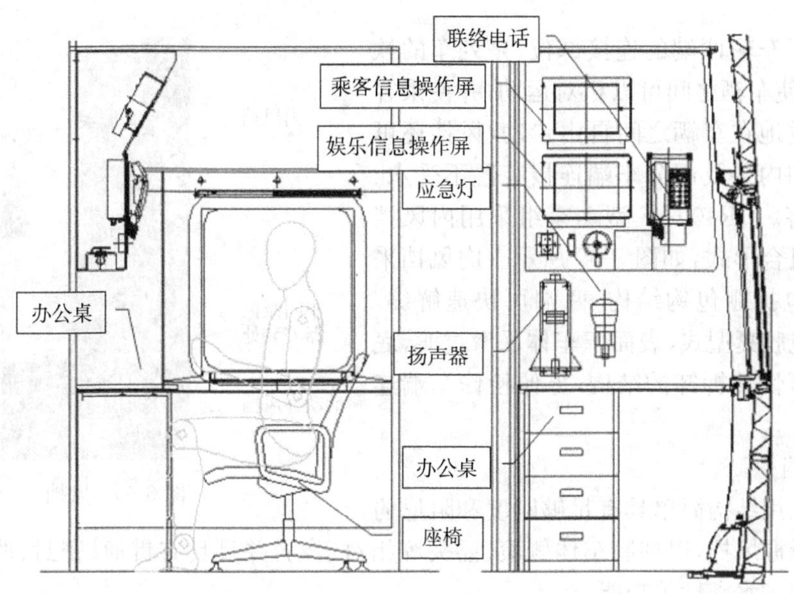

图 3-57　乘务员室布置

八、机械师室

机械师室也位于 05 车，内设置办公桌、旋转座椅、联络电话等。办公桌设置有 4 个抽屉，上部设有供机械师操作的电气设备柜，包括视频监控显示屏、网络系统，如图 3-58 所示。

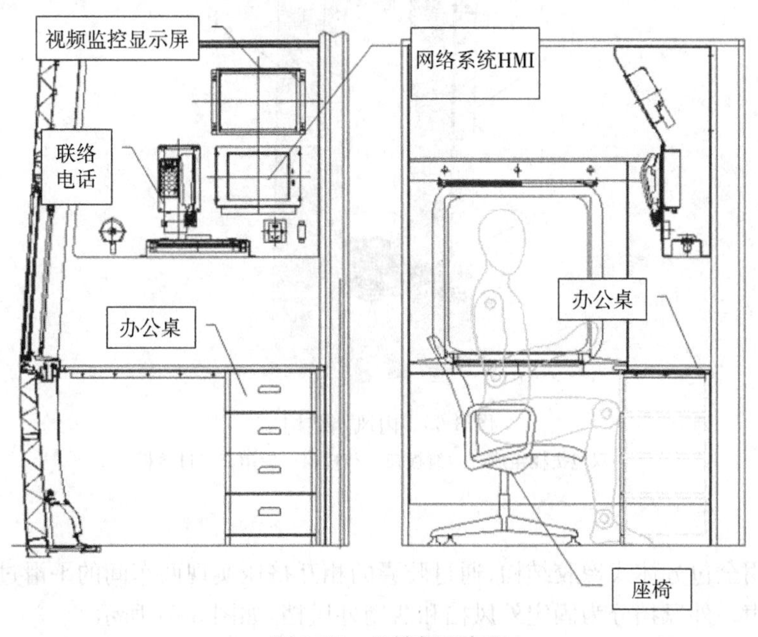

图 3-58　机械师室布置

九、风　　挡

风挡处于车辆两端的连接部位，是列车的软连接部分，它使车辆之间可以相对运动，并使乘客可以安全舒适地在车辆之间自由走动，风挡还可以保护乘客和内装及部分车端连接装置不受水、雪和风的损害。CR400AF 型动车组采用内风挡和外风挡的组合形式，如图 3-59 所示。内风挡采用一体式双包折棚包钩结构，两端可快速解编。外风挡为全包胶囊型式，表面于车体平滑过渡，底部设置两处可快速拆卸的结构，方便检修车端连接部件。

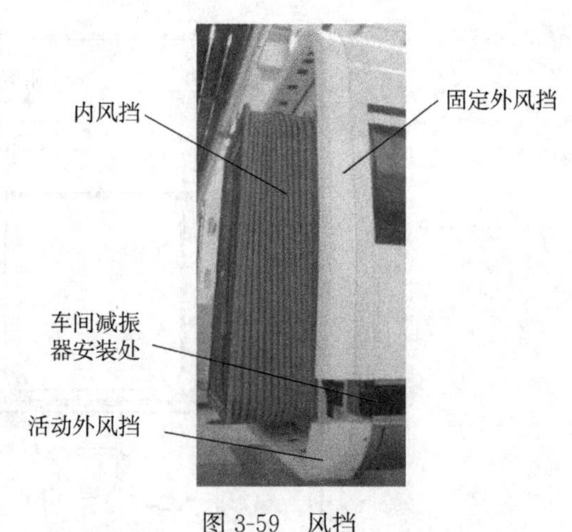

图 3-59　风挡

1. 内风挡

内风挡采用结构简单具有足够刚度和阻尼的大尺寸双层折棚风挡，以抑制车体侧滚、摇头等相对运动，并且具有贯通、密封、曲线通过、隔声、隔热、气密和水密性等功能。

内风挡由固定在车体上的过渡板、风挡折棚、渡板和踏板等组成，如图 3-60 所示。渡板采用镶嵌式，插入到车体端墙内，通过渡板支架的滑动支撑固定在两车的车端。两侧踏板一侧通过螺钉固定在车体底架上，一侧搭在渡板上，可以相互补偿两车在不同的高度上的变化和确保两车和渡板之间的平滑过渡。

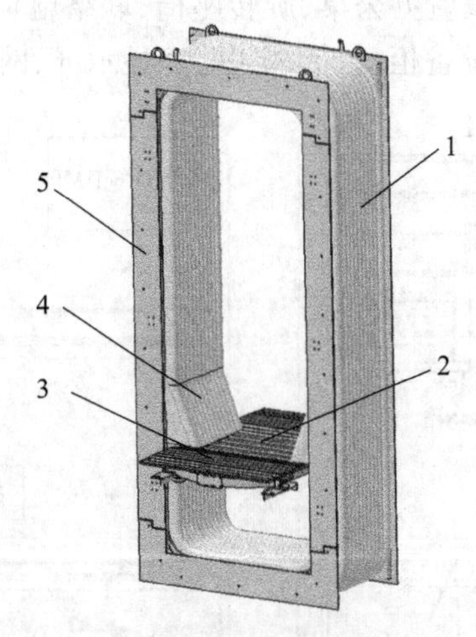

图 3-60　内风挡结构

1—双包折棚组成；2—渡板；3—踏板；4—护裙；5—过渡板

2. 外风挡

外风挡采用全包分体式橡胶结构，通过胶囊的相互挤压实现两车间的平滑过渡，降低空气阻力及车外噪声。外风挡分为固定外风挡和活动外风挡，如图 3-61 所示。

胶囊用柔软的橡胶材料制成，与安装框架采用螺栓连接，易于更换和维护。安装框架由焊接的铝型材组成，通过紧固件将外风挡固定到车体端部，如图 3-62 所示。

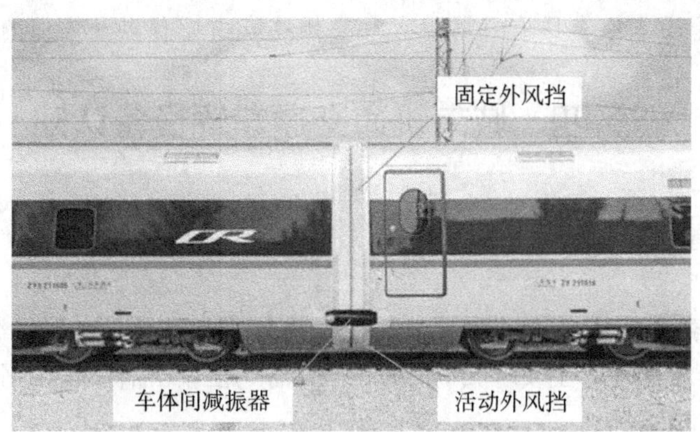

图 3-61　外风挡

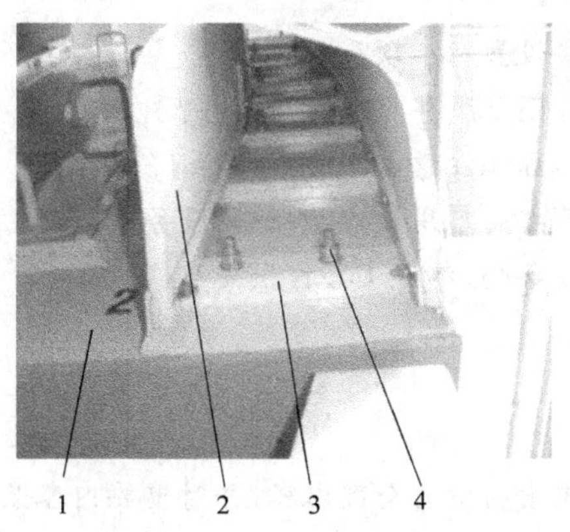

图 3-62　外风挡安装

1—车体；2—风挡；3—安装框架；4—紧固件

底部设置两处活动外风挡采用快拆结构，可以快速拆除，方便工作人员进入内外风挡间，进行车端设备检修或解编操作。

十、车体间减振器

为了提高动车组高速运行稳定性和乘车舒适感，阻碍运行中车体间相对运动，在车体之间设置了车体间减振器。外风挡在车间减振器位置断开，便于减振器的安装和检修维护。

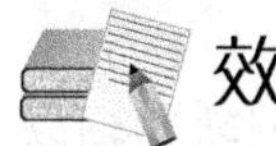

效果评价

把学生分成适当的小组，组织学生到实训基地，结合 CR400AF 型动车组实物，理论联系实际，现场检验学生对车体结构组成的认识情况。在这过程中，教师主要负责观察并记录学习情况，适时可以进行必要的指导，主要锻炼学生的自主学习能力和相互沟通合作的能力。

思考题

1. 车体有哪些功能？对车体的要求有哪些？

2. CR400AF 型动车组车体有哪些特点？有哪些车内设备以及它们的作用？

任务四　城市轨道交通车辆设备认知

任务介绍

通过本任务的学习，掌握城轨车辆车顶受电弓和空调设备的结构和工作原理、车内设备主要组成部件，并了解各部件的主要作用，以及车下设备的主要部件和各自作用。

问题引导

(1)你认为哪些设备需要设置在车顶？

(2)车顶设备是车用设备还是服务于乘客的设备？

(3)车内除了座椅、扶手，你还注意过哪些设备？

(4)你知道的车内设备哪些是车用设备，哪些是服务于乘客的设备？

(5)你知道车下有哪些设备吗，都有哪些作用呢？

自觉活动

(1)仔细阅读本任务知识素材中的全部内容，并对重要内容做好标记。(25 分钟)

(2)归类总结车顶设备、车内设备和车下设备的种类和作用。(20 分钟)

知识素材

按照设备的用途，车辆设备包括车用设备和服务于乘客的设备两大类。车用设备主要有：牵引动力设备、计算机控制设备、制动设备、风源设备等，它们用于满足列车运行要求。服务于乘客的设备有：旅客乘坐设备、照明设备、信息广播、空气调节设备等，它们用于为旅客提供方便和服务，保证良好的乘车环境。

城轨车辆体现了先进的计算机控制技术，是集机械和电气于一体的典型机电设备，按其设备的性质分类有：机械设备、电气及控制设备。

按照设备的布置位置，车辆设备分为：车顶设备、车内设备和车底设备。一般城轨车辆以动车组的形式出现，车内空间尽量用于容纳乘客，设备的布置应使客室环境安全、舒适，与乘客无直接关系的车辆运营所需设备尽可能悬挂于车底，以使车内空间最大化。

一、车顶设备

1. 受电弓

受电弓包括基础框架、框架、集流头、压力弹簧和升降弓装置。受电弓一般通过基础框架安装在车顶上，并尽量靠近转向架回转中心，以避免车辆通过曲线时引起受电弓偏离接触网导线。郑州地铁等城轨车辆通常为升双弓运行，考虑接触网振动波的传播速度对后受电弓受流质量的影响，一般柔性接触网供电系统中的运营车辆受电弓布置在头车(可能是拖车)上，而刚性接触网供电系统不必考虑此影响，受电弓一般安放在动车上，以减少高压线路在车辆之间驳接和对拖车乘客造成安全隐患。

郑州地铁一号线采用TSG18系列受电弓，该系列受电弓也应用于上海、广州、深圳及成都等城市地铁线路上。TSG18系列气囊式受电弓靠气动驱动，自重降弓。受电弓驱动机构由带有两个升弓气囊的气路组成，结构简单，工作稳定可靠。当升弓电磁阀得电，气路供风，升弓气囊充气膨胀，驱动受电弓升弓；当电磁阀失电时，压缩气体原路返回，经电磁阀排气，受电弓靠自身重量降弓。

TSG18系列气囊式受电弓的折叠高度不大于320 mm，工作高度范围可达120～1 950 mm(可根据要求调宽范围)，最大升弓高度不小于2 500 mm。受电弓的折叠高度小，工作范围大，能够更好地适应各种不同接触网高度设计。

(1)受电弓的结构

受电弓从上部接触网向车辆传导电流，它由底架、构架、弓头、拉伸弹簧及下部组成，如图3-63所示。

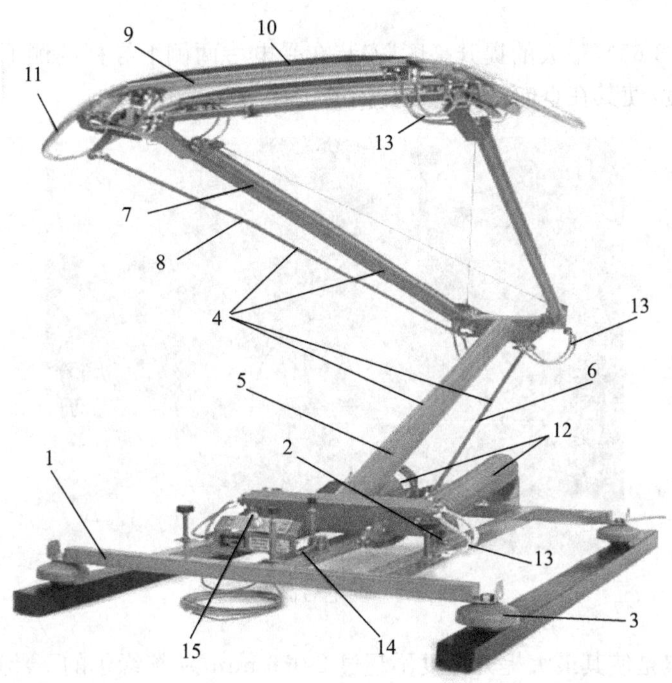

图3-63　受电弓组成

1—底架；2—高度止挡；3—绝缘子；4—构架；5—下臂；6—下导杆；7—上臂；8—上导杆；9—弓头；10—接触滑板；11—端角；12—升降装置；13—电流传输装置；14—锁钩；15—最低位置指示器

①底架

受电弓底架(图3-64)安装在车顶，它由方形的中空管、角钢及板的焊接构件组成，它作为下臂的支撑装置，包括轴承、下导杆的轴承滑轮、拉伸弹簧的悬挂及气压升弓传动装置，主要的电气连接位于底架后部的镀铜部件。

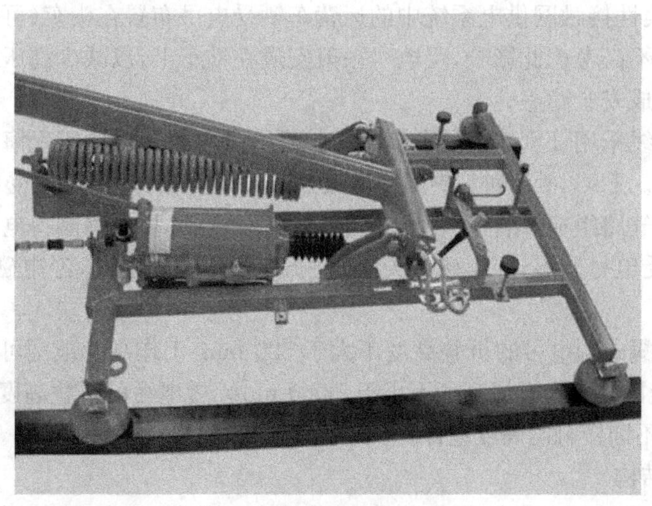

图 3-64 受电弓底架

②高度止挡

高度止挡(图 3-65)(最大的提升高度)安装在受电弓两侧下导杆的侧下方,用两个螺钉可限制受电弓的高度,使其在垂向不会产生任何的位移。

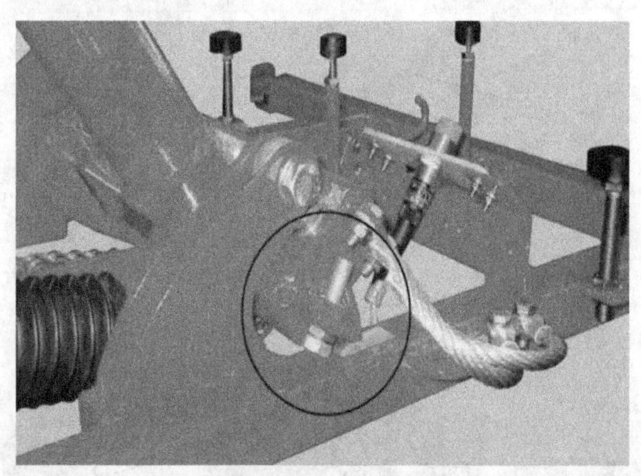

图 3-65 受电弓高度止挡

高度止挡调整是使其最大提升高度不超过 2 050 mm(从绝缘子的下部边缘起测量),实际的调整高度在认同的检验单中给予证明,高度止挡的调整通过受电弓两侧的两个螺栓并用埋头螺母加以保证,在最高位置两个螺栓均同时与底架接触。调节在最高位置的接触力,高度止挡必须缓解,在这之后必须再次调节高度。

③绝缘子

受电弓放在 4 个绝缘子上,绝缘子由环脂充填树脂制成,一个不锈钢 M20 压入受电弓或车顶两侧的螺母中。(M20-DIN 933-A2-70 / 旋紧力矩为 200 N · m)螺栓螺纹的可用高度为 20 mm。

④构架

受电弓构架(图 3-66)是用于安装弓头的零部件,且允许弓头在相关平面作垂向运动,保证使其与接触网有良好的接触,接触网的高度变化由受电弓构架进行均衡,构架形成一个多边形连接。

图 3-66　受电弓构架

1—中心连接;2—下导杆;3—上导杆;4—下臂

⑤弓头

弓头(图 3-67)是框架上的受电弓零件,直接与上部接触网相接触。

弓头的重量与受电弓框架相比应尽可能减小,接触滑板安装在簧片上,弓头用枢轴安装在上臂的上部。弓头通过上部导向杆导向。

图 3-67　受电弓弓头

1—接触滑板;2—上导杆;3—端角

⑥接触滑板

接触滑板(图 3-68)从上部接触网汲取电流,是弓头的一部分,接触滑板由碳和接触滑板固定器组成。把接触滑板和接触滑板固定器夹住、焊接或粘接到一起。

图 3-68 受电弓接触滑板

(2)受电弓脚踏泵

正常情况下,受电弓工作是压缩空气作用的结果,但在紧急情况时,比如列车长时间停放、风管路泄露会造成压缩空气压力不足,也可由脚踏泵(图 3-69)升弓,脚踏泵一般安装在受电弓所在车辆的电气柜里。

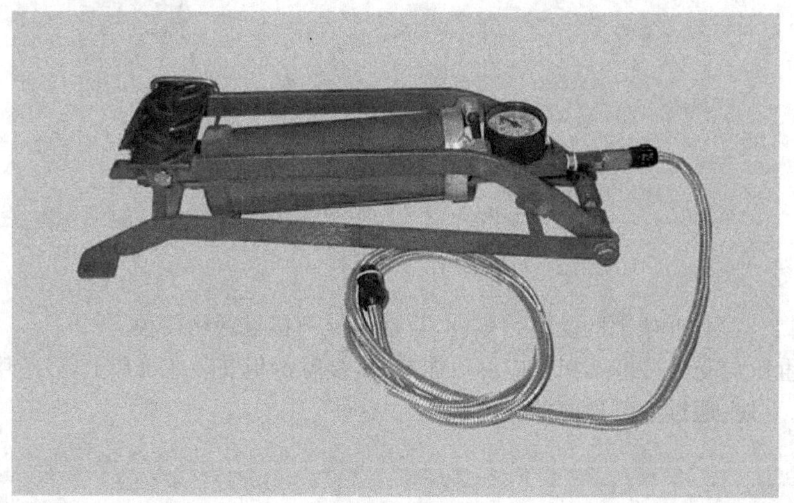

图 3-69 受电弓脚踏泵

(3)受电弓工作原理

受电弓的动作原理如下:升弓时,当压缩空气经过缓冲阀进入升弓气缸后,活塞克服弹簧的压力向左移动,通过连杆将下臂以顺时针方向向上启动,然后下臂便在升弓弹簧的作用下,作顺时针转动。在下导杆的作用下,使上部框架升弓。在降弓时,压缩空气从升弓气缸经快速空气释放阀排出,受电弓自身的重力克服拉伸弹簧的拉力,迫使升弓弹簧将活塞推向右方,带动拉杆向右移动,强制下臂作逆时针转动而迫使框架落下。

(4)过压保护

运行在接触网下的电动车辆不仅有内部电压,而且还可能遭受外部过电压对车辆电气设备中最脆弱的电子元件的损坏,电动车辆上都有较完善的过压保护装置。

外部过电压主要是指雷击或供电(接触网)系统过电压,当它以雷击形式出现时,通过接触网和受电弓进入车辆,据测,它可能引起幅值达几百万伏的短时冲击过电压,为此在地铁车辆主回路的受电弓下面装有避雷器(浪涌吸收器),使车辆受电弓在遭到雷击时得到保护。

2. 空调单元

(1)结构组成

郑州地铁一号线车辆采用KGD35H型车顶单元式空调机组,每辆车安装2台空调机组,由空气处理单元、压缩冷凝单元组成同一个框架结构,通过安装座与车体固定连接,分别布置在车顶位置约1/4和3/4处。列车空调单元如图3-70所示。

图3-70　列车空调单元

空调机组与车上布线采用连接器连接,可快速拆开和连接。通过控制可实现通风、预冷、全冷、预热、制热、紧急通风等功能。

整列车的空调机组相同,主要包括的部件有:蒸发器、冷凝器、冷凝风机、送风机、新风调节门、紧急逆变电源、制冷管路电磁阀、热力膨胀阀、温度传感器、干燥过滤器、充注阀、新风过滤器(金属材料)、混合空气过滤器(无纺布材料)等,如图3-71所示,其中空调冷凝器如图3-72所示。部件和机组单元可以实现互换。司机室设有通风单元,司机室及客室安装采暖设备。

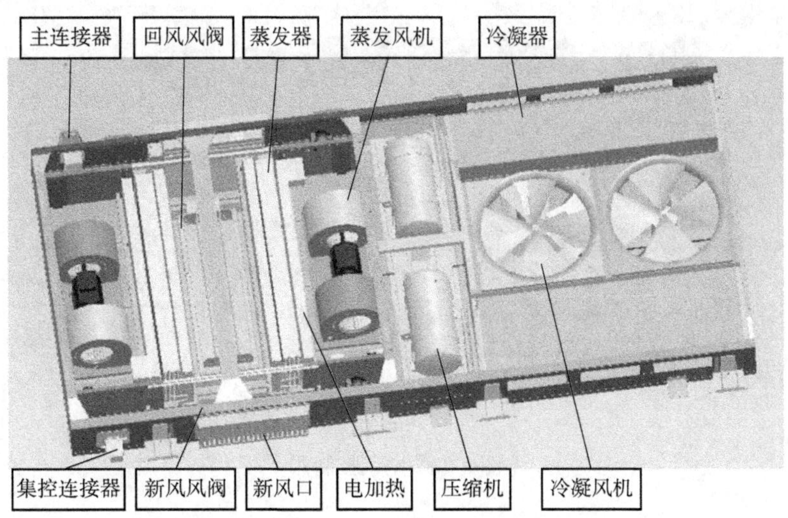

图3-71　空调机组的部件分布

图 3-72　空调冷凝器

空调机组主要参数如下：

制冷量	35 kW(额定工况)
制热量	2×3 kW
通风量	≥4 250 m^3/h
新风量	≥1 300 m^3/h
紧急通风量	≥1 500 m^3/h
输入功率额定制冷工况	约 20 kV·A
节能工作模式	预冷模式、正常制冷模式、预热模式、制热模式
紧急通风模式	制冷量可以根据需要自动进行 0％、25％、50％、100％四挡调节

(2)空调控制

①司机室操纵台上设有司机室和客室空调控制旋钮，司机可通过这两个旋钮开关对激活端司机室空调和整列车客室空调进行开关控制。

②空调控制器(图 3-73)将根据空调启动时间、车外温度、车内目标温度及车内实际温度，对车辆制冷负荷需求进行判断，调整空调运行状态。

图 3-73　空调控制器

③客室空调运行状态分为以下五种：预冷模式、通风模式、全冷模式、半冷模式、紧急通风。

④空调运行温度控制：

a. 每个客室和司机室空调控制系统均设有一个 9 挡旋钮开关，通过该旋钮开关能够对客室和司机室空调运行温度进行设定。

b. 当温度选择开关设定在 24 ℃、25 ℃、26 ℃、27 ℃、28 ℃中任意一挡时，空调机组将以设定温度值作为车内目标温度进行运行控制。

二、车内设备

1. 司机室

司机室是列车驾驶的工作场所，其主要设备与列车操纵有关，设备布置应方便司机操纵列车和提供舒适的工作环境。带司机室车辆位于列车前端，司机室室内设备布置各有差异，但一般遵循一定的规律，如正司机台放在右侧，副司机台放在左侧，在与客室的隔墙上设有隔门，左右侧各有一扇侧门，司机座椅与地板固定，可前后及上下调整，前端挡风玻璃设有电加热加热装置、刮雨器和遮光板。

郑州地铁一号线车辆司机室主要包括以下设备：

(1)驾驶台

驾驶台是比较复杂的部件，主要包含司机控制器(以下简称司控器)、按钮、开关和 HMI 屏等设备。

司控器(图 3-74)是操作列车的主令电器，主要包括：司机钥匙、方向手柄、主控手柄，并为了满足运行安全的需求，在司机控制器与司机钥匙之间，调速手柄与换向手柄之间设置机械联锁关系。在不同的驾驶模式下，司控器的位置也是不一样的。

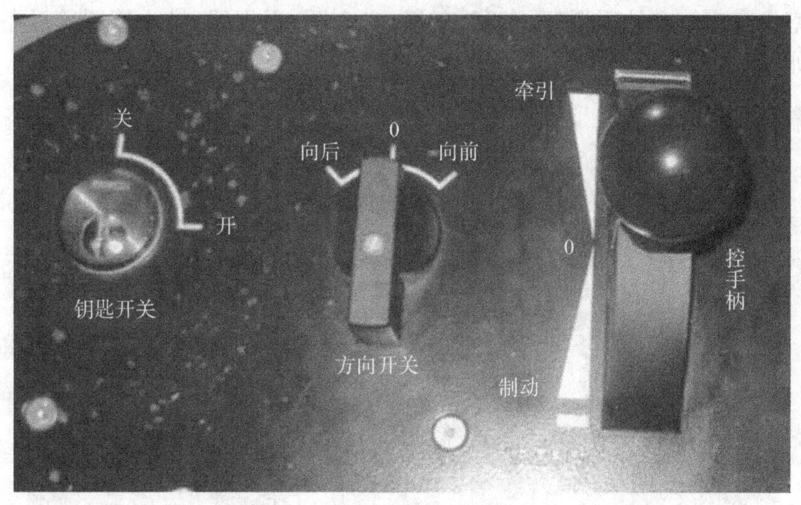

图 3-74　司控器

HMI 屏(图 3-75)可以实现：(1)列车信息显示。向车辆驾驶人员和维护人员提供车辆综合信息、设备状态信息、故障记录信息等功能。(2)参数设定。对轮径值、列车重量、站点、时间日期等参数进行更改和设置。(3)模拟测试。静止情况下，模拟列车运行，对牵引、制动等相关部件进行模拟测试。(4)数据转储。通过接口，将列车故障信息下载并进行分析、统计。

按钮(图 3-76)和开关主要负责设备的控制，并对不同按钮的颜色做出了一定的规定，例如红色代表紧急(停止),黄色代表异常,绿色代表安全(启动),蓝色代表复位。

图 3-75　HMI 屏

图 3-76　驾驶台按钮区

(2)侧门

司机室侧门为手动内藏门,采用全宽型结构,每侧 1 扇,侧门净开宽度为 560 mm,司机室门开启时高度为 1 860 mm。

(3)司机室座椅

司机室内供司机乘坐的座椅按人体工学原理设计,可根据司机的体重和身材进行前后上下的调整。座椅由坐垫、靠背、前后调整装置、升降调整装置、左右旋转装置、折叠滑座装置、固定座等组成,以螺栓固定在安装座上。

2. 客室

车辆客室设有座椅和扶手栏杆、车窗、车门、安全锤、灭火器、排水管罩等设备。郑州地铁一号线客室如图 3-77 所示。

图 3-77　郑州地铁一号线客室

(1)客室座椅

为了适应城市轨道交通短途、大运量的特点,座椅一般靠侧墙纵向布置在两侧车门之间。

(2)立柱、扶手

为了让站立乘客扶稳,一般在客室内设有立柱、纵向扶手和吊环等设施。

(3)客室车窗

一般在客室侧门之间都设有车窗(图 3-78),就其结构形式而言,有单层玻璃、双层玻璃之分;有楣窗与无楣窗之分;还有连续式与非连续式之分。

图 3-78　郑州地铁一号线非连续式车窗

(4)消防设施

每个客室必须配备灭火器(图 3-79)、安全锤等消防设施,放置在规定的地方。

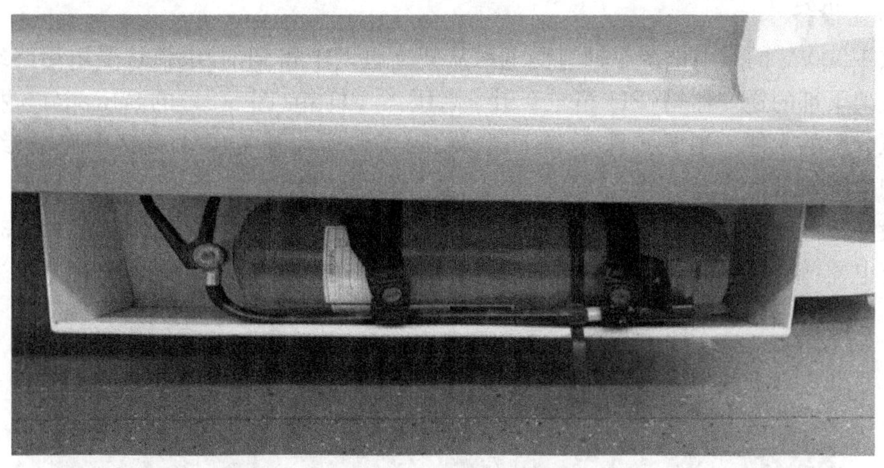

图 3-79　郑州地铁一号线客室灭火器

3. 乘客信息系统

为了方便乘客知悉列车信息,特别是帮助弱视和弱听乘客的上下车,客室安装了扬声器和显示屏可以广播和显示站名等信息。

想要用内部显示器显示信息和通过扬声器进行广播,列车中必须有一个司机室被激活,在人工驾驶和 ATO 模式下,广播和信息显示通过不同的方式进行触发。

旅客信息系统显示屏如图 3-80 所示。

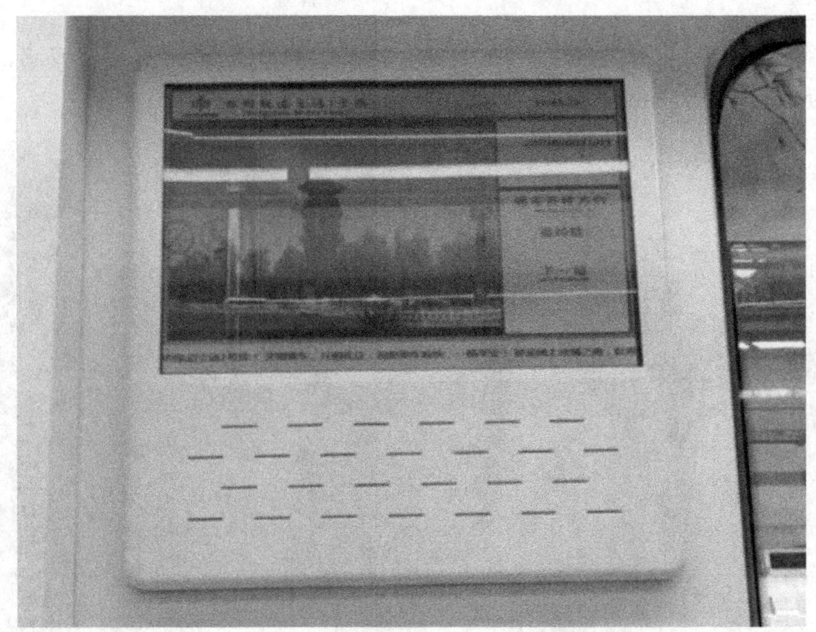

图 3-80　旅客信息系统显示屏

三、车底设备

1. 高压设备

地铁 1 500 V 的供电电源是通过受电弓从架空电网上得到的，电流从受电弓终端流到附于动车底架下部的逆变器箱(PH 箱—牵引—高压)。PH 箱(图 3-81)的高压部分包括大部分用于高压分配的元件。主要元件有：车间电源、隔离和接地开关、2 个高速断路器(线路断路器)、车间电源接触器、高压保险、解耦二极管、测量和控制设备。

一般动车的牵引逆变器从高速断路器处获得供电。辅助逆变器(输出三相 AC 380 V)和蓄电池充电器(输出 DC 110 V)也由 PH 箱供电，并带有保险保护，而其电流回路是通过接地刷闭合。

图 3-81　郑州地铁一号线 PH 箱

(1)车间电源(图 3-82)。由 PH 箱右侧的车间电源插座供给 DC 1 500 V 车间电源。车间电源的电气元件是与其他高压电气元件一起集成在这个 PH 箱里。

图 3-82　郑州地铁一号线车间电源

(2)隔离和接地开关。它位于工作舱口下面,线路断路器室的右侧。此开关有两个功能:它用于在正常模式(架空电网供电)和车间供电模式(通过 PH 箱盖处的车间供电插座供电)以及系统接地之间切换。

(3)高速断路器(HSCB)(图 3-83)。它是对过电流(如短路、接地)的高效保护装置,此断路器设计为一旦检测到过流即迅速反应,通过电弧发生时间内产生的瞬间过电压将电弧抑制。

高速断路器是一个单极的直流断路器,带有电磁控制和自然冷却。它包括自身的直接瞬时过流释放,其值是可调的。高速断路器是专门设计用于半导体逆变器驱动的车辆。每个牵引逆变器都分别设置一个 HSCB,安装在逆变器箱(PH 箱)中。集成安装在箱中的主要优点是可以节省车下空间用于其他设备安装,并且使 HSCB 与外界环境隔绝。

图 3-83　高速断路器

在正常运行时，HSCB用于接通、关断电源回路和保护牵引设备。它的限流特性和高速切断能力能防止由于短路或过载面引起的毁坏。HSCB用恒定的过电压来灭弧，此过电压是瞬间产生的并且持续在整个电弧出现的过程中。HSCB的分断能力是双向的，所以它既能从电网隔离设备，也可用于在再生制动过程中使设备隔离，以及过流将会在几毫秒内切断。当它从高速断路器中跳开后，可由司机室遥控再次闭合。

2. 牵引逆变器

接触网直流供电——车辆交流传动时必须采用牵引逆变器(图 3-84)，如广州地铁一号线车辆的牵引逆变器是电压源连接逆变器，通过 3 000 A/4 500 V 斩波器 GTO 与逆变器相连接，驱动四个并联的三相交流牵引电机，它还能执行电阻制动和再生制动。

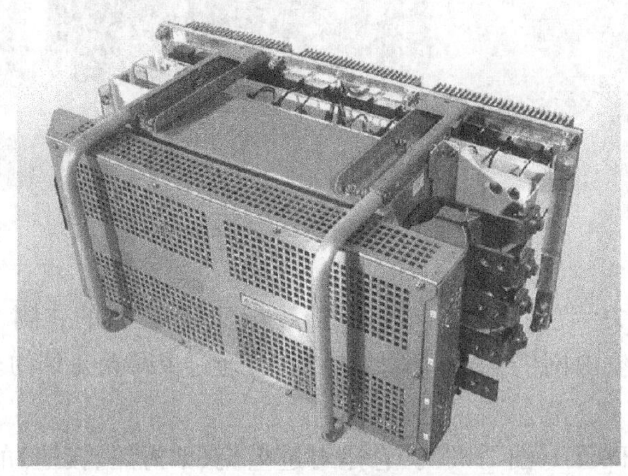

图 3-84　牵引逆变器

运行工况：VVVF将接触网得到的直流电源转换为三相变频变压电源，驱动牵引电机。

制动工况：VVVF将电机产生的三相交流电转换为直流电，反馈回接触网，此为再生制动。由于网压过高，未被吸收的电能由制动电阻转换为热能散逸，这就是电阻制动。

3. 制动电阻

制动电阻装置(图 3-85)是牵引系统的关键部件，它吸收动车所产生的制动能量，转换成电阻的热能散发到隧道或周围环境中。另外地铁车辆在运行的过程中有时会遇到轮对空转、跳弓等瞬态过程，从而引起直流电压的上升，为了防止直流电压上升超过允许范围以及电空制动的转换，需要开通制动电阻支路来降低相应的过电压或维持电制动完成与空气制动的平滑转换。

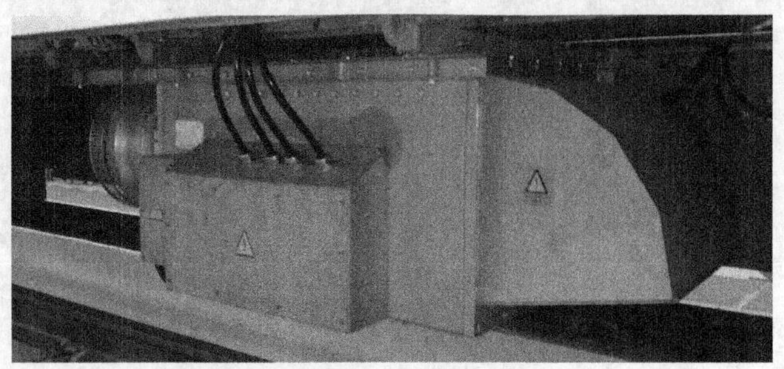

图 3-85　制动电阻装置

4. 辅助设备

(1)辅助逆变器

每个3车单元都装有3台同样的、额定容量足够大的辅助逆变器为辅助回路系统供电，其外形如图3-86所示。每个辅助逆变器把DC 1 500 V电源变换成三相380 V和一个中线，并实现了输入和输出之间的电绝缘。

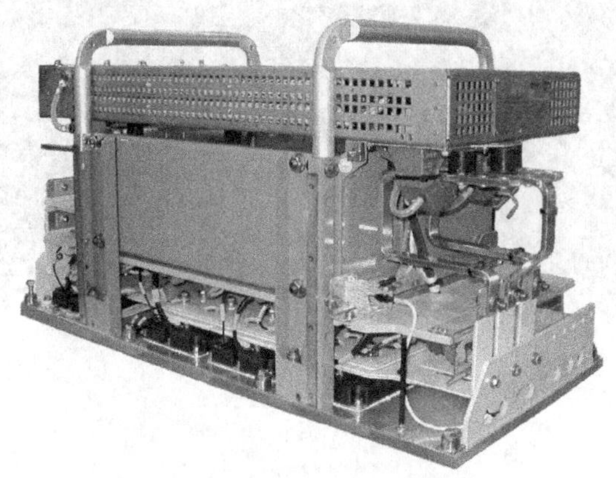

图3-86　辅助逆变器

逆变器容量能确保当一台逆变器故障后另一台可使车辆正常运行，可以承受短时间内的150%过载冲击电流。载荷的变化为额定载荷的±30%时，逆变器瞬时输出电压的变化不应超过±15%。每车都装有从辅助逆变器输出的AC 220 V电源输出。

①正常工作模式

将DC 1 500 V逆变为三相660 V/50 Hz交流电经输出变压器变为三相380 V/50 Hz交流电给空气压缩机、空调(包括压缩机、冷凝风机、通风机)、牵引逆变器风扇、制动电阻风扇等负载供电。

②降级工作模式

在满足以下条件时启动：

a. 当母线高压有电和司机控制器未锁上或者高压母线在司机控制器锁上后一直保持有电状态。b. 辅助逆变器故障。

降级的辅助供电模式只可以在(6车)一组车中使用。如果一个辅助逆变器故障后，另一个辅助逆变器给以下设备供电：牵引设备的降温风扇；每车一个空调单元；空压机。

连接AC 380 V列车导线的接触器自动地连接，列车可不受限制地继续运行。

③紧急工作模式

在满足以下条件时启动：

a. 高压母线没电。b. 司机控制器未锁上。

在没有高压输入整列车的条件下，蓄电池必须给紧急负载供电45 min。

列车不能继续运行。如果司机控制器锁上，那么辅助电源紧急供电模式关断，蓄电池备用模式启动，这意味着列车控制和空调(包括通风)关断。

(2)蓄电池

列车蓄电池箱(图3-87)安装在拖车底架上，主要作用是保证在没有外部电压供电的情况下能够激活列车，并为直流负载设备提供稳定的 110 V 直流电压。

图 3-87　蓄电池箱

①放电

在蓄电池充电器机不工作时，蓄电池投入工作，为下列设备或维护工作提供 110 V 直流电源：a. 列车上的紧急照明。b. 整个通信系统（有线广播和列车无线电）。c. 列车两端的头尾灯。d. 紧急通风。e. 车厂内的维护工作。

②充电

在蓄电池充电器工作期间，输出直流电压对蓄电池进行升压充电和浮充电。

(3)蓄电池充电器

充电器为模块化设计，因此可以在不拆箱体的条件下更换零件或整机。在正常运营时充电器通过受电弓从接触网获得电源，充电器连接到列车 1 500 V 列车母线上。当列车在车辆段时电源插座把 DC 1 500 V 电源供给充电器和辅助逆变器。

蓄电池充电器给全部的 110 V 负载供电，其中包括蓄电池，充电器给蓄电池以限压恒流的浮充电对蓄电池持续充电。蓄电池充电器控制蓄电池电压，用于蓄电池电压控制的设定值是蓄电池温度和蓄电池充电电流的函数。蓄电池充电电流受到蓄电池电压和可配置最大电流的双重控制。蓄电池充电器的控制系统监控功率元件功能，以防出现故障时设备或连接负载损坏。一旦检测到故障，即封锁功率元件的控制信号。

5. 空气制动系统

空气制动系统包括空气压缩机单元、空气干燥器、储风缸和制动管路。

空气压缩机(简称空压机)是用来制造压缩空气(也称压力空气)的装置。城轨车辆采用的空气压缩机要求具有噪声低、振动小、结构紧凑、维护方便、环境实用性强的特点，其直流驱动电机已逐渐被交流电机驱动取代。压力空气处理要求给总风管和辅助用风的空气经过干燥和过滤达到较高的标准来确保该系统有个可靠的维护保养。

空气压缩机输出的压缩空气中含有较高的水分、油分和机械杂质等，必须经过空气干燥器将其中的水分、油分和机械杂质除去，才能达到车辆上用风设备对压缩空气的要求。液态的水、油微粒及机械杂质在滤清器(或油水分离器)中基本被除去，压缩空气的相对湿度降低(通常相对湿度达 35%以下)是避免用风过程中出现冷凝水危害的主要方式，它依靠空气干燥器来完成。

储风缸如图 3-88 所示。

图 3-88　储风缸

效果评价

(1)分组制作 PPT,简单阐述受电弓的结构和工作原理。

(2)分组制作 PPT,简单阐述高压设备的组成。

(3)分组制作 PPT,简单阐述司机室设备的组成。

(4)分组讨论并汇报空调的主要组成部件和控制模式。

(5)分组讨论并思考高压供电和辅助供电的配合关系。

(6)分组讨论并思考哪些设备的控制按钮需要在司机室。

思考题

1. 简述车顶设备的主要结构以及各自的作用。
2. 简述旅客信息系统的作用。
3. 简述辅助逆变器的工作模式。

项目四　走行部认知与检查

本项目首先对列车转向架的作用、组成和分类进行介绍；然后对 HXD1C 型电力机车、货车(转 K6 型)、客车(209 系列)、CR400AF 型动车组、郑州地铁一号线的转向架进行分析介绍，主要包括转向架的构架、轮对、轴箱、弹簧悬挂装置、齿轮传动及电机悬挂装置(机车、动车)、基础制动装置等部件的结构和原理。

(1)结合转向架实物，能说出转向架的作用、组成。

(2)结合转向架实物，能认知各主要部件的名称。

(3)结合转向架实物，能认知各主要部件的作用。

(4)掌握 CR400AF 型动车组转向架的特点。

任务一　转向架总体认知

任务介绍

通过对转向架总体认知，了解转向架的作用、组成及分类，掌握转向架的相关概念。

问题引导

(1)机车转向架是机车走行部分，你能说出几种转向架故障的类型？

(2)根据所学知识或者生活经验，你能说出哪些转向架部件的名称？这些部件在转向架上分别起什么作用？

(3)客车用转向架与货车用转向架有什么区别？

(4)铁路车辆的转向架是不是都一样呢？

(5)铁路车辆如果没有转向架还能正常运行吗？

(6)动车组转向架是动车组走行部分，你能说出几种转向架故障的类型？

(7)根据所学知识或者生活经验，你能说出哪些转向架部件的名称？这些部件在转向架上分别起什么作用？

(8)动车组转向架与其他车辆转向架相比有什么特点?

(9)你见过哪些转向架?

(10)结合轨道交通的特点,转向架应符合哪些要求?

自觉活动

(1)仔细阅读知识素材中关于转向架认知的内容,对主要知识点做好标记。(15 分钟)

(2)重点掌握转向架的作用和组成,弄清轴重、单轴功率、构造速度等概念。(10 分钟)

(3)通过小组讨论或者查阅资料的方式,解释转向架主要技术参数的含义,如簧下重量、轴距、一系悬挂、二系悬挂等。(15 分钟)

(4)仔细阅读知识素材中关于转向架认知的内容,对主要知识点做好标记。(15 分钟)

(5)重点掌握车辆转向架的作用和组成。(10 分钟)

(6)通过小组讨论或者查阅资料的方式,了解客车和货车转向架的差别。(15 分钟)

(7)仔细阅读知识素材中关于转向架认知的内容,对主要知识点做好标记。(15 分钟)

(8)通过小组讨论或者查阅资料的方式,解释转向架的作用有哪些,以及高速转向架的特点有哪些。(15 分钟)

(9)仔细阅读本任务知识素材中的全部内容,并在文中对重要内容做好标记。(25 分钟)

(10)归类总结动车转向架的要求。(20 分钟)

知识素材

转向架是列车的重要组成部分,其结构和性能对整车的运行速度、走行品质、安全性能起着决定性的作用。

一、转向架的作用

(1)传力:在轮轨接触点产生牵引力、制动力,并将其传给车钩。

(2)承重:承担列车上部的重量,并把重量均匀分配给每个轮对。

(3)转向:在钢轨的引导下,实现列车在线路上运行。

(4)缓冲:缓和线路不平顺对列车的冲击,减少运行中的动作用力及其危害。

转向架的性能直接决定了列车的安全和运行品质,因此对其提出以下要求:

(1)保证车辆安全运行,能灵活的沿线路运行及顺利地通过曲线。

(2)悬挂装置可以根据客流的变化调整其刚度,以保证车辆客室地板面与站台面的高度相协调,方便乘务员、旅客的乘降,这对城轨车辆尤为重要。

(3)转向架的结构便于弹簧减振装置的安装。以使其具有良好的减振特性,缓和车辆和线路之间的相互作用,减小振动和冲击,提高车辆运行的平稳性和安全性。

(4)对电力机车、动力转向架来说,还要便于安装牵引电机及传动装置,以提供驱动车辆的动力。

(5)转向架是车辆的一个独立部件。在转向架与车体之间的连接件要少,结构简单,装拆方便，便于转向架独立制造和维修。

二、转向架的组成和分类

1. 组成

转向架结构如图 4-1 所示。一般包括构架、轮对、轴箱、一系悬挂装置，牵引电机（机车、动车）及其悬挂、齿轮传动、基础制动装置等主要组成部分，以构架为基础组装在一起，使转向架成为一个整体部件。

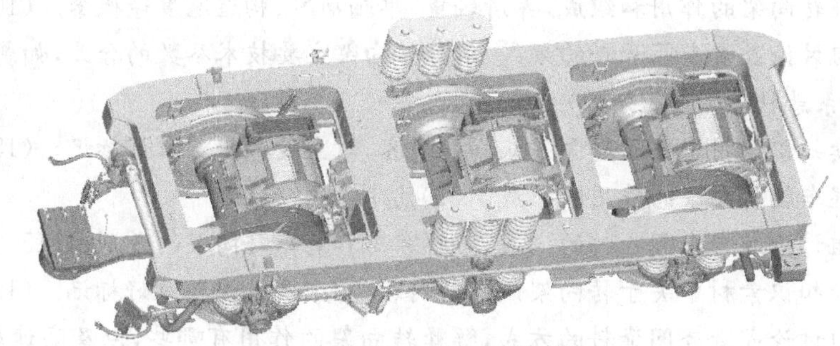

（a）HXD1C型电力机车转向架

（b1）货车转向架

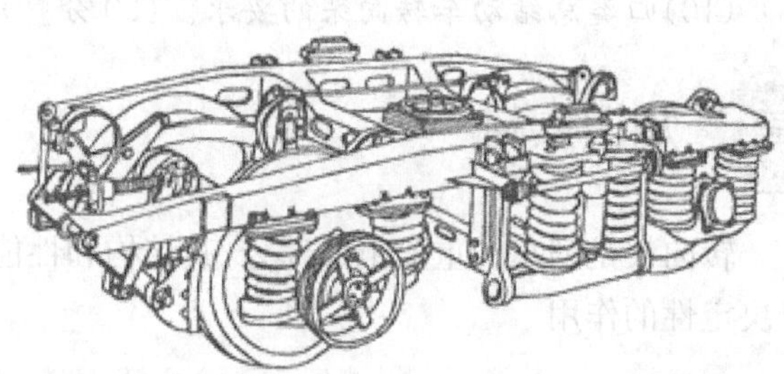

（b2）209T转向架

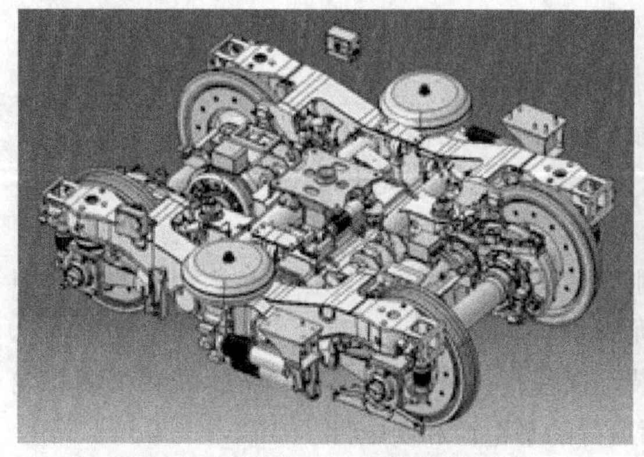

（c1）CR400AF型动车组动车转向架

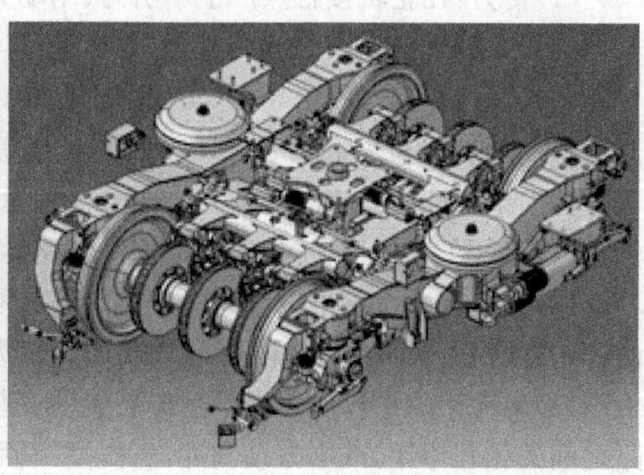

（c2）CR400AF型动车组拖车转向架

图 4-1

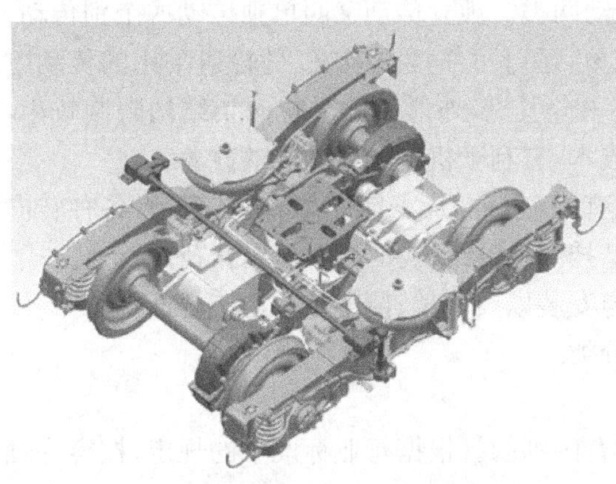
（d1）动车转向架示意图

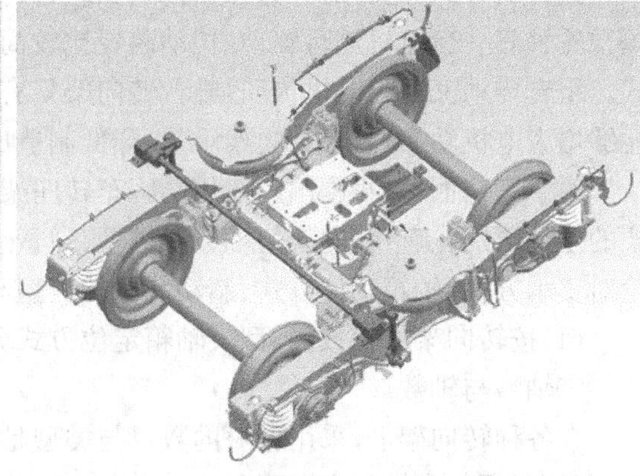
（d2）拖车转向架示意图

图 4-1　转向架结构

2. 分类

转向架的形式多种多样，按不同的方式可以分为以下几类。对于机车而言，按轴数分类，可分为两轴转向架（图 4-2）和三轴转向架（图 4-3）。两轴转向架容易通过曲线，三轴转向架在平直线路上运行性能好，具体选择两轴转向架还是三轴转向架，应根据线路、机车功率、速度轴重要求等综合因素确定。SS4G 型、HXD1 型电力机车采用两轴转向架，HXD1C 型电力机车采用三轴转向架。

图 4-2　两轴转向架

图 4-3　三轴转向架

按传动方式分类,可分为独立传动和组合传动两类。独立传动又叫单独传动或个别传动,每根轮轴有一台电机进行驱动,传动装置比较简单,运行可靠性也较好,是普遍采用的传动方式。组合传动又叫单电机传动,整台转向架只有一台电机,外形尺寸受转向架结构限制较小,能够增大电机功率,减轻转向架重量,降低制造成本,有利于机车黏着性能的改善。

对于车辆而言,我国国内使用的客车转向架有 20 余种,货车转向架有 30 多种,各种转向架的主要区别在于:转向架的轴数和类型、弹簧悬挂系统的结构和参数、垂向载荷的传递方式、轮对支承方式、轴箱定位方式、制动装置的类型与安装以及构架、侧架结构等诸方面。

(1)按转向架的轴数、类型及轴箱定位方式分类

①轴型与轴数

在各种转向架上,采用轮对的数目与类型是有区别的。根据行业标准中的规定,按容许轴重,车辆所用的车轴基本上可分为 B、C、D、E 四种。车轴直径越粗,容许轴重越大,但最大容许轴重要受线路和桥梁的强度标准的限制。一般货车采用 B、D、E 三种轴型,客车采用 C、D 两种轴型。随着我国铁路运输的发展,其趋势是除少数特殊用途车辆之外,新型货车主要采用 D、E 两种轴,新型客车主要采用 D 轴。

按轴数分类,转向架有二轴、三轴和多轴的。转向架的轴数一般是根据车辆总重和每根车轴的容许轴重确定的,例如,采用二轴转向架的货车每轴容许轴重为 25 t,因此,其自重与载重之和不能超过 4×25=100(t),如果超过 100 t,就需要用三轴或三轴以上的多轴转向架。

②轴箱定位方式

约束轮对与构架之间相对运动的机构,称为轴箱定位装置,由于轴箱相对于轮对在左右、前后方向的间隙很小,故约束轮对相对运动的轮对定位通常也称为轴箱定位。

对于轴箱定位装置的基本要求是它应该在纵向和横向具有适宜的弹性定位刚度值,其值是该装置主要参数,它的结构形式应能保证良好地实现弹性定位作用,性能稳定,结构简单可靠,无磨耗或少磨耗,制造检修方便,重量轻,成本低。

适宜的轴箱弹性定位,不仅可以避免车辆在运行速度范围内发生蛇行运动失稳,还能保证车辆在曲线上运行时具有良好的导向性能,从而减小轮对与钢轨之间的冲击和侧压力,减轻车轮轮缘与钢轨的磨耗。确保车辆运行的安全性和平稳性。轴箱定位装置有多种结构形式,常见的有下面几种。

a. 固定定位。轴箱与转向架侧架铸成一体,或是轴箱与侧架用螺栓及其他紧固件连接成为一个整体,使得轴箱与侧架之间不能产生任何相对运动,如图 4-4(a)所示。

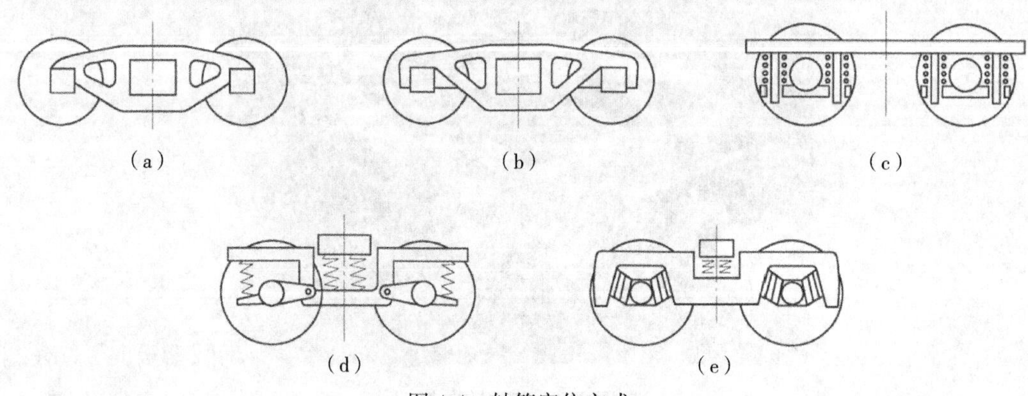

图 4-4　轴箱定位方式

b. 导框式定位。轴箱上有导框槽，构架(或侧架)上有导框。构架(侧架)的导框插入轴箱的导框槽内，这种结构可以容许轴箱与构架(侧架)之间在铅垂方向有较大的相对位移，但在前后、左右方向仅能在容许的间隙范围之内，有相对小的位移，如图 4-4(b)所示。

c. 干摩擦导柱式定位。安装在构架上的导柱及坐落在轴箱弹簧托盘上的支持环均装配有磨耗套，导柱插入支持环，发生上下运动时，两磨耗套之间是干摩擦，它的定位作用是由于轴箱橡胶垫产生不同方向的剪切变形，实现弹性定位作用，如图 4-4(c)所示。

d. 转臂式定位。又称弹性铰定位，定位转臂一端与圆筒形的轴箱体固接，另一端以橡胶弹性节点与焊在构架上的安装座相连接。橡胶弹性节点容许轴箱相对构架有较大的上下方向位移，但它里边的橡胶件使轴箱纵向与横向位移的定位刚度有所不同，以适应纵、横两个方向的不同弹性定位刚度的要求，如图 4-4(d)所示。

e. 橡胶弹簧定位。构架与轴箱之间设有橡胶弹簧，这种橡胶弹簧上下方向的刚度比较小，轴箱相对构架在上下方向有比较大的位移，而它的纵、横方向具有适宜的刚度以实现良好的弹性定位，如图 4-4(e)所示。

(2)按弹簧悬挂装置分类

①一系弹簧悬挂。在采用一系悬挂的车辆上，从车体至轮对之间，只设有一系弹簧减振装置，如图 4-5(a)所示。所谓“一系”，一般是指车体的振动只经过一次(空间三维方向均包括)弹簧减振装置实施减振。该装置在转向架中设置的位置：有的是设在车体(摇枕)与构架(侧架)之间，有的是设在构架与轮对轴箱之间。采用一系悬挂，转向架结构比较简单，便于检修、制造，成本较低，所以一般多在货车转向架上采用。

②二系弹簧悬挂。在采用二系悬挂的车辆上，从车体至轮对之间，设有二系弹簧减振装置，如图 4-5(b)所示。在转向架中同时有摇枕弹簧减振装置和轴箱弹簧减振装置，使车体的振动经历二次弹簧减振装置衰减。

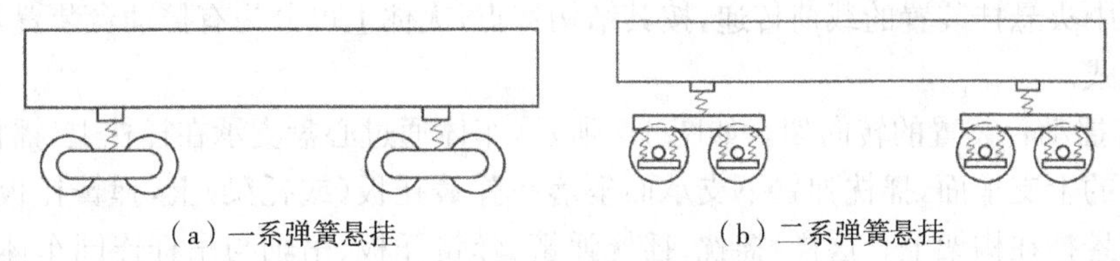
(a) 一系弹簧悬挂　　(b) 二系弹簧悬挂

图 4-5　弹簧悬挂装置

显而易见，二系悬挂的转向架结构比较复杂，采用的零、部件数目明显增多，但由于它是从上向下返回再从下向上先后两次充分利用从车体底架至轮对之间的有限空间，具有较大的弹簧装置总静挠度，并对摇枕悬挂和轴箱悬挂分别选择各自的减振阻尼及刚度，确定适宜的挠度比(实质是两系刚度之比)，明显地改善了车辆的运行品质，所以二系悬挂多在客车转向架上采用。

(3)按垂向载荷的传递方式分类

转向架结构形式的不同，使车辆垂向载荷传递的方式也多种多样，一般可按各部位载荷传递方式分类。

①车体与转向架之间的载荷传递

车辆车体与转向架之间衔接部分的结构形式，要相互吻合而组成一个整体，显然，它与载荷的传递方式密切相关。按不同的载荷分配及载荷作用点，可分为以下三种。

a. 心盘集中承载。车体上的全部重量通过前后两个上心盘分别传递给前后转向架的两个下心盘，如图 4-6(a)所示。我国大多数客、货车转向架都是这种承载方式。

b. 非心盘承载。该种型式的转向架没有心盘装置，虽然有的转向架上还有类似心盘的装置存在，但它仅作为牵引及转动中心之用，而车体上的全部重量通过中央弹簧悬挂装置直接传递给转向架构架。其中有的转向架在中央弹簧悬挂装置与构架之间安装有旁承装置，这种转向架又称为旁承承载，如图 4-6(b)所示。

c. 心盘部分承载。这种承载方式的结构是上述两种承载方式结构的组合，即车体上的重量按一定比例分配，分别传递给心盘与旁承，使之共同承载，如图 4-6(c)所示。这种承载方式的旁承结构比较复杂，我国也有车辆采用这种承载形式。

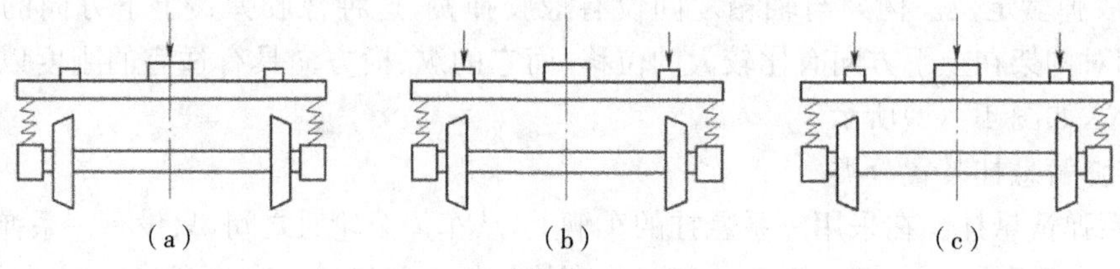

图 4-6　车体载荷传递方式

在旁承承受全部或局部载荷的情况下，当转向架绕心盘或转动中心转动时，上下旁承之间有摩擦力。这种摩擦力形成的摩擦力矩可以阻止转向架相对车体的转动。适宜的摩擦力矩可以有效抑制车辆蛇行运动，若摩擦力矩的取值过大，则不利于车辆的曲线通过，甚至造成车辆脱轨现象的发生。

②转向架中央(摇枕)悬挂装置的载荷传递

转向架中央悬挂装置的载荷传递，按其结构特点，大体上可分为有摇动台装置及无摇动台装置两种形式。

a. 具有摇动台装置的转向架。如图 4-7 所示，车体通过心盘支承在摇枕上，摇枕两端支承在摇枕弹簧的上支承面，摇枕弹簧下支承面坐落在弹簧托板(或托梁)上，弹簧托板通过吊轴、吊杆与吊销悬挂在构架上。这样，摇枕、摇枕弹簧、弹簧托板、吊轴与吊杆连同车体，在侧向力作用下，可做类似钟摆的摆动，使之相对构架产生左右摇动。转向架中可以横向摆动的这个部分称为摇动台装置，它具有横向弹性特性。这种结构的载荷传递特点是心盘承载后通过摇动台将载荷传递给构架。

b. 无摇动台装置的转向架。按结构特点转向架又可分非心盘承载和心盘集中承载两种。非心盘承载的无摇动台转向架如图 4-8 所示，车体直接通过中央弹簧将载荷传递给构架，没有摇动台装置，车体的左右摇动是依靠中央弹簧的横向弹性变形来实现。这种结构的特点是无心盘承载，中央弹簧不仅须有良好的垂向弹性特性，还具有良好的横向弹性特性。为此，一般采用的弹簧是空气弹簧或是高圆螺旋弹簧，由于它结构比较简单，在一些高速客车转向架上得到了应用。

心盘集中承载的无摇动台转向架如图 4-9 所示，车体通过心盘坐落在摇枕上，摇枕两端坐落在左右摇枕弹簧上，左右摇枕弹簧又直接坐落在构架的两个侧梁(或左右两个侧架)上。这种转向架设有摇枕弹簧装置，但无摇动台结构，我国大部分货车转向架都是这种承载方式。

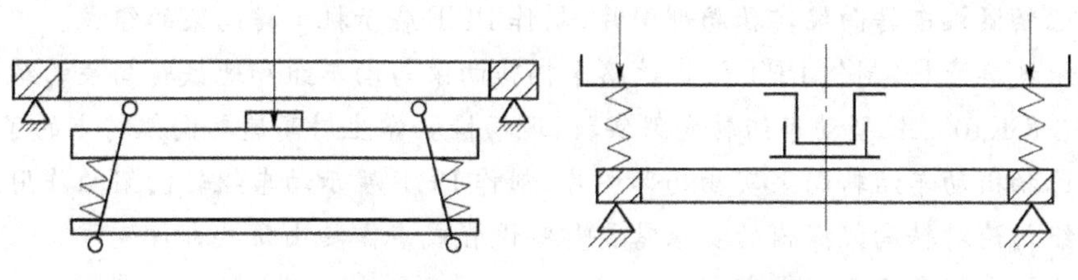

图 4-7　心盘承载的摇动台装置　　图 4-8　非心盘承载，无摇动台的装置

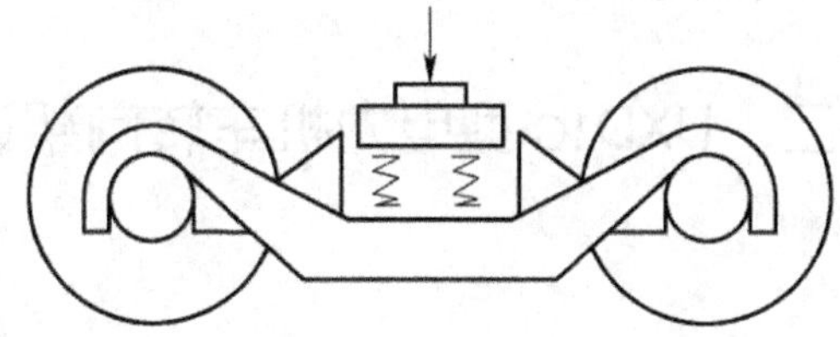

图 4-9　心盘承载无摇动台的装置

三、转向架相关概念

1. 轴重

单节列车在静止状态下，每根轮对压在钢轨上的重量，称为轴重。轴重越大，机车或动车的黏着牵引力也越大，而轴重越大，机车或动车运行中对线路的破坏性也越大。机车轴数多则轴重小，轴数少则轴重大；线路质量好，运行速度低，轴重可以加大；线路质量差，运行速度高，轴重必须减小。

世界各国对轴重无统一规定，一般构造速度为 100～120 km/h 的机车，轴重限制为 220～230 kN；构造速度为 160～200 km/h 的机车，轴重限制为 190～210 kN；构造速度为 200～250 km/h 的机车，轴重限制为 160～170 kN。

我国电力机车，轴重一般限制在 230 kN 以下，SS4G 型电力机车轴重为 230 kN，HXD1 型、HXD3 型电力机车轴重为 230 kN 或者 250 kN。

2. 单轴功率

机车或动车每根轮轴所能发挥的功率称为单轴功率。

轴重相同，单轴功率越大，列车所达到的运行速度越高。单轴功率反映了机车或动车牵引电机和转向架的制造水平。单轴功率应根据运行速度和牵引力的设计要求而定。

3. 构造速度

转向架在结构上所允许的列车最大运行速度，称为列车的构造速度。

高速运行的列车，必须保证运行的平稳性和各部件的正常使用寿命，这对转向架的结构、工艺等提出了很高的要求。构造速度也是反映列车转向架设计制造水平的重要参数。

效果评价

(1)结合 HXD1C 型电力机车转向架实物，现场检验学生对机车转向架组成及部件作用的掌握情况。

(2)自己拍摄机车转向架实物局部图片，制作 PPT 展示机车转向架的组成。

(3)分组搜集资料，制作 PPT 汇报铁路车辆转向架与动车组和地铁转向架的结构差异。

(4)结合 CR400AF 型动车组转向架实物，现场检验学生对高速转向架特点的了解。

(5)自己拍摄动车组转向架实物局部图片，制作 PPT 展示动车组转向架的作用。

(6)分组讨论对转向架提出的要求需要哪些设置或者需要由哪些部件完成。

(7)试述转向架的主要组成部分。

(8)简述拖车和动车转向架的异同。

任务二　HXD1C 型电力机车转向架认知

任务介绍

本任务通过对 HXD1C 型电力机车转向架构架、轮对、轴箱及其定位、悬挂装置、电机悬挂、齿轮传动、基础制动装置的学习，熟练掌握 HXD1C 型电力机车转向架各组成部分的详细结构及作用。

问题引导

(1)机车构架是多厚的钢板焊接而成的什么样的结构？它都承受了哪些力的作用？

(2)机车构架结构形状是规则的吗？它如何起到轴箱定位的作用？轴箱拉杆固定座为什么设计成梯形槽？

(3)一个完整的机车轮对包含哪些部件？整体轮和分体轮的区别是什么？分体轮上有三条黄线，代表什么含义？

(4)铁路机车发生了多次车轴断裂事故，你知道车轴断裂多发生在哪些区域吗？

(5)轴箱定位主要有哪几种形式？并简述其特点。

(6)机车设置轴箱有什么作用？内部结构是什么？易发生哪些故障？

(7)机车悬挂装置包含哪些部件？如何区分一系悬挂和二系悬挂？

(8)HXD1C 型电力机车电机，它是如何固定在机车转向架上的？

(9)你了解机车电机是如何驱动轮对旋转的吗？有哪些传动类型？齿轮传动比为什么设计成无理数？

(10)机车制动靠什么传递制动压力？机车操纵台上闸缸压力指的是哪个地方？你了解机车制动缸的作用原理吗？

(11)你能找到机车轮缘喷油器的位置吗？它起什么作用？

自觉活动

(1)仔细阅读知识素材中关于 HXD1C 型电力机车转向架的内容，回答和思考以上问题，并在文中对主要知识点做好标记。(180 分钟)

(2)结合机车转向架实物或模型,分组练习,要求说出 HXD1C 型电力机车转向架的每一处结构名称和作用。(180 分钟)

知识素材

一、HXD1C 型电力机车转向架总体认知

HXD1C 型电力机车有 2 台相同的转向架,转向架如图 4-10 所示。HXD1C 型电力机车转向架主要特点有:

(1)满足(23+2)t 轴重电力机车的运用要求。

(2)驱动系统采用牵引电机抱轴悬挂驱动。

(3)构架由两根侧梁、两根横梁和两根端梁焊接而成,梁体均为焊接箱形结构。

(4)一系悬挂采用螺旋钢弹簧配以垂向油压减振器,轴箱拉杆采用单拉杆;二系悬挂采用高挠螺旋钢弹簧配以垂向油压减振器,横向减振器设置在构架两端,同时起到抗蛇行作用。

(5)牵引装置采用低位推挽式牵引装置。

(6)基础制动采用轮盘制动。

(7)转向架空气管路采用不锈钢管路。

(8)轮缘润滑采用干式(润滑棒)润滑装置。

(9)采用具有加热烘干性能的砂箱结构等。

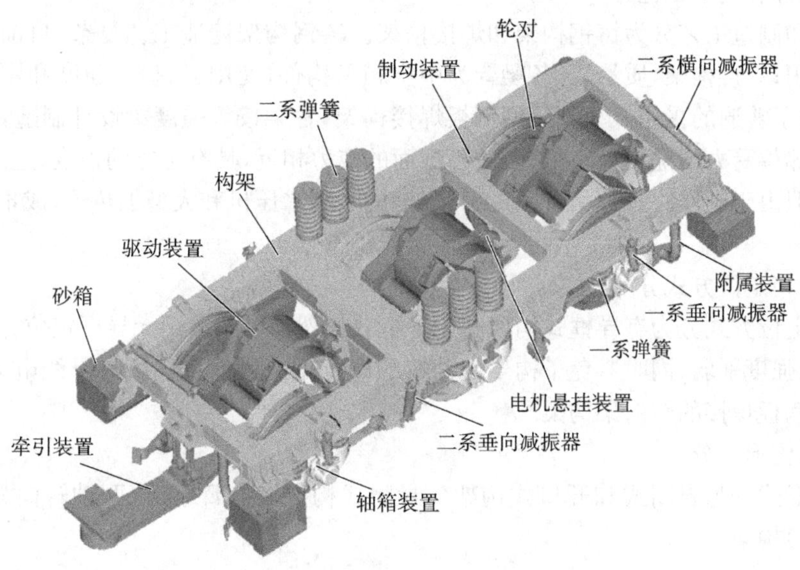

图 4-10　HXD1C 型电力机车转向架

二、构　　架

1. 构架的作用和要求

构架是转向架连接的基体,也是承载的基体,如图 4-11 所示为中上部承吊部分。

图 4-11　转向架组装

机车运行中，构架除承受垂向重力，纵向的牵引力、制动力，横向的轮轨侧压力、离心力等力外，还经常受到严重的动作用力。此外电机悬挂、齿轮传动、轴箱定位、基础制动装置等工作时，构架的受力更加复杂严重。因此要求转向架构架必须有足够的强度和刚度；各梁的尺寸、各种附件的组装位置必须精确；质量轻，结构紧凑；运行中还必须注意经常检查，特别是各焊缝处，如产生裂纹，应及早发现，以免酿成事故。

2. 转向架构架的分类

(1)按设计和制造工艺分

按设计和制造工艺分为铸钢构架和焊接构架。铸钢构架铸造工艺复杂，目前在电力机车上已很少采用；焊接构架，质量轻，各梁皆为中空箱形构件，使用材料省，强度和刚度都得到保证，所以得到了普遍的采用。尤其压型钢板焊接构架，各梁按等强度梁设计制造，其箱形截面的尺寸依各部位受力情况而大小不等，使各截面的应力相近，具有足够的强度，且质量轻，材料利用率高。但由于制作时必须具备 1 000 t 以上的大型水压机和大型加热炉，成本比一般钢板焊接构架高。

(2)按轴箱定位方式分

按轴箱定位方式分为有导框式构架和无导框式构架。构架采用无导框定位方式不需要开切口，可避免强度削弱，同时避免了构架与轴箱的摩擦副。目前我国所有干线电力机车，均采用无导框式钢板焊接的转向架构架。

(3)按结构形式分

按结构形式分为封闭式和开口式构架。封闭式构架又有日字形(两轴转向架)和目字形(三轴转向架)构架。

3. 组成

转向架构架主要由左右侧梁、一根或几根横梁及前后端梁组焊而成。有的转向架构架没有端梁，称为开口式或 H 形构架；有端梁的构架称为封闭式构架。

侧梁是构架的主要承载梁，是传递垂向力、纵向力和横向力的主要构件，侧梁还用来规定轮对位置。

横梁和端梁用来保证构架在水平面内的刚度，保持各轴的平行及承托牵引电机。砂箱一般安装在前后端梁上。

4. HXD1C 型电力机车转向架构架

HXD1C 型电力机车转向架构架为目字形构架，由侧梁、牵引梁、中间横梁、前端梁和后端梁组成，除个别安装座以外，结构基本上是对称的，如图 4-12 所示。该构架焊接后，构架变形小，残余应力分布均匀；构架的各个零部件的应力水平比较低，且应力变化趋势平稳；安装座结构简单。

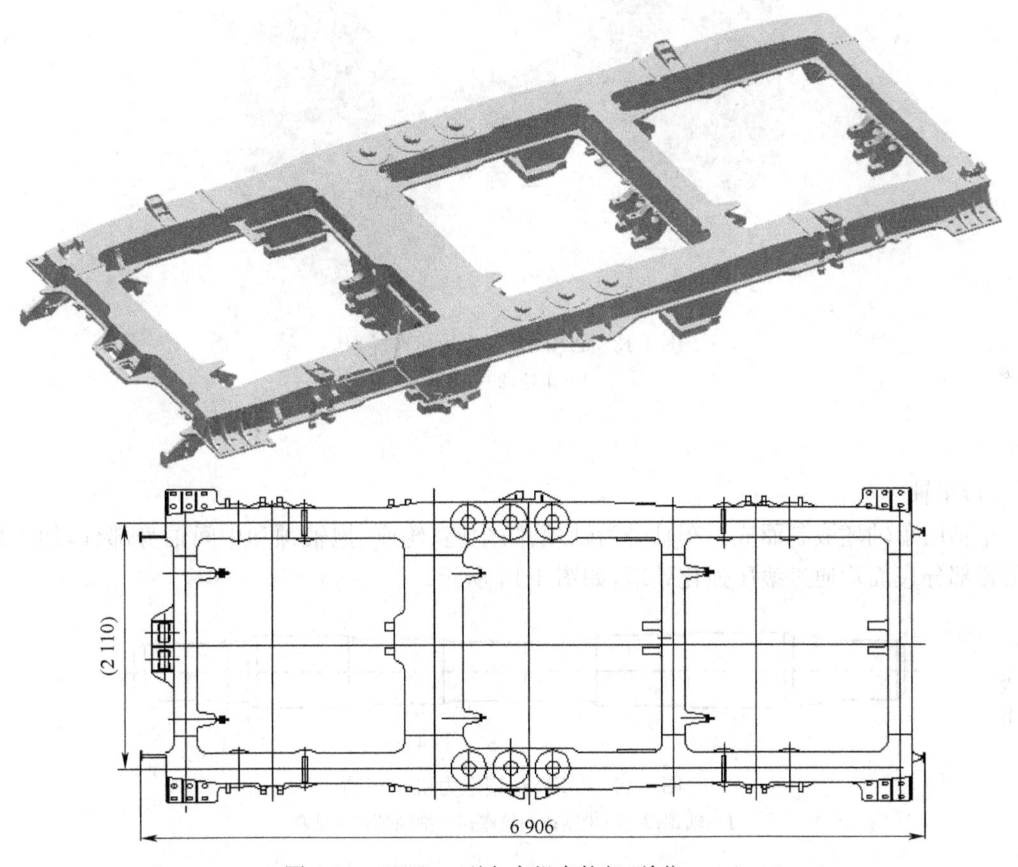

图 4-12　HXD1C 型电力机车构架(单位：mm)

构架本体材料采用 16MnDR 钢板，焊接采用 EN 15085 标准体系：优先选用对接焊缝，单边 V 形焊缝和 K 形焊缝，尽可能不用不开坡口的角焊缝；使焊缝位于低应力区；避免焊缝位于同一截面上；不同板厚的焊接，在厚板对接处设置斜坡，使两板厚一致；对接焊缝预留间隙，以便焊透，对接焊缝的余高尽量小。

三、轮　　对

轮对是列车走行部中最重要的部件之一，列车在运行中轮对的受力非常复杂。列车的全部重量都通过轮对传给钢轨；牵引电机的转矩通过轮对作用于钢轨，产生牵引力；当轮对沿着钢轨运动，在通过钢轨接头、道岔、辙叉及线路的各种不平顺处时，刚性地承受冲击力；轮对组装时，会产生很大的组装应力。重力、动作用力、组装应力共同作用在轮对上，有可能使轮对发生故障，造成行车事故隐患。

1. 轮对的组成

轮对一般由车轴、车轮组成。图 4-13 为 HXD1C 型电力机车轮对，由 1 根车轴、左右 2 个车轮组成。

图 4-13 HXD1C 型电力机车轮对

1—车轮；2—车轴

(1)车轴

车轴用车轴坯锻制而成。车轴分为轴颈、防尘座、轮座、抱轴颈和中间轴身部分，加工后，其圆弧部分表面均通过滚压强化处理，如图 4-14 所示。

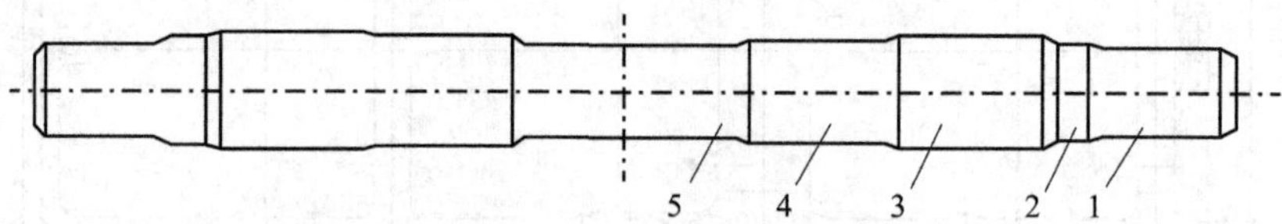

图 4-14 HXD1C 型电力机车车轴

1—轴颈；2—防尘座；3—轮座；4—抱轴颈；5—轴身

车轴承受的载荷相当复杂：有由于垂直载荷而引起的弯矩，有曲线运动时轮轨侧压力引起的弯矩；有齿轮传动时引起的扭矩；有某侧车轮发生滑行时引起的扭矩；线路的冲击，簧上部分的振动，制动力作用等，都要产生附加载荷。所以，车轴的工作条件十分恶劣，不仅受弯，而且受扭，不仅有交变载荷，而且常常有突加载荷。

由于车轴所受的主要应力都是交变的，所以多数车轴的折损是由于疲劳裂纹引起的。实践证明，车轴的断裂，多发生在以下三个区域：轴颈的圆根部；轮座的内侧；抱轴颈的圆根部。车轴的其他破坏，如轴颈烧损、拉伤；轮座部分擦伤；磨耗到限度，一般不会引起重大事故，而且可以修复。疲劳裂纹和折断，是车轴各种破坏中后果最严重的破坏。

为了减少车轴的疲劳破坏，可采取以下列措施：

(1)锻造车轴钢坯应进行人工时效或自然时效处理，待内应力消除后再进行机械加工。

(2)加工成形的车轴表面应有高的表面粗糙度。

(3)不同直径的过渡部分，要有尽可能大的过渡圆弧，以减小应力集中，车轴正火热处理后进行试样检查；对车轴表面进行滚压强化处理，使表层金属材料更加密致，提高抗疲劳能力等。

HXD1C 型电力机车的车轴轴颈直径 160 mm，轮座直径 252 mm，轴身直径 240 mm 设计满足 EN 13104 标准；其材料采用 35CrMoA（或 EA4T），并满足 TB/T 3093（或 EN 13261）的相关要求；车轴轮座采用喷钼处理，并满足 BN 918260 的要求。轮对内侧距为 $1\ 353^{+0.5}_{-1}$ mm（未负载状态），其组装满足 UIC 813、EN 13260 和 TB/T 1463 的相关要求。

(2)车轮

车轮分为分体轮和整体轮。分体轮由轮箍和轮心组装而成，整体轮的轮心和轮箍是一体的。

①分体轮

分体轮由轮心和轮箍组成。轮心是车轮的主体，轮箍加热后套装在轮心外侧，中心安装车轴。轮心实物如图 4-15 所示。

图 4-15　轮心实物

轮心上和车轴压装的部分，称为轮毂；轮心上和轮箍套装的部分，称为轮辋；轮毂和轮辋之间的部分，称为轮辐。轮心一般用优质钢铸成整体，在铸件铸成后，要用退火和正火等热处理方法消除内应力。

根据轮辐部分形式的不同，轮心可以分为辐板式轮心、辐条式轮心和箱式辐板轮心。

辐板式轮心具有质量轻、弹性好等优点，但强度较差；辐条式轮心质量大，铸造时内应大，运用中易发生辐条断裂，目前已淘汰；箱式辐板轮心采用了薄壁中空夹层的结构形式，其质量轻，强度大，还具有一定的弹性，可以适当减轻动作用力的危害，是大功率电力机车普遍采用的形式。

根据轮心上是否压装传动大齿轮，轮心又可分为长毂轮心和短毂轮心两种，在长轮部分压装传动大齿轮，这种组装方法可以减小车轴应力，避免压装时拉伤车轴，但轮对的质量必须有所增加。

轮箍由轮箍钢轧制而成，其外形如图 4-16、图 4-17 所示。

图 4-16　分体轮

图 4-17　轮箍

轮箍的外形是一个带凸缘的圆环，它是与钢轨直接接触的部分，由轮缘和踏面组成。外表面与钢轨顶面接触的部分，称为踏面；与钢轨内侧面（轨肩）接触的凸缘部分，称为轮缘。轮缘起着导向和防止脱轨的重要作用。

轮箍的外形和尺寸，各国不尽一致，各有其标准。我国按机车车辆车轮轮缘踏面外形加工轮缘和踏面。

轮箍加工后用标准样板进行如下检查：

a. 轮缘高度为 28 mm。

b. 轮缘厚度为（从距轮缘顶部 18 mm 处测量）33 mm。

c. 轮缘外侧面与水平面成 65°角，称为轮缘角。

d. 轮缘内侧有 $R=16$ mm 的倒角，以便引导车轮顺利通过护轮轨。

e. 踏面有 1∶20 及 1∶10 两段斜面。

f. 整个轮箍宽度 140 mm，距内侧面 73 mm 处的圆周，称为车轮的名义直径。

轮箍是车轮直接在钢轨上滚动运行的部分。它用热套法套在轮心上，俗称"红套"。套装过紧会引起轮箍崩裂，特别是冬季气温低，材质脆性大，更易发生崩裂。套装过松，就很容易弛缓，尤其是在长大下坡道，连续施行空气制动时，轮箍发热，容易发生弛缓。

为了检查轮箍是否发生了弛缓，用黄色油漆在轮箍轮心结合处画一条径向宽线，可以观察它有无错位来判断是否发生了弛缓现象。轮箍在机车运用中，必须定期旋修，旋修或磨耗到限后必须更换新的轮箍。

②整体轮

为了降低检修运用成本，传统的机车多采用轮箍与轮心组合的轮对，但目前多倾向于取消轮箍，采用整体辗钢车轮（图 4-18）。原因是：

a. 随着列车运行速度的大幅度提高，车轮高速转动产生的离心力（此力随圆周速度的平方增加）对轮箍产生的应力往往有可能破坏轮箍的结合强度。因此，不能采用冷缩轮箍，有必要改用整体车轮。

b. 随着塑料闸瓦的使用推广，闸瓦传热散热不良将引起制动时轮箍温升过高。为了防止发生弛缓事故，有必要

图 4-18　整体辗钢车轮

改用整体车轮。

c. 对某些采用空心轴传动的电机全悬挂机车，轮心辐板要开设穿入连杆轴销或空心轴拐臂的孔，辐板强度被削弱，难以保证轮箍与轮心的配合强度。为此，有必要改用整体车轮。

HXD1C 型电力机车车轮采用直径为 1 250 mm 的整体碾钢车轮，材料为 ER8，并满足 EN 13262 标准要求；在车轮两侧装有制动盘，制动盘与车轮之间通过螺栓连接；车轮踏面采用符合 TB/T 449 的 JM3 磨耗型踏面，与钢轨具有较好的匹配性能，并具有良好的重载适应性能。

(3)轮对组装工艺

HXD1C 型电力机车的车轮与车轴采用压装配合，车轴轮座凸悬量为 5 mm（符合 EN 13104 及 TB/T 1463 相关要求），压装过盈量为 0.27～0.327 mm；在轮毂根部和大齿轮根部处设有注油孔，以便用液压油泵辅助推出；轮对组装满足 TB/T 1463、UIC 813 和 EN 13260 的要求。

四、轴箱及轴箱定位

1. 轴箱及轴箱定位概念

(1)轴箱

轴箱安装在车轴两端的轴颈上，内部容纳轴承，并将全部簧上载荷，包括垂直方向的动载荷传给车轴；将来自轮对的牵引力或制动力传到转向架构架上。此外，它还传递轮对与构架间的横向作用力和纵向动作用力。

(2)轴箱定位

轴箱与转向架构架的连接方式，称为轴箱定位。由于轴箱位置决定了轮对的位置，所以轴箱定位起到了固定轴距和限制轮对活动范围的作用。

对轴箱定位的要求是：轴箱相对于构架应是个活动关节，在不同的方向有不同的位移。应保证轴箱能够相对于转向架构架在机车运行中作垂向跳动，使弹簧装置能够充分发挥其缓和冲击的作用；在机车通过曲线时，轴箱应当能够相对于转向架构架做小量的横动，有利于机车几何曲线通过；在机车纵向则要求有较大的刚度，保证牵引力、制动力的传递。

(3)拉杆式轴箱定位

拉杆式轴箱定位是采用较普遍的一种无导框轴箱定位方式。拉杆式轴箱定位就是通过轴箱拉杆，将轴箱与转向架构架连接起来，主要起到固定轴距和传递牵引力的目的。

轴箱拉杆内有橡胶元件，采用这种带有橡胶关节的轴箱拉杆定位方式，轴箱可以依靠橡胶关节的径向、轴向及扭转弹性变形。实现各方向的弹性位移，使轮对与构架的联系成为弹性联系。适当选择它的横向刚度和纵向刚度，可以显著地改善机车运行的稳定性。

2. HXD1C 型电力机车轴箱及轴箱定位

HXD1C 型电力机车轴箱采用独立悬挂，轴箱相对构架的上、下和横向移动，靠弹簧、橡胶元件的弹性变形来获得。其轴箱装配结构如图 4-19 所示。

HXD1C 型电力机车轴箱采用独立悬挂弹性定位单拉杆结构，主要由轴箱体、轴承、接地装置、速度传感器、轴端压盖、内外端盖等组成。一、三位轮对轴箱轴承采用整体式圆锥滚子轴承，中间位轮对轴箱轴承采用整体式圆柱滚子轴承。中间轴轴箱组装（带接地装置）如图 4-20 所示，轴箱组装实物如图 4-21 所示。

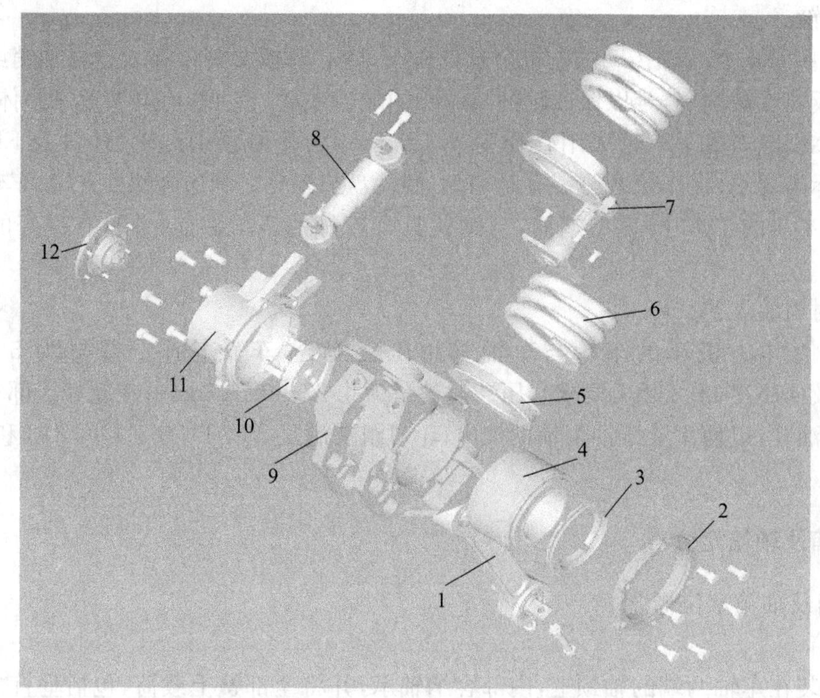

图 4-19　HXD1C 型电力机车轴箱装配结构

1—轴箱拉杆；2—后端盖；3—防尘圈；4—轴承；5—减振垫；6—轴箱弹簧；7—吊钩；
8—垂向减振器；9—轴箱体；10—压盖；11—端盖；12—接地装置

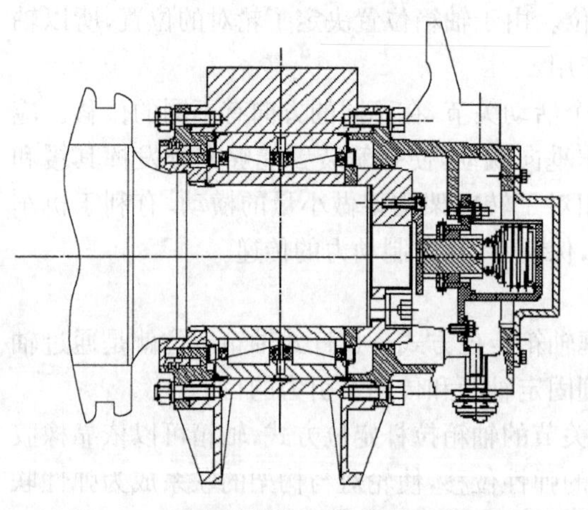
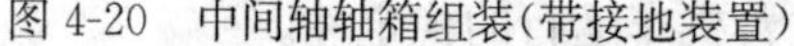

图 4-20　中间轴轴箱组装(带接地装置)

图 4-21　轴箱组装实物

HXD1C 型电力机车轴箱力的传递如下：

垂向力(以重力为例)：转向架构架→轴箱弹簧→轴箱体→轴承→轴颈→车轴→车轮→钢轨。

纵向力(以牵引力为例)：轮轨接触点产生牵引力→车轮→车轴→轴颈→轴承→轴箱体→轴箱拉杆→构架。

横向力(以轮轨侧压力为例)：钢轨对轮对侧压力→车轮→车轴→轴承→前后盖→轴箱

体→轴箱拉杆→构架。

3. 轴箱的维护及保养

HXD1C 型电力机车轴箱内的轴承润滑，采用 3 号锂基脂润滑。加脂量应相当于轴承室总容量的 1/3～1/2，过多或不足都有可能造成轴箱发热严重（油脂过多散热不良引起发热）。运行中必须注意零件的紧固状态，不应使任何处所有漏脂现象。

运行中，轴箱允许温升为 30 ℃，可以用手触摸轴箱外部的感觉来判断。

机车每走行 8 万～10 万 km 后，对轴箱要进行一次中检。中检时应检查前盖和后盖的紧固情况。取下各轴箱的前盖，检查轴端挡板螺栓的紧固情况及轴承状态，并对润滑油脂化验分析，测定油脂的酸性、黏度及闪点，如果发现油脂质量不良，要清洗轴箱，重新填充油脂。

机车每走行 40 万～50 万 km 时，要更换轴箱内的全部油脂，并解体轴箱进行一次全面性的检查，对轴承及其他零件进行清洗；检查轴承有无裂纹、磨蚀和其他不良现象；对轴颈进行电磁探伤。

引起轴箱发热的原因一般有以下几种：润滑油脂不足或过多；滑脂变质；砂、污物或其他颗粒性杂质掉入轴箱内，油脂过脏；轴承组装间隙太小；轴头与轴挡的接触不平等。

五、悬挂装置

1. 悬挂装置概述

悬挂装置也称弹簧装置，包括弹性元件及减振器。机车动力性能的好坏，与悬挂装置的结构形式及参数选择密切相关。良好的悬挂装置，能使机车运行平稳，振动减小，对行车安全有积极意义。对线路来说，由于悬挂装置的缓冲作用，也可减轻机车簧上部分振动对线路的冲击破坏作用。

(1)弹性元件及减振器

弹性元件主要指弹簧，减振器主要指油压减振器。

弹簧调整（包括一系、二系悬挂）的主要目的是要调整机车的轴重。通过调整车体支承重量的分配和转向架弹簧的受力情况，使车体、转向架保持水平状态，各轴轴重符合规定要求，以保证机车安全运行并发挥最大牵引力。在弹簧下面加减垫块，是弹簧调整的有效方法。对于个别过硬或过软的弹簧，损坏的弹簧必须更换。

油压减振器的作用是为了衰减振动。它是将振动能量通过油液黏滞阻尼形式变为热量散发掉，从而使振动衰减，达到平稳运行的目的。油压减振器的主要故障是上下盖之间漏油，漏油较多时减振作用失效，需更换油压减振器。检修好的减振器需倒置 24 h，无渗漏时方能装车使用。

(2)悬挂装置分类

机车采用两系悬挂装置，一系悬挂设置在机车转向架构架与轴箱之间；二系悬挂设置在车体底架与转向架构架之间。

(3)簧上重量和簧下重量

一系悬挂以上的重量称为“簧上重量”；一系悬挂以下的重量称为“簧下重量”或称为“死重量”，包括轴箱、轮对的重量（轴悬式电机悬挂转向架还包括部分电机重量）。簧下重量对线路产生较大的动作用力，危害很大，必须设法减轻，尤其是速度较高的机车。这就是为什么速度大于 140～160 km/h 的机车必须采用架悬式电机悬挂方式的主要原因。

2. HXD1C 型电力机车悬挂装置

(1)一系悬挂装置

HXD1C 型电力机车的一系悬挂系统采用独立悬挂弹性定位单拉杆结构，由轴箱拉杆、橡胶件、弹簧、油压减振器等组成。一系钢弹簧安装在轴箱与构架之间，下部安装有一系橡胶垫，每轴箱上安装 2 个一系钢弹簧。每转向架设 4 个一系垂向减振器(中间轴不设减振器)，安装在车轴中心线上。轴箱拉杆两端安装球形橡胶关节，和一系钢弹簧一起实现轴箱定位，如图 4-22 所示。

图 4-22 一系悬挂装置

(2)二系悬挂装置

HXD1C 型电力机车的二系悬挂系统由弹簧、橡胶垫和减振器等组成。转向架通过二系钢弹簧与车体连接，每侧 3 个，纵向安置在构架侧梁上，每个转向架装有 6 个二系钢弹簧。每个转向架有 2 个横向减振器和 2 个垂向减振器，连接在车体与转向架之间，垂向减振器布置在构架两侧的对称位置，横向减振器斜对称布置在构架两端。车体与转向架两侧设有起吊安装座，通过整体起吊连接索进行整体起吊。外形结构如图 4-23 所示。

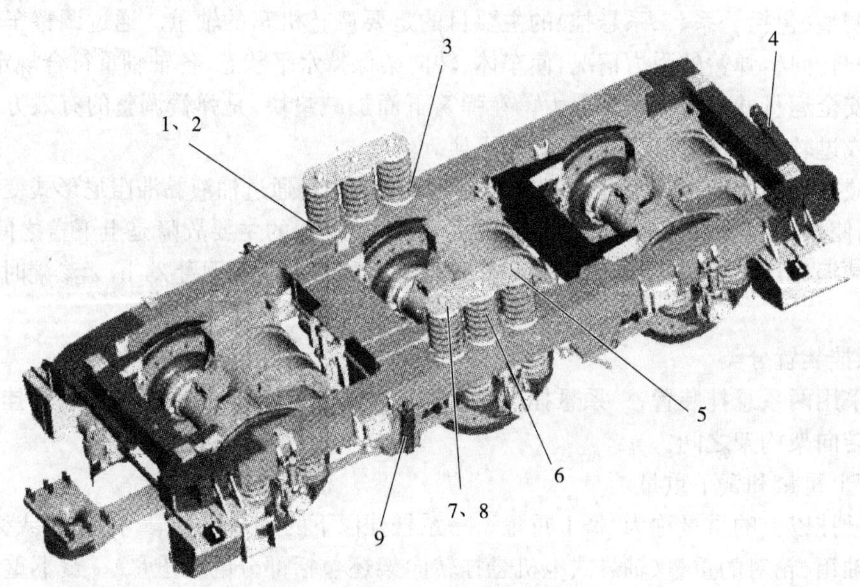

图 4-23 二系悬挂装置

1、2—调整弹簧垫片；3—减振垫；4—抗蛇行减振器；5—连接座组成；6—高圆弹簧；7、8—调整垫片；9—垂向减振器

六、电机悬挂装置

牵引电机在机车上的安装方式称为电机悬挂。电机采用悬挂方式尽量以减小动作用力对电机和线路的破坏为宗旨。

牵引电机的悬挂方式大致可分为轴悬式、架悬式、体悬式三大类。轴悬式又称为半悬挂式，可分为刚性轴悬式和弹性轴悬式两类。架悬式和体悬挂又称为全悬挂式。下面主要介绍轴悬式和架悬式。

1. 电机悬挂的分类和比较

(1)刚性轴悬式电机悬挂

牵引电机的一端经抱轴瓦或滚动轴承刚性地支承在车轴的抱轴颈上——抱轴端；另一端弹性地悬挂在转向架构架横梁上——悬挂端，如图 4-24 所示。

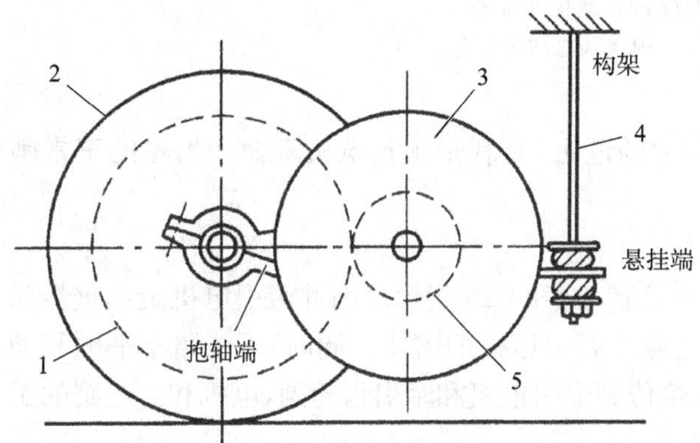

图 4-24　刚性轴悬式电机悬挂

1—从动齿轮；2—车轮；3—牵引电机；4—电机吊杆；5—主动齿轮

这种悬挂方式结构简单，检修容易，拆装方便，在不起吊机车车体的情况下，牵引电机可以在落轮坑内卸下，工作可靠。

其缺点主要有两点：一是簧下重量大(牵引电机约一半的重量，属于簧下死重量)，轮轨动载荷大，来自线路的冲击，直接传至牵引电机，影响其使用寿命。二是抱轴采用抱轴瓦结构，车轴与抱轴瓦之间是滑动摩擦，容易引起抱轴发热烧损车轴。因此，高速机车采用牵引电机全悬挂。

刚性轴悬式电机悬挂机车，为改善这种情况，可采取两种措施：滚动抱轴承及弹性大齿轮。

(2)弹性轴悬式电机悬挂

弹性轴悬式的结构与刚性抱轴式相似，其结构如图 4-25 所示。

牵引电机的一端悬挂在转向架构架上，另一端仍通过抱轴承支承，但抱轴承不是直接支承在车轴上，而是支承在车轴外面套装的空心轴上，从动大齿轮也是固装在空心轴的端部。空心轴的两端再通过弹性元件支承在轮心上。牵引电机传至齿轮的力矩通过空心轴、弹性元件传至轮对。空心轴随车轴一同旋转。因此，装在轮心上的弹性元件既要支承牵引电机约一半的重量及空心轴和大齿轮重量，又要传递牵引电机传来的力矩。

由于牵引电机的一半重量还是支承在轮对上，但中间经过了弹性元件，故称为弹性轴悬

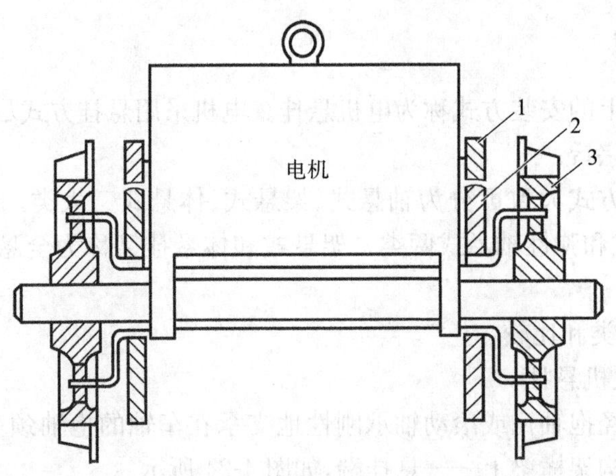

图 4-25　弹性轴悬式电机悬挂

1—主动齿轮；2—从动齿轮；3—车轮

式。这种悬挂方式的优点是:减轻了动作用力的危害,有利于延长电机寿命和齿轮的正常啮合,也有利于提高机车的黏着性能。

(3)架悬式电机悬挂

架悬式的牵引电机全部悬挂在转向架构架上,如图 4-26 所示。因此牵引电机全部重量属于簧上部分,这就大大减小了簧下死重量,适应了高速运行的需要。同时,因线路不平顺和冲击所引起的轮对垂向和横向加速度,不会直接传到牵引电机和牵引齿轮副,电机和齿轮副的工作条件大为改善,故障率减少,工作寿命延长。

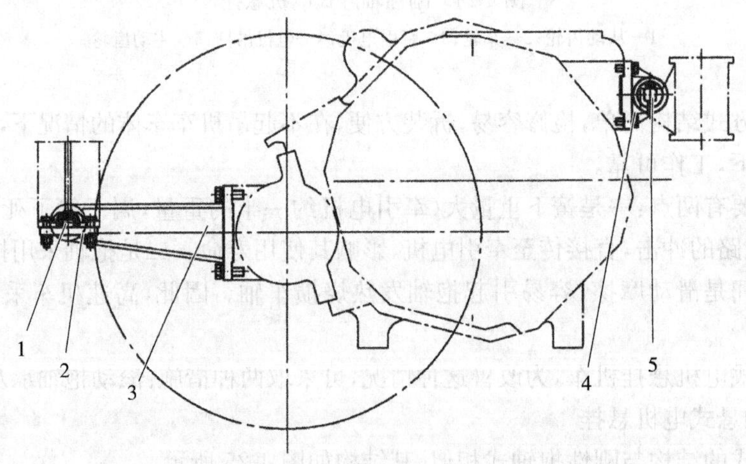

图 4-26　架悬式电机全悬挂

1—心轴(一);2—托板;3—悬挂臂;4—悬挂座;5—心轴(二)

图 4-26 电机前端通过固定在空心轴套上的悬挂臂支承在构架前端梁或者中间横梁上,后部通过固定在电机上的 2 个悬挂支座固定在构架中间横梁或者后端梁上的八字槽内。

电机悬挂装置主要由心轴(一)、悬挂臂、悬挂座、心轴(二)、托板等组成。

电机悬挂装置除承受电机全部载荷外，还要承受大小齿轮、固定空心轴、齿轮箱、传动轴承的重量，与大齿轮相连的六连杆、传动盘、空心轴的一半重量，使它们成为簧上重量，大大降低簧下重量，以降低机车运行时的轮轨动作用力，改善机车的动力学性能。

架悬式悬挂的技术难题是如何可靠地解决齿轮传动的啮合问题。因为牵引电机布置在转向架构架上，它的振动规律和轮对的振动规律不一致，而大齿轮又必须装在轮轴上。为解决架悬式电机悬挂的齿轮传动问题，采用弹性联轴器装置。

2. HXD1C 型电力机车电机悬挂装置

HXD1C 型电力机车的牵引电机采用抱轴式半悬挂驱动：一端与抱轴箱合口面通过 8 个 M30 螺栓刚性连接；抱轴箱两端通过圆锥滚子轴承环抱于车轴上；另一端通过牵引电机吊杆弹性悬挂在构架上，如图 4-27 所示。

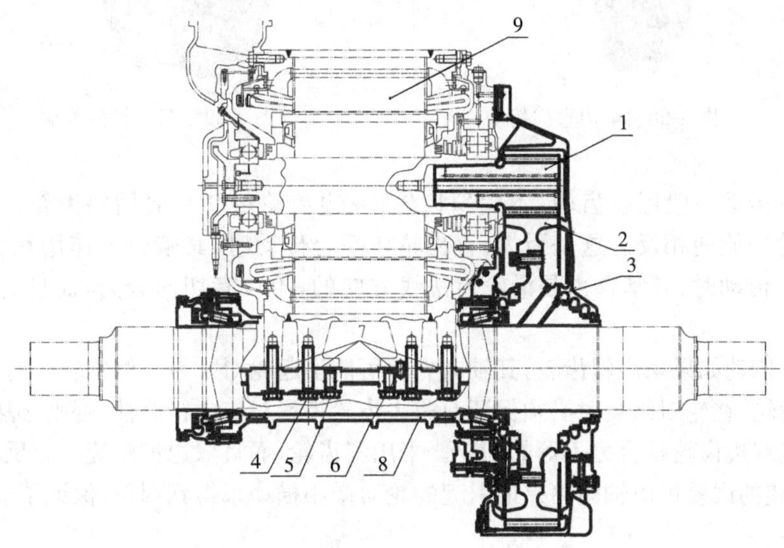

图 4-27　牵引电机抱轴悬挂结构

1—主动齿轮；2—从动齿轮；3—齿轮箱；4—连接螺栓；5—工艺螺栓；6—圆柱销；7—密封胶；8—抱轴箱结构；9—牵引电机

注意：在机车检修时应当注意电机吊杆螺栓的紧固力矩，一定要按规定的力矩紧固。运用中也要经常检查该螺栓是否有松缓的现象。

七、齿轮传动装置

电力机车的动力来自牵引电机，我国现有的电力机车牵引电机都安装在机车转向架内部，牵引电机输出的转矩必须传递到机车的轮轴上，才能发挥其牵引作用。齿轮传动装置就是实现电机到轮轴功率、转矩传递的装置，它包含牵引电机、主动齿轮、从动齿轮、齿轮箱、抱轴承箱等。

齿轮传动几乎是现代电力机车传动装置的唯一形式。

1. 齿轮传动的分类

(1)单边直齿齿轮传动和双边斜齿齿轮传动

单边直齿齿轮传动如图 4-28 所示，双边斜齿齿轮传动如图 4-29 所示。

单边齿轮传动的优点是牵引电机的轴向尺寸可以加大，结构也较简单，制造成本低；缺点是传动时轮对受到偏于一侧的驱动力，左右轮子的受力不同。双边齿轮传动的优点是轮对受力均衡，左右轮子同时受到相同的驱动力，有利于提高运行品质；缺点是牵引电机的轴向尺寸受到限制，结构复杂，制造成本增加。

图 4-28　单边直齿传动　　　　图 4-29　双边斜齿传动

单边齿轮传动一般用直齿轮，不用斜齿轮；双边齿轮传动一般用斜齿轮，不用直齿轮，而且双边齿轮的旋向相反。这是因为：直齿轮在啮合传动时，其啮合力作用在齿轮的切向；斜齿轮在啮合传动时，其啮合力是沿轮齿法线方向的，不仅有切向分力，而且有较大的轴向分力。

单边齿轮传动如果采用斜齿轮，其轴向力将可能引起轮对贴靠一侧钢轨运行；双边齿轮传动如果用直齿轮，在轮对组装时必须保证双边大齿轮齿形对应的精确性，否则必然引起齿轮不能同时啮合或双边齿轮啮合力不等的问题。采用斜齿轮，而且双边齿轮旋向相反，则轴向力也相反，齿轮安装的误差可由轴向力差值引起的轮对微小横动来得到纠正，保证了双边齿轮传动转矩的均匀性。

(2)弹性齿轮传动和刚性齿轮传动

大齿轮分为齿圈和齿轮心两部分，互相用弹簧或橡胶弹性地组装在一起，成为弹性齿轮传动，如图 4-30 所示。大齿轮心如果制成刚性结构，则为刚性齿轮传动，如图 4-31 所示。至于小齿轮，一般都是刚性的。

图 4-30　弹性齿轮传动

图 4-31　刚性齿轮传动

弹性齿轮传动的优点是:改善了沿齿宽方向的应力分布;缓和来自钢轨的冲击,啮合力的传递比较柔和;改善了牵引电机的工作条件。其缺点是:增加了齿轮结构的复杂性,增加了制造成本。

刚性齿轮传动的优点是:结构简单,制造维修成本低。缺点是:啮合条件差,齿轮磨损大,传动冲击大,对牵引电机不利。

(3)传动比

传动比是从动齿轮齿数与主动齿轮齿数之比。由于牵引电机转速高,轮对的转速低,所以齿轮传动在电力机车上都是减速齿轮传动。减速齿轮传动,既可保持牵引电机在高效率的转速范围内工作,又可以加大轮对的转矩,使机车在相同速度下充分发挥牵引力。因小齿轮强度、最小齿数及机车车辆限界对大齿轮的限制,一般电力机车齿轮传动比小于5。

所选择的传动比的数值应当尽可能是个无理数,即无限不循环小数,或者是个无限循环的有理数。这样,一个齿轮上的每个轮齿将有机会同另一个齿轮上所有的轮齿啮合,以使轮齿得以均匀磨损。

一般高速客运电力机车的传动比取值偏低,货运电力机车传动比取值偏高。

2. HXD1C型电力机车齿轮传动

HXD1C型电力机车转向架的传动装置(图4-32)采用抱轴驱动,主要由电机主动齿轮、抱轴箱、传动齿轮箱等组成。齿轮箱结构及实物分别如图4-33、图4-34所示。

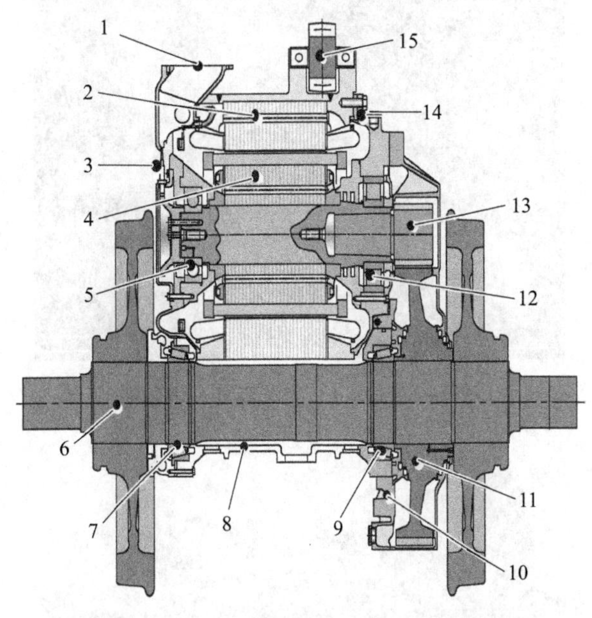

图4-32 HXD1C型电力机车传动装置结构

1—进风口;2—定子;3—速度传感器;4—转子;5—电机轴承;6—车轴;7、9—抱轴承;8—抱轴箱;10—齿轮箱;11—大齿轮;12—电机轴承;13—小齿轮;4—出风口;15—电机悬挂

滚动抱轴承箱装配是由两组圆锥滚子轴承、迷宫盖、滚动抱轴箱体等组成,如图4-35所示。

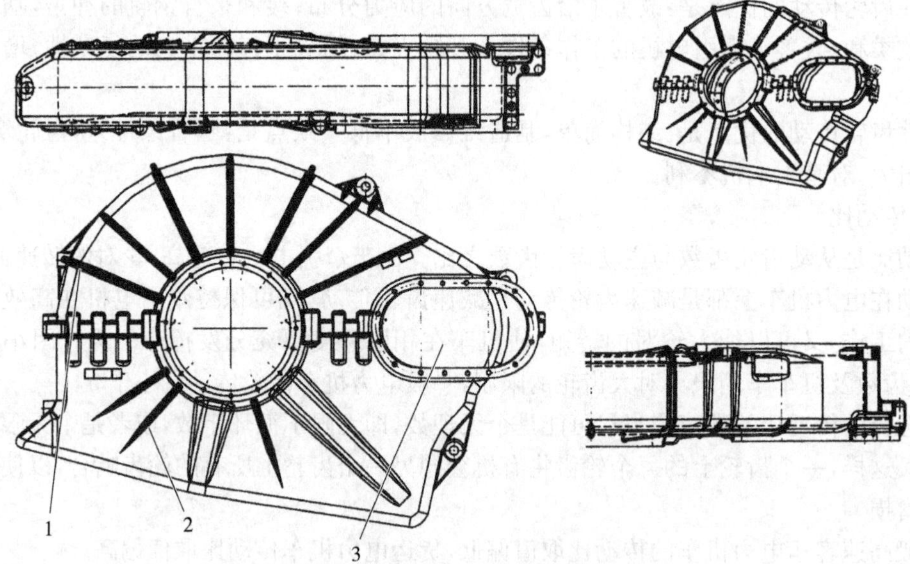

图 4-33　HXD1C 型电力机车齿轮箱

1—上箱体；2—下箱体；3—压盖

图 4-34　HXD1C 型电力机车齿轮箱

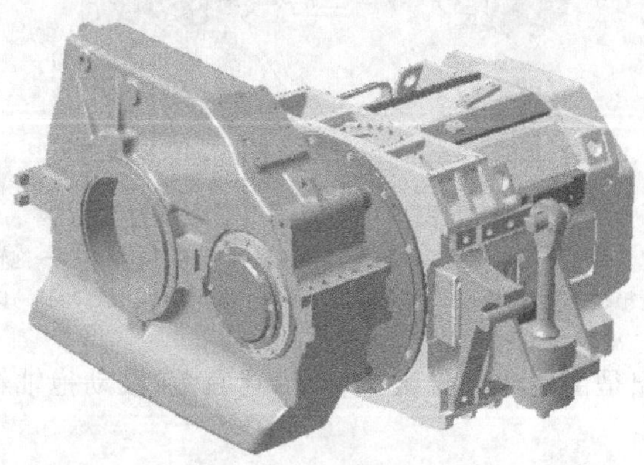

图 4-35　齿轮箱装配

牵引齿轮是机车的主要组成部分，大齿轮由合金钢锻压成型后整体加工而成，齿轮传动比为 106∶17。

八、基础制动装置

HXD1C 型电力机车基础制动装置采用的是轮盘制动方式，每个车轮安装一套独立的单元制动器，其中每个转向架装有一套单元制动器带弹簧停车储能制动，安装在第一轴车轮上。当机车制动时，制动单元得到压缩空气，通过制动缸活塞推动卡钳，通过闸瓦，将压力作用到安装在车轮辐板的摩擦盘上，使闸瓦与摩擦盘间产生摩擦，消耗功率，将动能转变为热能散发，从而使机车达到减速或停车的目的。

盘形制动单元外形如图 4-36 所示，其实物如图 4-37 所示。

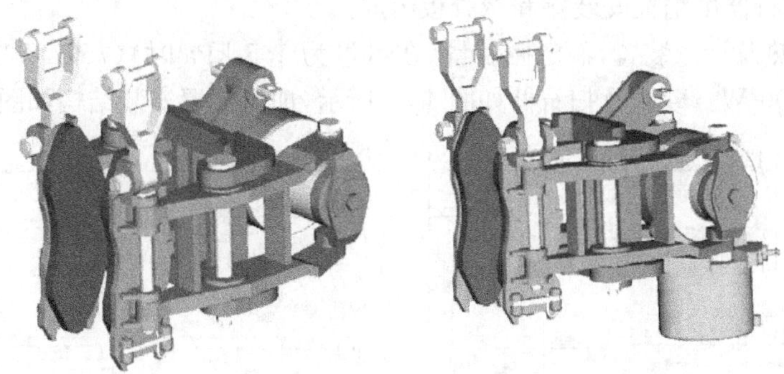

图 4-36　盘形制动单元外形图(右侧带停放制动)

图 4-37　机车盘形制动实物

九、转向架附属装置

1. HXD1C 型电力机车轮轨润滑装置

电力机车轮轨润滑装置的作用是为了减少轮对转动时与钢轨之间的摩擦，减少轮对轮缘的磨耗。轮轨润滑装置主要有两大类:湿式喷油式轮缘润滑装置和干式接触式轮缘润滑装置。

(1)原理

弹簧储存的能量通过推料杆传递给润滑块,沿导管方向压靠在轮缘部位,借助车轮转动时的相对摩擦,使轮缘与钢轨接触处附着一层干式润滑膜,达到减磨目的。

(2)布置位置及结构型式

轮缘润滑装置安装于机车的第一位轮对和第六位轮对相应部位,由轮缘润滑器和安装支架组成。轮缘润滑器由安装板、导管、弹簧盒、牵引钢丝绳及推料杆等组成;安装支架由钢板焊接组成。

2. HXD1C 型电力机车撒砂装置与扫石器

HXD1C 型电力机车转向架上安装 4 套砂箱撒砂扫石器装置,位于构架端部,每砂箱容积约为 0.1 m^3。扫石器由钢板安装座和橡胶板组成。

砂箱装有加热及计量装置,额定撒砂量(在风量为 4.5 kPa 时)(750±50)g/30 s;加热电压 220 V,功率 100 W。砂箱及扫石器如图 4-38 所示,加热装置安装结构如图 4-39 所示。

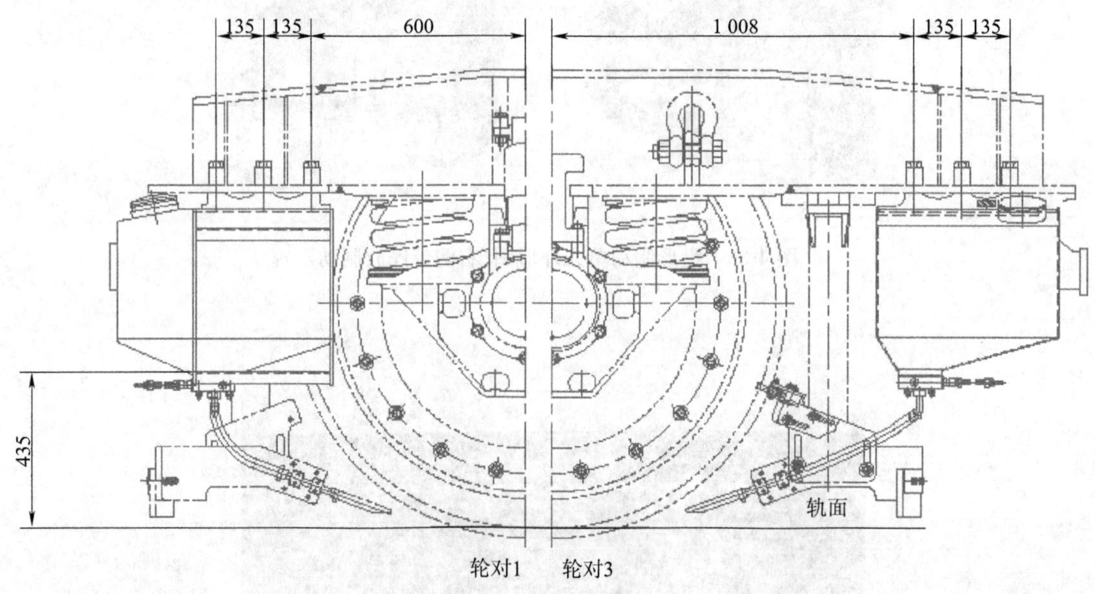

图 4-38 砂箱及扫石器装置(单位:mm)

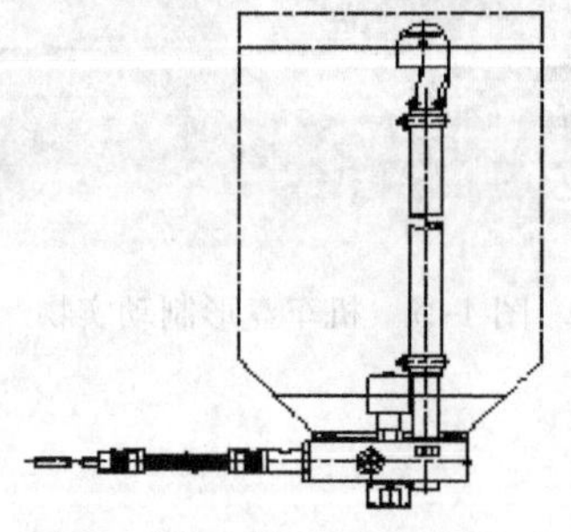

图 4-39 砂箱加热装置

效果评价

(1)结合机车转向架实物,老师事先准备转向架结构小纸条,随机抽查三个转向架结构,请学生说出其结构名称和作用。

(2)请你制作 PPT,对转向架七大结构组成其中一个部分详细讲解。

任务三　货车转向架认知

任务介绍

通过对转向架总体认知,了解转 K6 型转向架的作用、特点,掌握相关概念。

问题引导

(1)铁路货车转向架是车辆走行部分,你能说出几种转向架故障的类型?

(2)根据所学知识或者生活经验,你认为货车和客车转向架结构和功能特点是否有差别?

自觉活动

(1)仔细阅读知识素材中关于转向架认知的内容,对主要知识点做好标记。(15 分钟)

(2)重点掌握转向架的作用和组成,弄清楚其优缺点。(10 分钟)

(3)通过小组讨论或者查阅资料的方式,了解货车转向架的发展历程。(15 分钟)

知识素材

一、转 K6 型转向架主要结构

转 K6 型转向架(图 4-40)目前装在 C_{76}、C_{70}、C_{80}、P_{70} 型等货车上,其三维结构如图 4-41 所示。

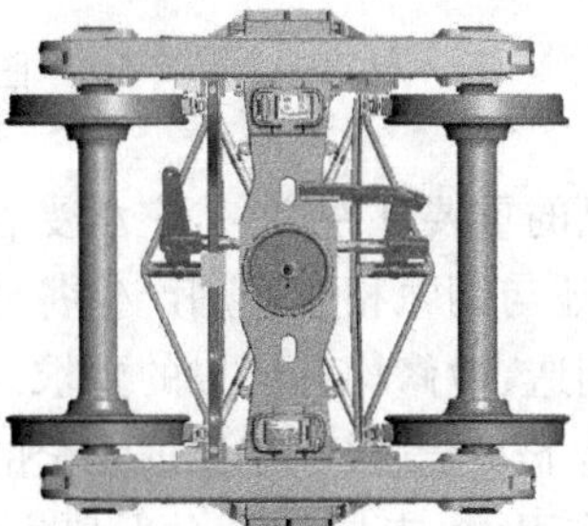

图 4-40　转 K6 型转向架

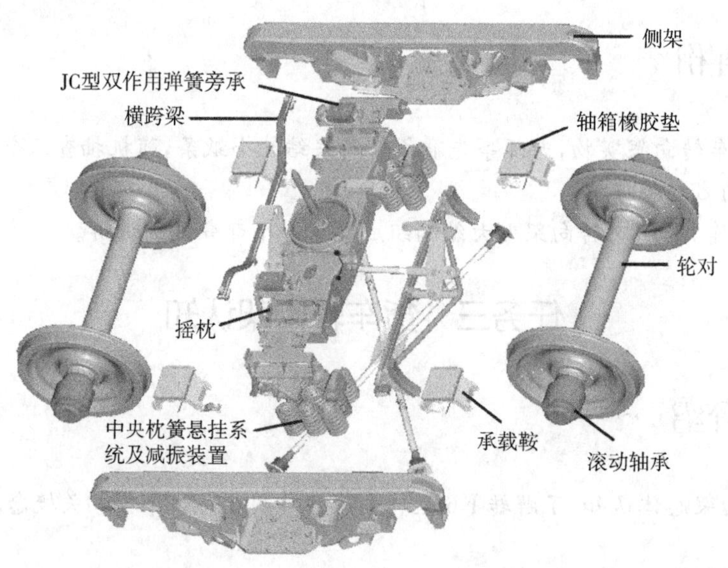

图 4-41　转 K6 型转向架三维爆炸图

1. 轮对轴承装置

轮对沿着钢轨滚动，除传递车辆重量外，还传递轮轨之间的各种作用力，其中包括牵引力和制动力。轴箱与轴承装置是联系构架(或侧架)和轮对的活动关节，使轮对的滚动转化为车体沿钢轨的平动。转 K6 型转向架采用 HESA 型辗钢车轮或 HEZB 铸钢车轮；采用 RE_{2A} 型车轴；采用 SKF TBU150 型或 353130 系列紧凑型滚动轴承。

(1)轮对基础知识

两个车轮和一根车轴按规定的压力和尺寸牢固地压装在一起叫轮对，如图 4-42 所示。

图 4-42　轮对

轮对是车辆的重要部件之一，它承受着来自车辆的全部静、动载荷，并传递给钢轨，引导车辆沿钢轨运行，还与钢轨相互作用产生各种作用力。其技术状态的好坏直接影响到行车安全，因此对轮对的制造、检修均有严格的要求。首先要求轮对有足够的强度，以保证在容许的最高速度和最大载荷下安全运行；在保证安全的条件下，使其质量最小，并有一定的弹性，以减小轮轨之间的相互作用力；应具备阻力小和耐磨性强的优点，这样可节省牵引力并能提高使用寿命；应能适应车辆直线运行，同时又能顺利通过曲线，还应具备必要的抵抗脱轨的安全性；在尺寸上，要求两车轮内侧面之间的距离必须保证在(1 353±3)mm[新造为(1 353±2)mm]的范围以内。

车轴是轮对的主要配件，是轮对转动的中枢。铁道车辆用的车轴绝大多数是圆截面实心轴。由于车轴各部位受力状态不同及装配的需要，其直径也不一样。我国铁道车辆的客车和货车均采用滚动轴承车轴。根据结构不同滚动轴承车轴分为非盘形轮对车轴和盘形轮对车轴，其各部位名称如图 4-43 所示。

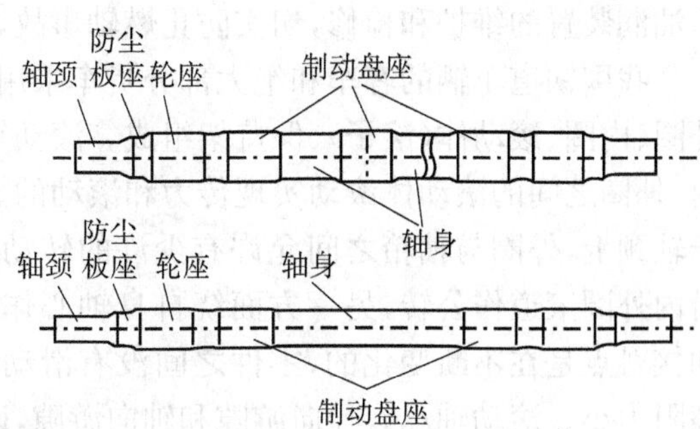

图 4-43　车轴结构示意图

车轮是车辆直接与钢轨接触的部分，它将车辆的载荷传给钢轨，并在钢轨上滚动，使车辆运行。我国铁道车辆上使用的车轮为整体辗钢轮和新型铸钢轮，简称为整体轮。车轮按其辐板形状可分为直辐板形轮和 S 形辐板轮。整体辗钢轮车轮各部分名称及功用如图 4-44 所示。

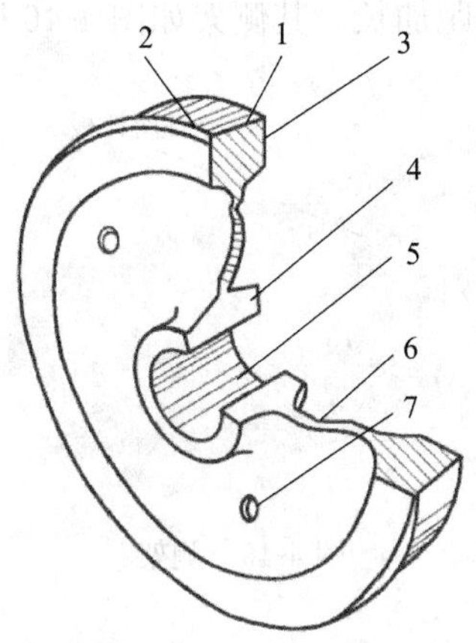

图 4-44　整体辗钢轮

1—踏面；2—轮缘；3—轮辋；4—轮毂；5—轮毂孔；6—辐板；7—辐板孔

踏面是车轮与钢轨接触的外圆周面，具有一定的斜度，其与轨面在一定摩擦力下完成滚动运行。轮缘是车轮内侧面的径向圆周突起部分，是为保持车轮沿钢轨运动，起导向作用，防止脱轨的重要部分。轮辋是车轮具有完整踏面的径向厚度部分，以保证踏面具有足够强度的同时也便于检修。轮毂是轮与轴相互配合的部分，轮毂是保证车轮和车轴相互结合且保证有足够压装力的部分。轮毂孔是安装车轴的孔，它与车轴上的轮座部分实现过盈配合。轮辋与轮毂的板状连接部分称为辐板。

(2)轴箱装置

轴箱油润装置是铁道车辆的重要组成部分，它不仅将车辆的垂直、水平载荷传递给轮对，而且不断地保持轴承的正常润滑，减少摩擦，降低运行阻力，限制轮对过大的横向移动，防止雨水、灰尘等异物侵入，使车辆不间断地运行。如果轴箱油润装置发生故障，轻微的会延误行车，严重的会使轴颈因激烈磨损而折断，造成严重铁路交通事故。因此，车辆检修人员应加强对轴箱油润装置的维护和检修，切实防止燃轴事故，确保行车安全。

我国铁道车辆的客车和绝大部分货车采用的是滚动轴承轴箱油润装置。滚动轴承一般由外圈、内圈、滚动体(滚子)、保持架组成。滚动轴承是借助于在内、外圈之间的滚动体滚动实现传力和滚动的。内圈紧密配合于轴颈上，外圈与轴箱之间允许有少许的转动，滚动体一方面沿内外圈滚道作公转，另一方面绕自身轴心作自转，它们之间的接触点是在不断变化的，零件之间没有滑动摩擦，因此其摩擦阻力小。滚动轴承有径向游隙和轴向游隙，以保证滚动体能自由转动。保持架用以维持各滚动体之间的位置，防止歪斜和相互碰撞，保证滚动体能沿滚道均匀分布。353130A 型滚动轴承示意如图 4-45 所示。

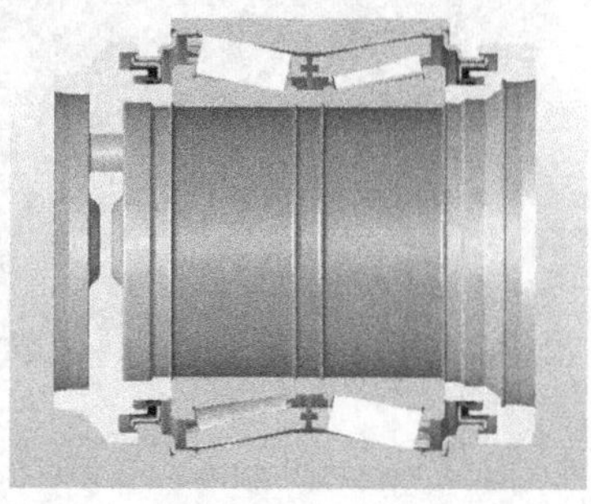

图 4-45　353130A 型滚动轴承

2. 侧架或构架

侧架是转向架的基础，它把转向架各零、部件组成一个整体。所以它不仅仅承受、传递各作用力及载荷，而且它的结构、形状和尺寸大小都应满足各零、部件的结构、形状及组装的要求。转 K6 型转向架断面加大，轴距加长。其侧架如图 4-46 所示。

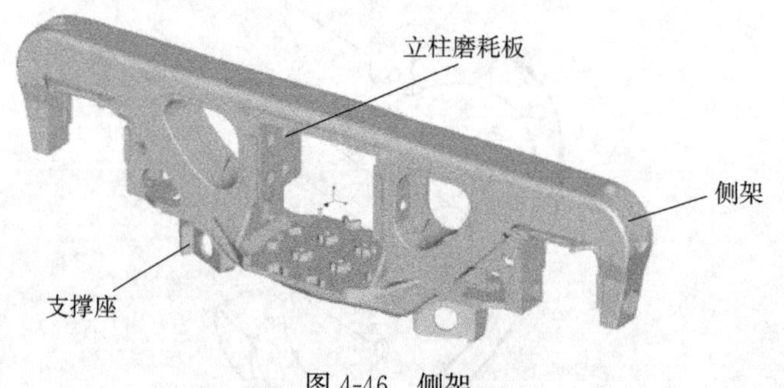

图 4-46　侧架

转 K6 型转向架轴箱一系加装了内八字橡胶弹性剪切垫(图 4-47)，实现轮对的弹性定位，减小转向架簧下重量，隔离轮轨间高频振动。有利于提高侧架等零部件的疲劳寿命。实现轮对的弹性定位，隔离轮轨间高频振动，减小轮轨作用力，降低轮轨磨耗。

3. 摇枕

转 K6 型转向架摇枕(图 4-48)断面加大、心盘磨耗板加大。采用直径为 375 mm 的下心盘，且下心盘内设有尼龙心盘磨耗盘。为了减少货车上、下心盘的磨损，在转 K6 型转向架中采用了经过长期运用考验证明耐磨性能优良的心盘磨耗盘。该心盘磨耗盘介于上、下心盘之间，上、下心盘的平面和圆周边部分都被心盘磨耗盘隔离，这就完全避免了上、下钢质心盘间的直接磨损，也改善了上、下心盘面的承载均衡性。经运用试验，这种心盘磨耗盘运用 5～6 年后磨耗甚少，非常耐磨。因此采用心盘磨耗盘可以有效提高上、下心盘的使用寿命。

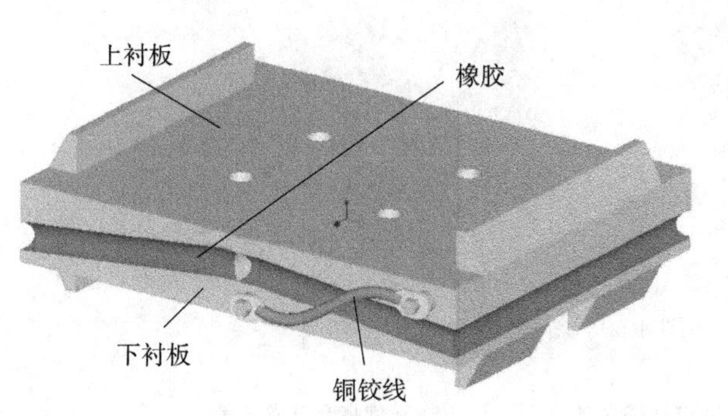

图 4-47　轴箱橡胶垫组成

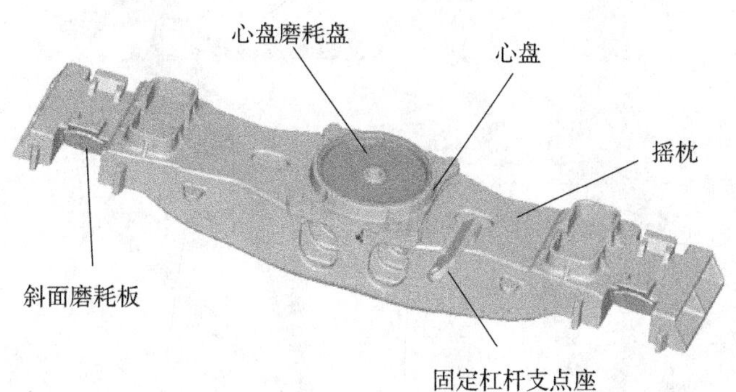

图 4-48　摇枕

4. 中央悬挂装置

转 K6 型转向架中央悬挂装置由 7 组承载弹簧和 2 组减振弹簧组成。空车时仅外圆弹簧起承载作用，重车时内圆弹簧和外圆弹簧均参与承载，实现空、重车两级刚度。其组合弹簧结构如图 4-49 所示。

图 4-49　中央悬挂装置

转向架减振结构为斜楔式变摩擦减振装置，由侧架立柱磨耗板、组合式斜楔、斜面磨耗板、双卷减振弹簧组成。组合式斜楔由斜楔、垫圈、主磨耗板、销子组成，其结构如图 4-50 所示。斜楔材质为贝氏球墨铸铁，在立面上设有磨耗标记。主磨耗板采用耐磨材料，提高了减振装置的寿命周期。

5. 基础制动装置

为使运行中的车辆能在规定的距离范围内停车，必须安装制动装置(图 4-51)，其作用是传递和放大制动缸的制动力，使闸瓦与轮对之间产生的转向架的内摩擦力转换为轮轨之间的外摩擦力(即制动力)，从而使车辆承受前进方向的阻力，产生制动效果。转 K6 型转向架制动梁多为 L-A 型和 L-B 型，分别如图 4-52、图 4-53 所示。

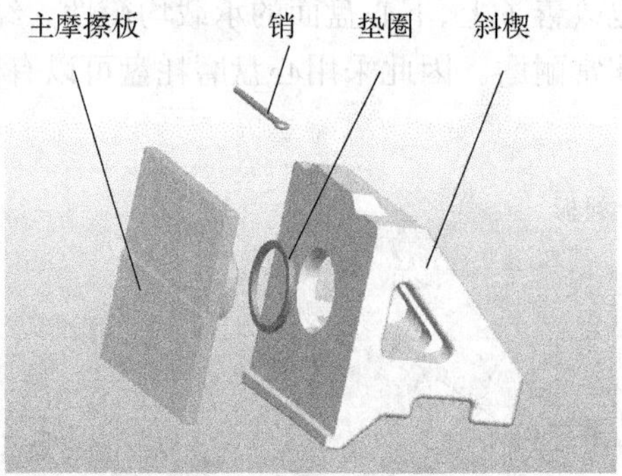

图 4-50　斜楔

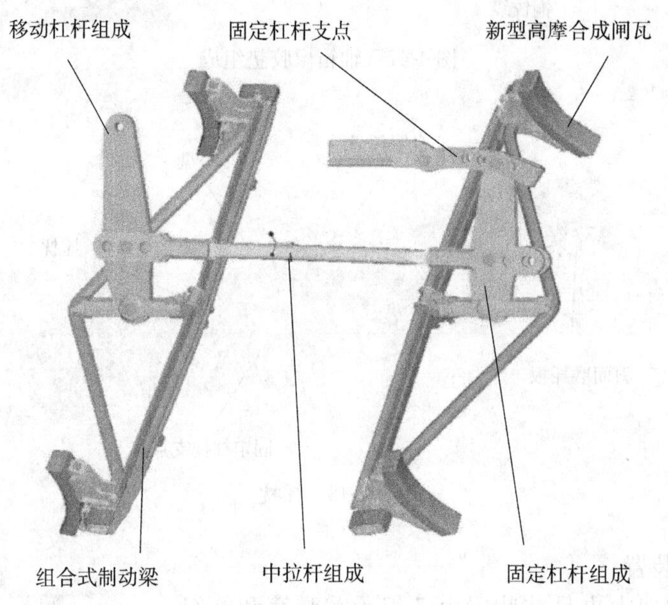

图 4-51　基础制动装置

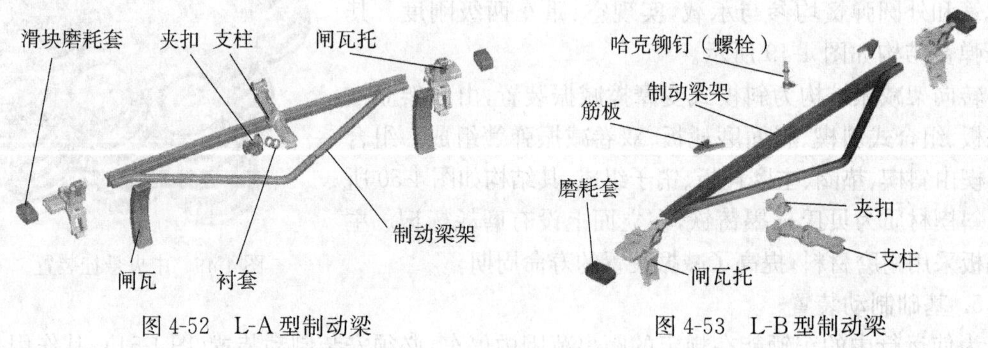

图 4-52　L-A 型制动梁　　　　图 4-53　L-B 型制动梁

二、转 K6 型转向架特点

(1)属于带变摩擦减振装置的铸钢三大件式转向架，摇枕、侧架材质为 B 级钢，侧架采用宽导框式结构。

(2)两侧架之间装用下交叉支撑装置,使两个侧架在水平面内实现弹性联结,以达到控制两侧架之间菱形变形的目的,抗菱刚度与常规转向架相比大大提高,提高了转向架抗蛇行运动的临界速度。

(3)中央悬挂系统采用二系悬挂。一系悬挂采用改进型轴箱橡胶弹性剪切垫,减轻了簧下重量,改善了轮轨间的作用力;二系悬挂装用带变摩擦减振装置、两级刚度弹簧的中央枕簧悬挂系统,提高了空车弹簧静挠度;改善了车辆运行品质。

(4)采用了双作用常接触弹性旁承,为空、重车提供了合适的回转阻力矩,提高了空、重车高速时的运行平稳性。

(5)基础制动装置为中拉杆式单侧闸瓦制动装置,装用了 L-A 或 L-B 型组合式制动梁、卡入式滑槽磨耗板。

(6)装用 25 t 轴重 150 mm×250 mm×160 mm 型双列圆锥滚子轴承、50 钢车轴及新结构轻型铸钢或辗钢车轮。

三、主要技术参数

轴重	25 t
自重	4.8 t
轴型	RE_{2A} 或 RE_{2B}
固定轴距	1 830 mm
制动倍率	4
两旁承中心距	1 520 mm
下心盘直径	375 mm
空车心盘面距轨面自由高	680 mm
轴颈中心距	1 981 mm
中央枕簧悬挂系统静挠度	
空车(心盘载荷 65.7 kN)	13 mm
重车(心盘载荷 443 kN)	54 mm
轨距	1 435 mm
基础制动杠杆倾角	
固定杠杆	50°
移动杠杆	53°
最高运行速度	120 km/h

效果评价

1. 讨论铁路货车转向架的分类及发展历程。
2. 阐述货车转向架基本组成及各部分作用。

任务四　客车转向架认知

任务介绍

通过对转向架总体认知，了解209T、209HS型转向架的作用、组成及特点。

问题引导

(1)209系列客车转向架有哪些种类？

(2)209系列转向架的优势有哪些？

自觉活动

(1)仔细阅读知识素材中关于转向架认知的内容，对主要知识点做好标记。(15分钟)

(2)重点掌握客车转向架的作用和组成。(10分钟)

(3)通过小组讨论或者查阅资料的方式，了解客车转向架的发展历程。(15分钟)

知识素材

客车是运送旅客的车辆，为保证旅客运输的安全性及舒适性，对客车转向架的要求比货车转向架的要求更严格。客车转向架不仅要有足够的强度，而且还要有良好的运行平稳性和较高的运行速度，以便将旅客安全、迅速、平稳、舒适地送到目的地。

客车转向架是铁路车辆的重要组成部分，其结构和性能直接对列车运行速度、走行品质、安全性能起着决定性的作用。

一、209T型转向架

209系列转向架包括209T型(T表示踏面制动)、209P型(P表示盘形制动)、209PK型(K表示空气弹簧)、209HS型、PW-200型等型号。本书着重介绍209T、209HS型。

1. 209T型转向架结构

209T型转向架最大的特点就是采用了纵向牵引拉杆装置，用以代替传统的纵向摇枕挡，其结构如图4-54所示。该型转向架主要用于25G型客车上。

(1)构架

209T型转向架的构架为铸钢一体式H形构架，如图4-55所示。在构架侧梁外部装有横向缓冲器，它由挡轴、缓冲橡胶组成。组装时，将缓冲橡胶压入构架侧梁外部的缓冲器座内即可。横向缓冲器和摇枕每侧间隙为(25±2)mm，两侧间隙之和不大于50 mm。构架两侧梁中心距为1 943 mm。

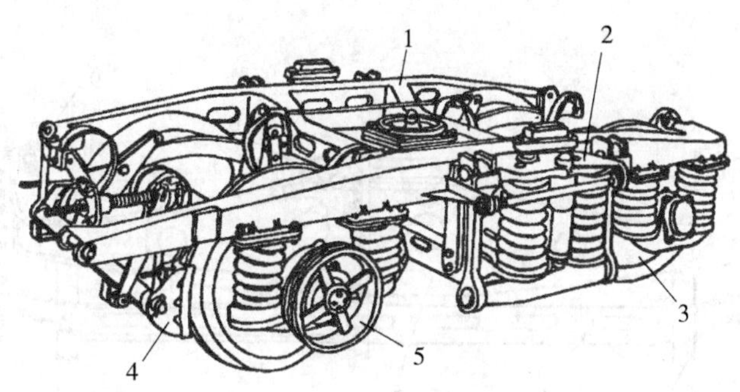

图 4-54　209T 型转向架

1—构架；2—轮对轴箱装置；3—摇枕弹簧装置；4—基础制动装置；5—发电机皮带传动装置

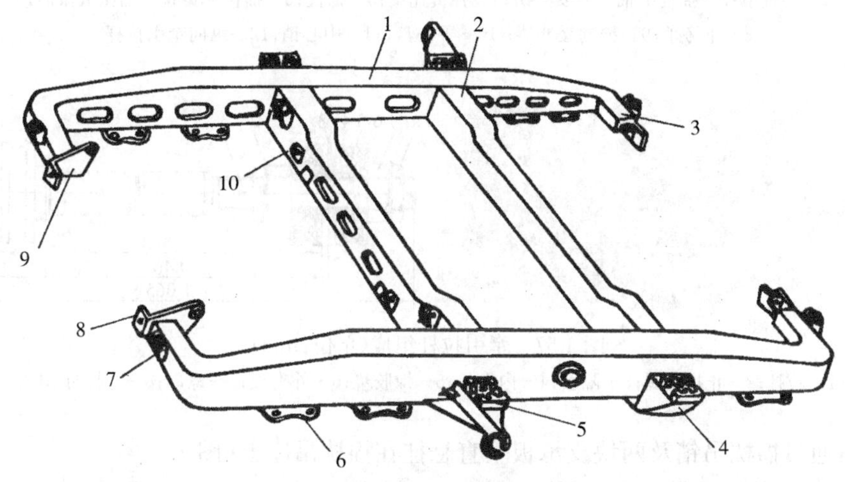

图 4-55　H 形构架

1—侧梁；2—横梁；3—小端梁；4—摇枕吊座托架；5—摇枕吊座；6—轴箱弹簧支柱座；7—闸瓦托吊座；8—缓解弹簧座；9—固定杠杆支点座；10—制动拉杆吊座

(2)摇枕弹簧悬挂装置

209T 型转向架的摇枕弹簧悬挂装置为摇动台式，采用单节长吊杆、构架外侧悬挂、带油压减振器的摇枕圆弹簧组。其结构如图 4-56 所示。

下旁承用螺栓组装在摇枕端部，位于构架侧梁外侧，两旁承中心距为 2 390 mm。在构架侧梁外侧和摇枕两端斜对称焊有牵引拉杆座，用具有橡胶弹性节点的牵引拉杆(图 4-57)将摇枕和构架相连。牵引拉杆的组装应在落车找平后进行。摇枕弹簧装置由圆弹簧组和油压减振器组成。摇枕弹簧横向中心距为 2 510 mm。

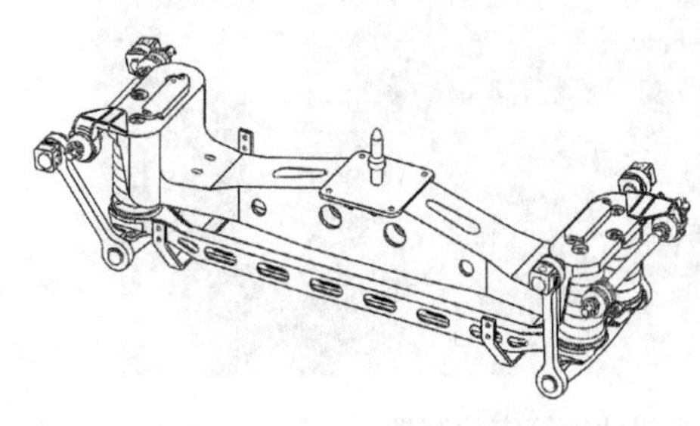

图　4-56

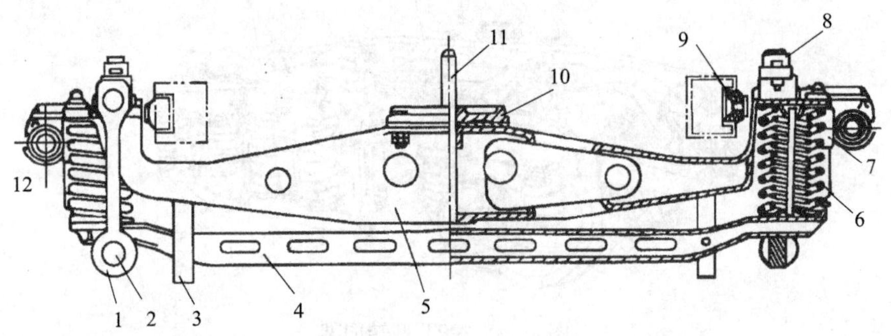

图 4-56　摇枕弹簧悬挂装置

1—摇枕吊；2—摇枕吊轴；3—安全吊；4—弹簧托梁；5—摇枕；6—摇枕弹簧；7—油压减振器；8—下旁承；9—横向缓冲器；10—下心盘；11—中心销；12—纵向牵引拉杆

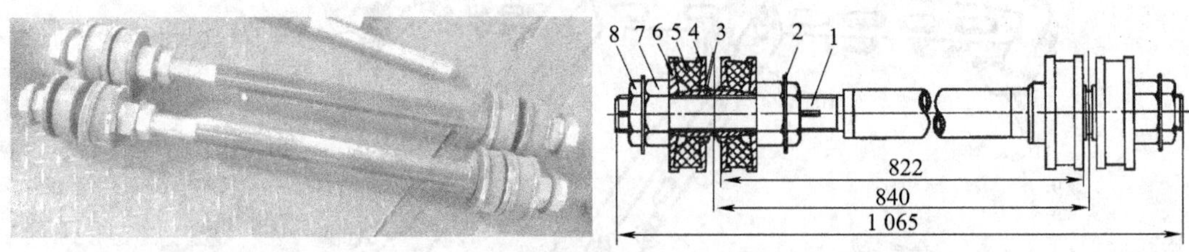

图 4-57　牵引拉杆组成(单位：mm)

1—拉杆；2—止推垫圈；3—隔套；4—内夹板；5—橡胶垫；6—外夹板；7—螺母；8—薄螺母 M42

摇枕吊通过摇枕吊销及两块支承板垂直悬挂在摇枕吊座上(图 4-58)。支承板上的圆孔做成上、下偏心 25 mm，支承板下部还可安放 10 mm 厚以内的垫板，形成了钩高调整装置。车钩高度的调整范围最大可达 30 mm。

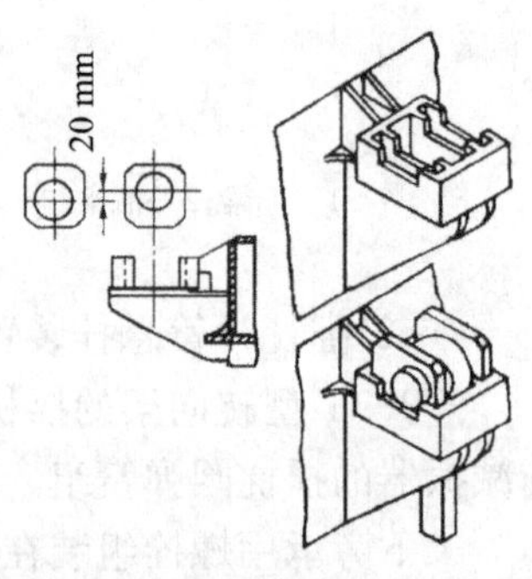

图 4-58　摇枕吊座及托架

(3)轮对轴箱弹簧装置

209T 型转向架的轮对轴箱弹簧装置为无导框式结构，所选用的轴承型号为 42726QT、152726QT 单列向心短圆柱滚子轴承。轴箱弹簧采用单卷圆柱螺旋弹簧，轴箱定位装置采用了干摩擦导柱式弹性定位结构，如图 4-59 所示。弹性定位套与支柱组装如图 4-60 所示。

图 4-59　干摩擦导柱式弹性轴箱定位装置

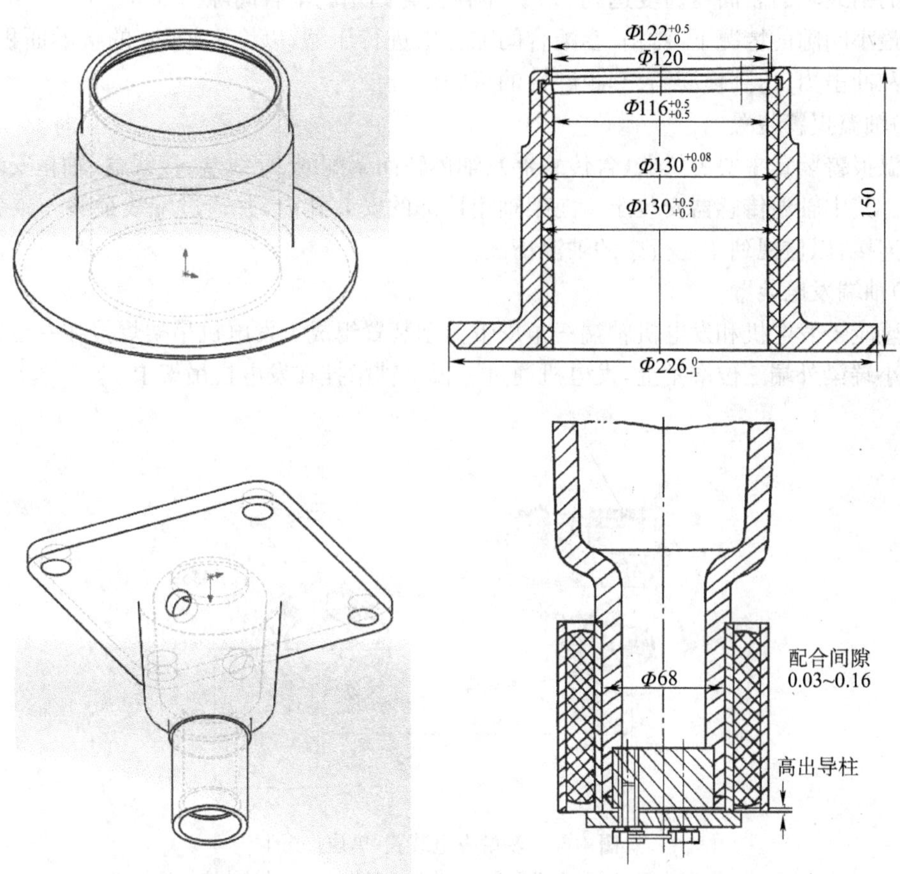

图 4-60　弹性定位套与支柱组装(单位:mm)

(4)基础制动装置

209T 型转向架的基础制动装置(图 4-61)采用杠杆传动,双侧闸瓦制动,为双片吊挂直接作用式。所有钢衬套均在其内表面镀铜并覆以聚四氟乙烯耐磨材料。为保证耐磨性能要求与

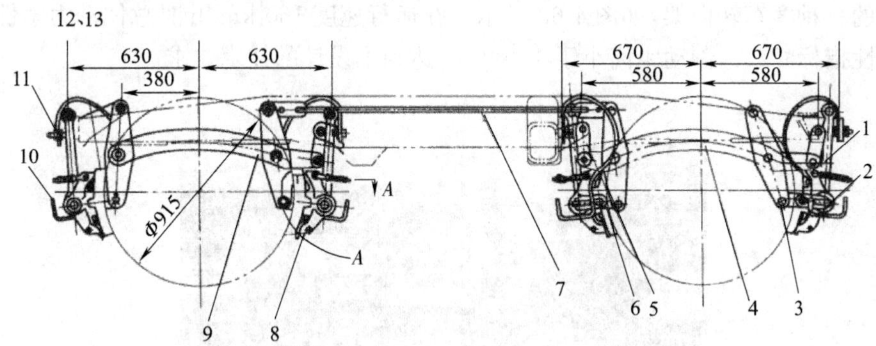

图 4-61　基础制动装置组成(单位:mm)

1—闸瓦托吊;2—制动梁;3—制动杠杆;4—制动拉杆;5—制动拉杆吊;6—连接板;7—上拉杆;8—闸瓦托;9—制动拉杆;10—缓解弹簧;11—缓解弹簧压块;12—闸瓦;13—闸瓦插销

其配合的销或轴的表面粗糙度达到 3.2。钢衬套与圆销的配合间隙为 0.3～0.7 mm。在不降低销套最小间隙的情况下，对销、套配合间隙上限进行压缩，以增大销、套的接触面积，降低接触应力和冲击力，达到提高销、套耐磨性的目的。

(5)轴温报警装置

轴温报警装置主要由仪器(含传感器)、轴体转向架配线、配线盒、接线盒、轴箱安装孔等结构组成。其中轴温传感器安装于转向架轴箱顶部的安装孔内，并通过配线最终与乘务员室的报警仪连接，以监视列车运行中的轴温情况。

(6)轴端发电装置

由感应子发电机和发电机轴端三角皮带传动装置组成。发电机吊架焊接在一位转向架构架悬臂小端梁外端三位端角上，发电机通过一根吊轴吊挂在发电机吊架上。

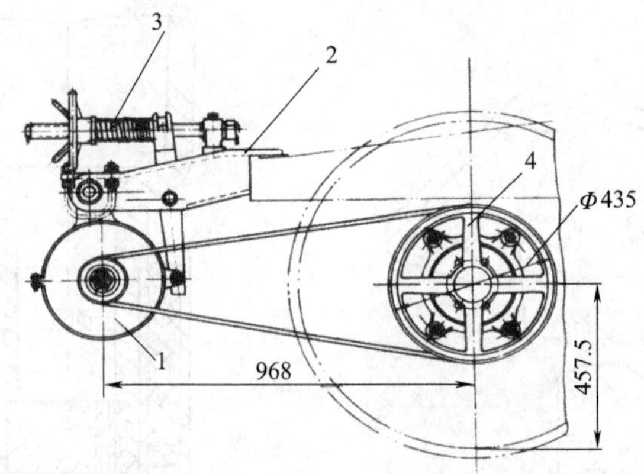

图 4-62　轴端发电装置(单位：mm)

1—发电机；2—发电机吊架；3—皮带拉紧装置；4—轴端连接装置

二、209HS 型转向架

209HS 型转向架(HS 为英文 High-Speed，即高速)是为适应 160 km/h 运行速度的需要，在 209PK 型转向架基础上，采用旁承支重、无磨耗橡胶堆轴箱定位、弹性吊杆、电子防滑器等技术制成的一种客车转向架，如图 4-63 所示。在运行速度 160 km/h 时总体动力学性能良好，运行平稳性指标≤2.5，制动距离小于 1 400 m，达到了设计的技术要求。

图 4-63　209HS 型转向架

1. 构架装置

209HS 型转向架构架(图 4-64)采用焊接结构，各梁断面均为箱形结构，以达到满足强度和减轻自重的目的。构架为无端梁结构，总长 3 286 mm。

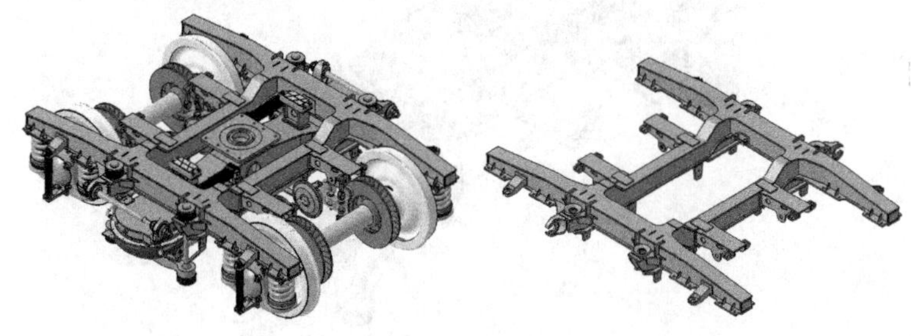

图 4-64　构架

2. 轮对轴箱定位装置

轮对轴箱定位装置如图 4-65 所示。轮对采用 RD_{3A} 车轴，采用全加工整体辗钢车轮；采用整体金属迷宫式轴箱，内装圆柱滚子轴承；轴箱定位装置采用无磨耗橡胶堆定位器。这种橡胶堆定位器外形为抛物线形状，带有缺口，可在 x、y、z 三个方向调整定位刚度，使蛇行临界速度达到最高数值，提高了高速时的横向、垂向的平稳性。

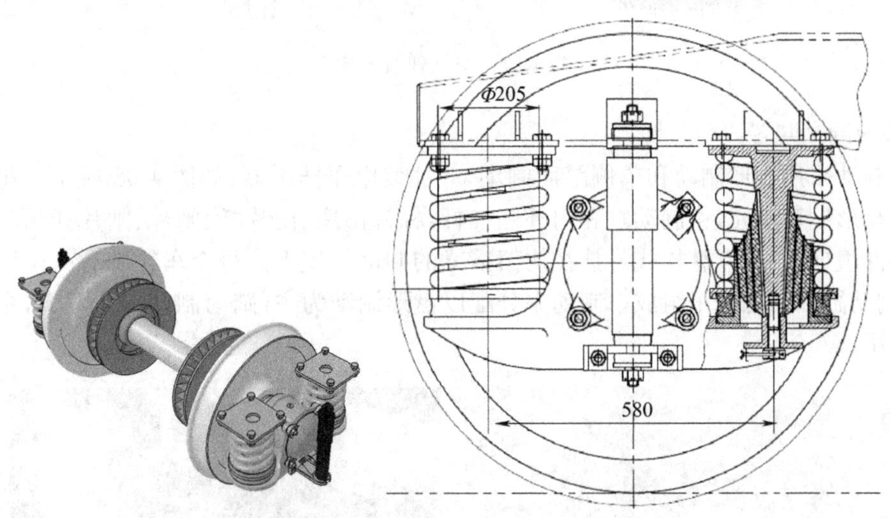

图 4-65　轮对轴箱定位装置(单位：mm)

3. 中央悬挂装置

中央悬挂装置(图 4-66)是由摇枕装置、旁承支承装置、弹性摇枕吊装置、牵引装置、空气弹簧装置、横向缓冲器、油压减振器等组成。摇枕用钢板焊接结构，制成鱼腹形，钢板采用 16MnR，内部分成左右两个独立的空间，作为空气弹簧附加空气室。

为消除吊杆两端有害摩擦和磨耗，在吊杆端部加设橡胶堆，以实现无磨耗。橡胶堆有减振和隔声的作用：同时设计时增加了摇枕吊杆有效长度，降低二系横向刚度，提高横向振动性能。采用空气弹簧(图 4-67)支承车体，车辆通过曲线时依靠空气弹簧的水平变位实现转向功能，空气弹簧的垂向及横向刚度值直接影响车辆运行的平稳性指标。

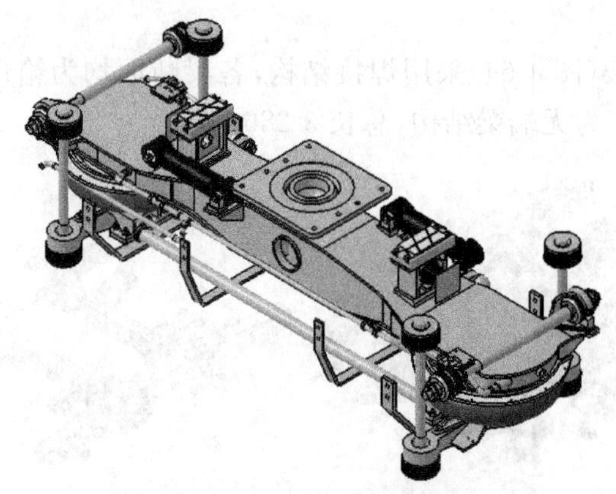

图 4-66　中央悬挂装置

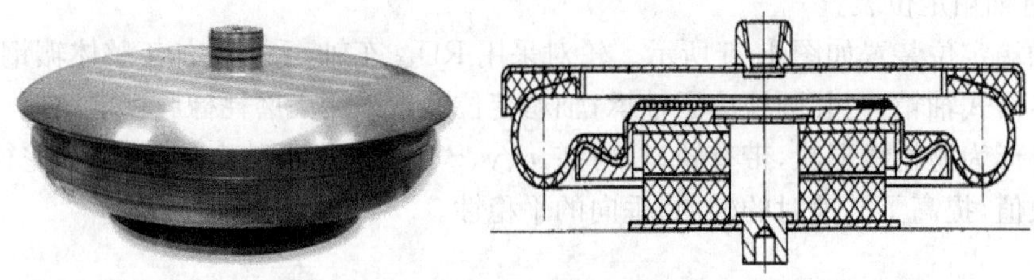

图 4-67　空气弹簧装置

4. 基础制动装置

基础制动采用盘形制动和单侧踏面制动，并加装电子防滑器，如图 4-68 所示。每个制动盘有一个盘形制动单元，由制动缸和内外侧杠杆，杠杆吊座、闸片托、闸片、闸片托吊和闸片吊销等零部件组成，以三点悬挂式悬挂在构架横梁的制动吊座上。每个车轮装有一个踏面制动单元，由制动缸和闸瓦托吊组成。制动率分配以盘形制动为主，踏面制动占比不高，主要起清扫踏面作用。

图 4-68　基础制动装置

效果评价

分组讨论并制作 PPT 汇报 209HS 型转向架的结构特点和各部分作用。

思考题

1. 掌握转向架的基本结构组成和各部件承担的作用。
2. 从不同角度出发,对转向架进行分类。
3. 熟悉空气弹簧装置的组成和工作原理。
4. 熟悉209HS型转向架的特点。

任务五 CR400AF型动车组转向架认知

任务介绍

本任务通过对CR400AF型动车组转向架构架、轮对轴箱装置、二系悬挂装置、驱动装置、基础制动装置的学习,熟练掌握CR400AF型动车组转向架各组成部分的详细结构及作用。

问题引导

(1)你见过动车组转向架的解体和组装过程吗?需要多长时间和人力完成?试想一下如何解体动车组转向架。

(2)动车组构架是多厚的钢板焊接而成的什么样的结构?它都承受了哪些力的作用?

(3)转向架如何起到轴箱定位的作用?

(4)动车组轮对包含哪些部件?

(5)给你一个车轮,你知道轮毂、轮辐、轮辋、踏面、轮缘的具体部位在哪吗?

(6)轴箱有什么作用?内部结构是什么?易发生哪些故障?

(7)动车组二系悬挂装置包含哪些部件?如何区分一系悬挂和二系悬挂?

(8)牵引电机是如何固定在转向架上的?

(9)你了解牵引电机是如何驱动轮对旋转的吗?

(10)你能找到转向架撒砂装置的位置吗?起什么作用?

自觉活动

(1)仔细阅读知识素材中关于CR400AF型动车组转向架的内容,回答和思考以上问题,并在文中对主要知识点做好标记。(180分钟)

(2)结合转向架实物或模型,分组练习,要求说出CR400AF型动车组转向架的每一处结构名称和作用。(180分钟)

知识素材

一、CR400AF 型动车组转向架简介

1. 概述

CR400AF 型动车组动车转向架型号为 SWM-400E1,拖车转向架型号为 SWT-400E1。转向架采用两轴无摇枕结构,LMA 踏面,沿用 H 形焊接构架、单牵引拉杆、盘形制动等成熟结构。两级悬挂转向架设置能够使轮对与构架、构架与车体整体起吊的装置。车轮直径 920 mm,动车 2 轮盘制动,拖车 3 轴盘制动,设安全冗余轴温监测、失稳监测。

CR400AF 型动车组转向架主要技术参数见表 4-1。

表 4-1　转向架主要技术参数

项　　目	参　　数
最大设计轴重	≤17 t
固定轴距	2 500 mm
轴颈中心距	2 000 mm
空簧上表面高	980 mm
轮对内侧距	$1\ 353^{+2}_{0}$ mm
空簧跨距	2 360 mm
车轮直径	新轮 920 mm,磨耗到限 850 mm
空心车轴内孔直径	Φ30 mm
转向架自重	动车 8.8 t,拖车 6.7 t

2. 转向架结构

转向架主要零部件及结构动车转向架一致,拖车转向架一致。主要区别在于附件安装:

(1)扫石器:Tc01、Tc00 车 1 轴。

(2)撒砂装置:Tc01、Mh04、Mb05、Tc00 车 1 轴。

(3)速度传感器:各车的 2、4、6、8 位轴端,ATP 用传感器在 Tc01 车和 Tc00 车的 4、6、8 位轴端。

(4)轴端接地装置:Tc01 车和 Tc00 车 1、7 位轴端以及 Tp03 车和 Tp06 车 1、3、5、7 位轴端。

动车转向架主要由构架、轮对轴箱装置、二系悬挂、驱动装置、基础制动装置和踏面清扫装置等部分组成,如图 4-69 所示。

拖车转向架主要由构架、轮对轴箱装置、二系悬挂、基础制动装置、踏面清扫装置等部分组成,如图 4-70 所示。

二、构　　架

构架是转向架的骨架,用以联系(安装)转向架各组成部分和传递各方向的力,并用来保持车轴在转向架内的位置。

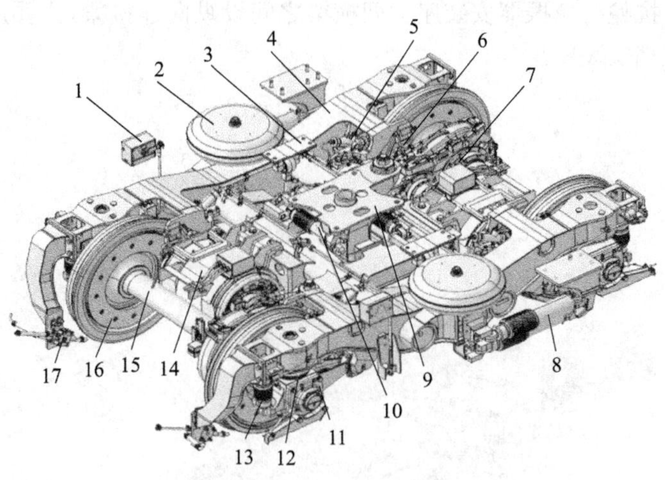

图 4-69　动车转向架结构

1—高度阀；2—空气弹簧；3—抗侧滚扭杆；4—构架；5—踏面清扫装置；6—制动夹钳；7—齿轮箱；8—抗蛇行减振器；9—牵引拉杆座；10—横向减振器；11—轴箱；12—钢弹簧；13—垂向减振器；14—牵引电机；15—轮对；16—轮装制动盘；17—撒砂装置

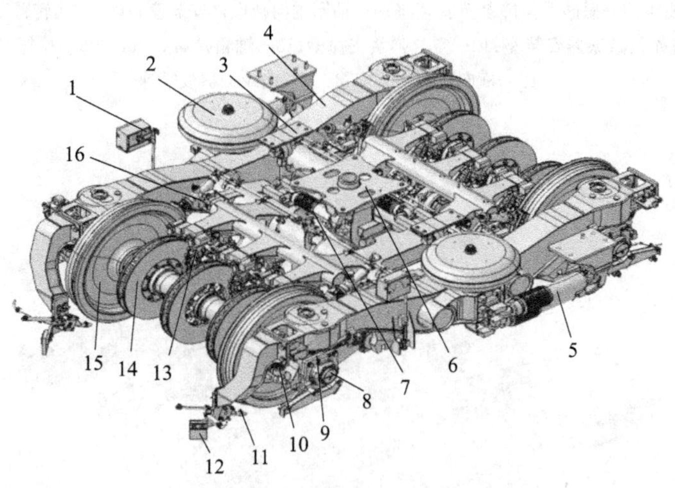

图 4-70　拖车转向架结构

1—高度阀；2—空气弹簧；3—抗侧滚扭杆；4—构架；5—抗蛇行减振器；6—牵引拉杆座；7—横向减振器；8—轴箱；9—钢弹簧；10—垂向减振器；11—撒砂装置；12—排障装置；13—制动夹钳；14—轴装制动盘；15—轮对；16—踏面清扫装置

CR400AF 型动车组转向架构架沿用成熟 H 形焊接结构，两侧为对称的箱形侧梁，中间通过两无缝钢管横梁连接组成，横梁中部设有两箱形纵向连接梁，外侧为空气弹簧支撑梁。在横梁上焊接有各功能吊座结构。对于动车构架有电机吊座、齿轮箱吊座，拖车构架主要为轴盘制动吊座、牵引拉杆座。动车构架侧梁上焊接有轮盘制动吊座。构架材料主要为耐候钢板和钢管。动车构架、拖车构架分别如图 4-71、图 4-72 所示。

构架侧梁内设有筋板，以提高侧梁承载刚度，并在侧梁外侧及两横梁间设置空气弹簧支承梁，两支承梁分别与两横梁连通，共同组成空气弹簧附加气室，为了安装抗蛇行减振器，在空气弹簧支承梁上设有抗蛇行减振器安装座。两横梁之间设纵向连接梁，主要用于设置横向减振器安装座及横向止挡安装座。

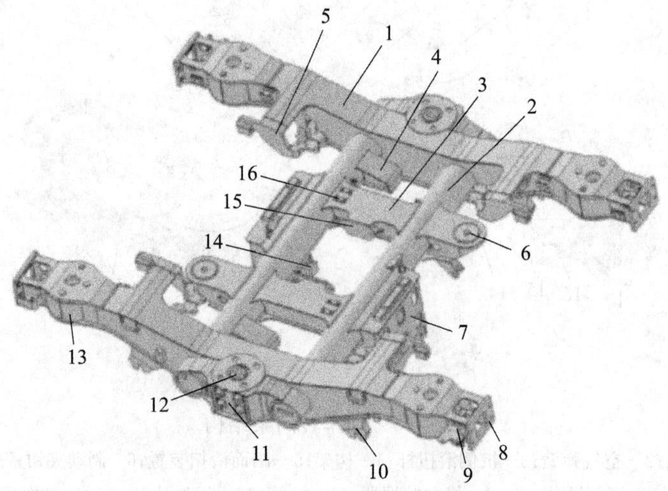

图 4-71 动车转向架构架

1—侧梁；2—横梁；3—纵向连接梁；4—抗侧滚扭杆安装座；5—制动及踏面清扫装置安装座；6—齿轮箱吊座；7—牵引电机安装座；8—撒砂及排障装置安装座；9—轴箱垂向减振器安装座；10—轴箱转臂定位节点安装座；11—抗蛇行减振器安装座；12—空气弹簧支撑梁；13—轴箱弹簧筒；14—牵引拉杆安装座；15—横向止挡安装座；16—横向减振器安装座

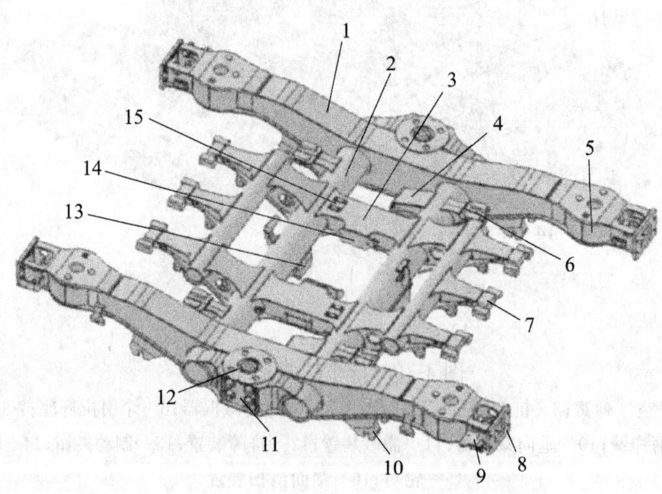

图 4-72 拖车转向架构架

1—侧梁；2—横梁；3—纵向连接梁；4—抗侧滚扭杆安装座；5—轴向弹簧筒；6—踏面清扫装置安装座；7—制动装置安装座；8—撒砂及排障装置安装座；9—轴箱垂向减振器安装座；10—轴箱转臂定位节点安装座；11—抗蛇行减振器安装座；12—空气弹簧支撑梁；13—垂向止挡安装座；14—横向止挡安装座；15—横向减振器安装座

三、轮对轴箱装置

轮对轴箱定位装置由轮对组成、轴箱、一系定位装置等组成，其中动车转向架轮对轴箱装置如图 4-73 所示，拖车转向架轮对轴箱装置如图 4-74 所示。

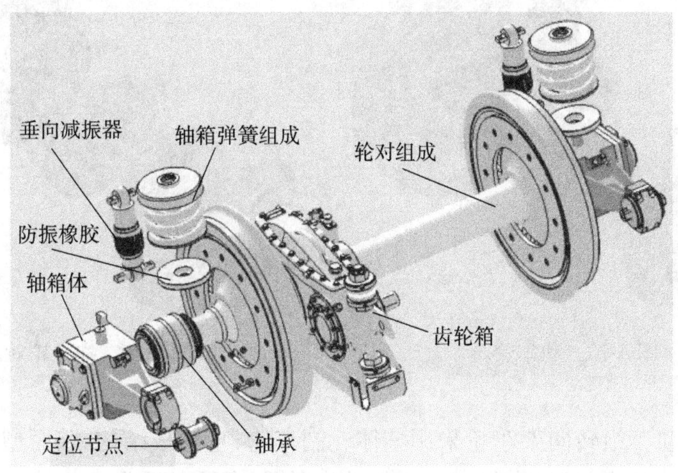

图 4-73 动车转向架轮对轴箱装置

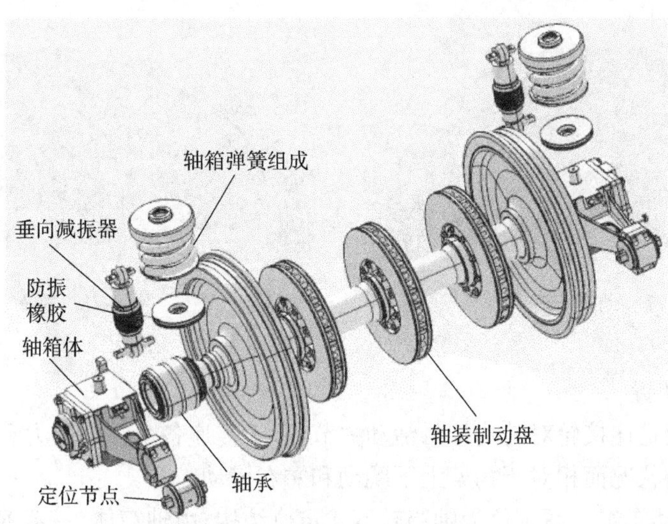

图 4-74 拖车转向架轮对轴箱装置

1. 轮对组成

CR400AF 型动车组转向架轮对分为动车轮对和拖车轮对。动车轮对由车轴、车轮(带有制动盘,简称轮盘)、齿轮装置及轴承构成,如图 4-75 所示。拖车轮对由车轴(带制动盘,简称轴盘)、车轮及轴承构成,如图 4-76 所示。为确保安全性和可靠性,车轮、大齿轮、轴盘等采用冷压法压装到车轴上。此外,动车轮对因轴端安装不同速度传感器齿轮而略显差异。由于采用了带自密封的轴承,因此轴承可预先压装在轴颈上。轮对组成后,需逐个进行动平衡试验。

CR400AF 型动车组转向架车轴为保证强度的同时减轻质量,采用空心车轴使超声波探头可以直接穿过该通孔,使探伤容易。

图 4-75　动车轮对　　　　图 4-76　拖车轮对

CR400AF 型动车组转向架车轮采用整体轧制车轮，直辐板结构，踏面型式为 LMA。动车车轮安装轮盘，拖车车轮不安装制动盘。新造车轮滚动圆直径为 920 mm，最大磨耗直径为 850 mm。在靠轮辋轮缘侧面 850 mm 圆周上，设有磨耗到限标记。动、拖车车轮结构分别如图 4-77、图 4-78 所示。

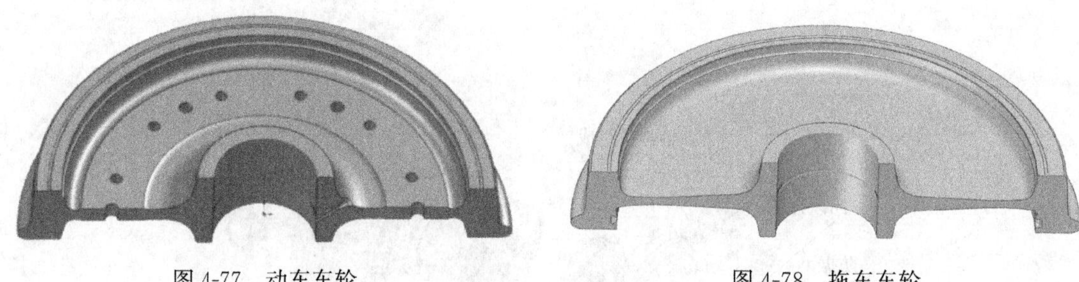

图 4-77　动车车轮　　　　图 4-78　拖车车轮

2. 一系定位装置

一系定位装置是连接轮对与构架的活动关节，除了传递各个方向的力和振动外，必须保证轮对能够适应线路状况而相对于构架上下跳动和左右横动。

CR400AF 型动车组一系定位为轴箱转臂式定位结构，由轴箱体、一系钢弹簧、一系垂向减振器、定位节点等组成，如图 4-79 所示。轴箱体上部为双圈螺旋钢弹簧，前端与构架间设置垂向减振器以吸收车辆振动能量。后部通过橡胶定位节点与构架连接。轴箱端部设置有速度传感器、接地装置等，不同轴位安装的部件不同。轴箱与构架间设有提吊装置，可防止构架异常抬升，同时起到吊装轮对作用。

3. 轴箱

CR400AF 型动车组采用轴箱与转臂一体式结构，轴箱体为分体式结构，上下箱体通过螺栓连接，更换轮对时可拆除轴箱下半部分。取消后盖，前盖压紧。垂向减振器安装在上转臂上，如图 4-80 所示。

除安装接地轴端(图 4-81)外，其他设前盖及防尘橡胶盖，车轴探伤无须拆前盖。未安装接地轴端结构如图 4-82 所示。

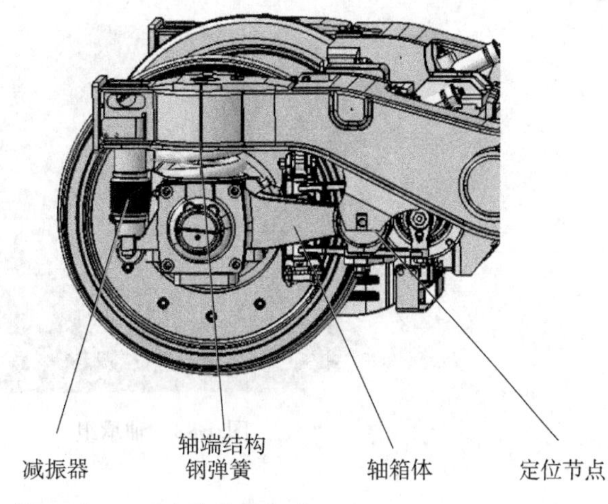

图 4-79　一系定位装置组成

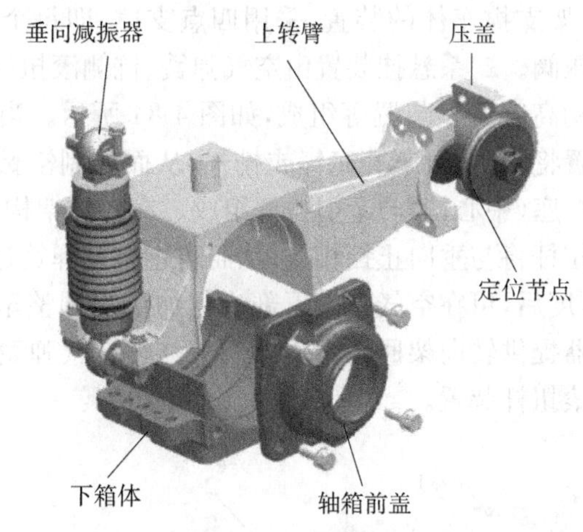

图 4-80　轴箱结构

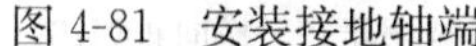

图 4-81　安装接地轴端　　　　图 4-82　未安装接地轴端

沿用双列圆锥滚子轴承，轻接触式自密封结构，如图 4-83 所示。基于统型设计，外形尺寸为 ϕ130 mm×ϕ240 mm×160 mm。设计寿命大于 240 万 km。轴承组由外圈、内圈组件、通气孔、防磨损垫板、油封圈和后盖组成，为预加润滑脂的全密封型单元轴承。

图 4-83　轴承组

四、二系悬挂装置

二系悬挂装置是转向架支撑车体的装置，采用四点支撑，即每个转向架设置两个空气弹簧、两个高度阀和一个差压阀。二系悬挂装置由空气弹簧、抗侧滚扭杆、二系横向油压减振器、单侧双抗蛇行减振器、自动高度调整装置等组成，如图 4-84 所示。当车体与构架间高度变化一定程度时，高度调整装置将动作，对空簧充气或排气，从而控制空簧高度。牵引方式采用单牵引拉杆方式，由牵引拉杆座（中心销）与牵引拉杆组成。在转向架构架上设有垂向止挡，当空气弹簧异常过充时，牵引拉杆将与垂向止挡相碰，从而防止空气弹簧过充使车体异常升高造成危害。当车轮磨耗一定程度后，可在空气弹簧下部进行加垫以调整车体高度。由于是无摇枕转向架，通过抗蛇行减振器提供转向架回转力矩。为了弥补空气弹簧垂向刚度下降导致抗侧滚刚度降低，加装了抗侧滚扭杆装置。

图 4-84　二系悬挂装置

1—横向减振器；2—牵引拉杆座；3—空气弹簧组成；4—抗蛇行减振器；5—横向止挡；6—牵引拉杆；7—抗侧滚扭杆组成；8—高度阀

车体重量通过空气弹簧传递给转向架，除支承车体载荷外，空气弹簧还可以隔离转向架构架的振动，并在通过曲线过程中通过变位实现车体与转向架间的相对旋转和横移。因此，空气弹簧是二系悬挂中的关键零部件，是影响车辆的运行平稳性的关键因素。纵向力（牵引力或制动力）由单牵引拉杆传递，而横向力则由空气弹簧和横向缓冲橡胶止挡共同传递。

1. 空气弹簧系统

空气弹簧系统主要由空气弹簧及其附属的高度调整阀、差压阀、附加气室等组成。

(1)空气弹簧

①空气弹簧装置系统组成

一般空气弹簧装置由列车主风管、T 形支管、截断塞门、滤尘止回阀、空气弹簧储风缸、连接软管、高度控制阀、空气弹簧本体、差压阀和附加空气室等组成。空气弹簧系统工作原理如下（即压力空气传递过程）（图 4-85）：

压力空气由列车主风管 1→高度阀排风塞门 3→高度控制阀 4→空气弹簧排风塞门 2→空气弹簧 5→节流阀 8→附加空气室 7。

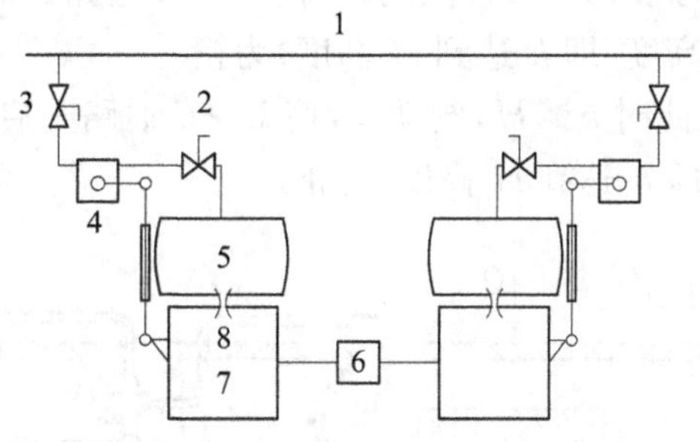

图 4-85　空气弹簧装置工作原理

1—列车主风管；2—排风塞门（空气弹簧）；3—排风塞门（高度阀）；4—高度控制阀；5—空气弹簧；6—差压阀；7—附加空气室；8—节流阀

②空气弹簧结构

空气弹簧主要由橡胶气囊、上下盖板、橡胶堆等零部件组成，如图 4-86 所示。空气弹簧采用上进气设计，压缩空气经过高度调整阀进入橡胶气囊和构架内腔形成的附加空气室，橡胶气囊和附加空气室间设节流孔，空气通过节流孔时产生的节流效应构成二系悬挂的垂向阻尼。

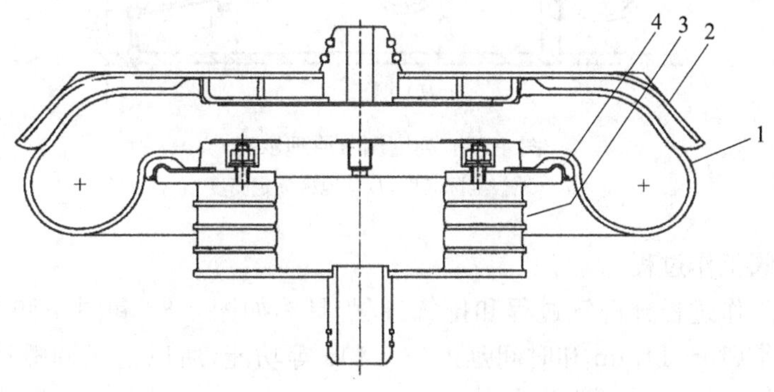

图 4-86　空气弹簧

1—橡胶气囊；2—上盖板组成；3—橡胶堆；4—下盖板组成

橡胶气囊底部的橡胶堆作用是在车体与转向架产生大位移时补偿橡胶气囊本身的变位不足，并且在空气弹簧橡胶气囊出现故障条件下仍具有一定的弹性，下盖板上贴有摩擦系数很小的聚四氟乙烯滑动面板，允许上下盖板之间产生相对纵横向位移，起到应急弹簧的作用。产品需要进行规定的特性试验和其他型式试验。

(2)高度调节阀

①高度调节原理

为了保持车体距轨面的高度不变，在车体与转向架间装有高度调节阀，调节空气弹簧橡胶囊中的压缩空气(充气、放气或保持压力)，使车辆地板面不受车内乘客的多少和分布不均的影响，始终保持水平。

调节原理如图 4-87 所示：

a. 在正常载荷位置，即 $h=H$ 时，充气通路 V→L 和放气通路 L→E 均被关闭。

b. 当车体载荷增加时，此时 $h<H$，阀动作，使 V→L 通路开启，压缩空气向空气弹簧充气，直至地板面上升到标定高度(即 h 达到 H 高度)为止。

c. 当车体载荷减小时，此时 $h>H$，阀动作，使 L→E 通路开启，空气弹簧向大气排气，直至地板面下降到标定高度(即 h 达到 H 高度)为止。

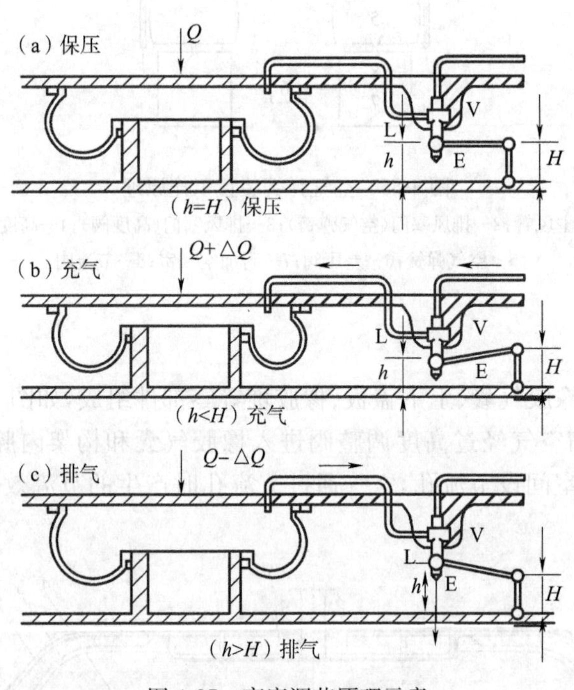

图 4-87 高度调节原理示意

h—地板实际高度；H—地板标定高度

②高度调整阀工作过程

高度调整阀工作过程分进气过程和排气过程，具体如图 4-88 和图 4-89 所示。由于高度调整阀具有不感带(10±1)mm 和时间延迟(3±1)s 等功能，所以上述调整只在静态时进行，不会影响车体与转向架间的正常振动。

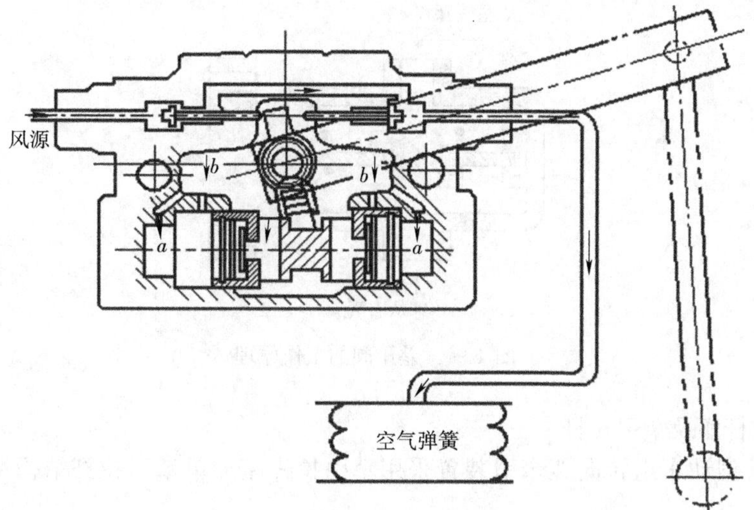

图 4-88　载荷增加——进气过程

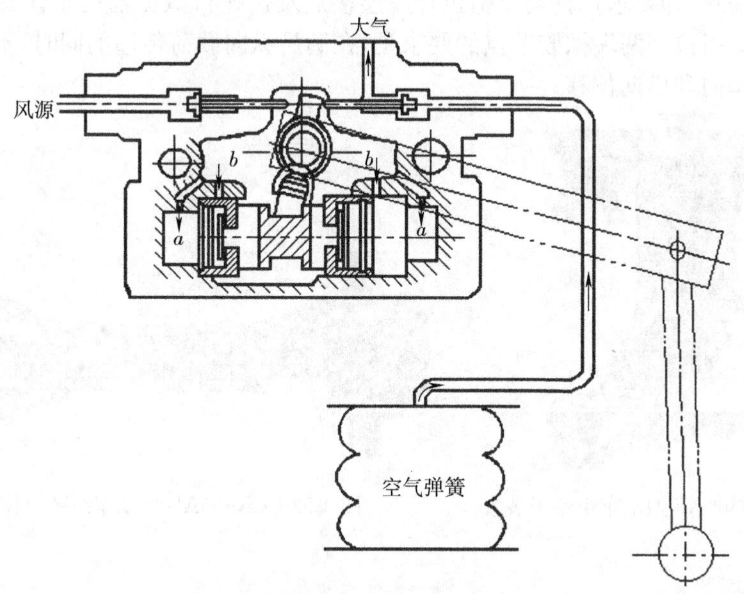

图 4-89　载荷减少——排气过程

(3)差压阀

每台转向架的两只气囊都通过差压阀相连，两侧压力差超限时会将两侧连通，如图 4-90 所示。如果气囊突然破裂或毁坏，差压阀将开通，使转向架的两只气囊压力保持平衡。这可防止客车由于一只气囊充气而另一只气囊没有充气而向一边严重倾斜。

之所以用差压阀而不直接用一根气管将左右两只气囊连通起来是因为：

①在曲线上时，左右两只气囊必须保证一定的压差，否则车体将会发生倾斜。

②车体左右摇摆振动时，也必须保证一定的压差，否则将加剧摇摆。

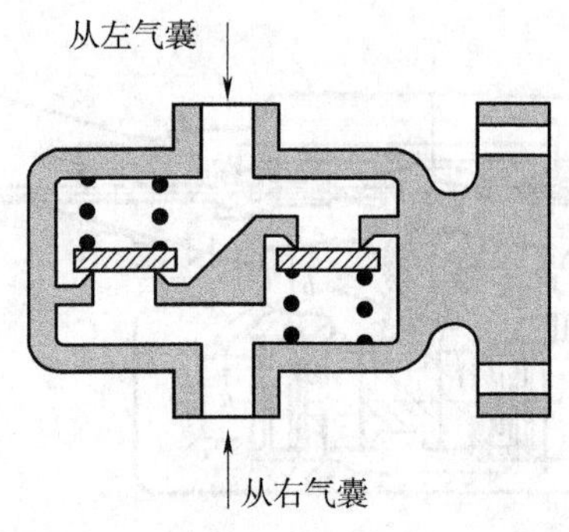

图 4-90　差压阀的工作原理

2. 牵引拉杆座及牵引拉杆

CR400AF 型动车组转向架牵引装置采用牵引拉杆座加单牵引拉杆结构型式，如图 4-91 所示。

牵引拉杆由单牵引拉杆及其两端压装的牵引拉杆节点组成，单牵引拉杆采用整体锻造而成，如图 4-92 所示。牵引拉杆的安装有方向性要求，其设计原则是要求与两侧的抗蛇行减振器的方向保持一致，即要求拉杆与牵引拉杆座连接点及抗蛇行减振器的车体安装点处于车体中心一侧。对牵引拉杆两端橡胶节点的要求是，在满足纵向载荷传递的同时，不影响拉杆与中心销连接端的垂向和横向位移。

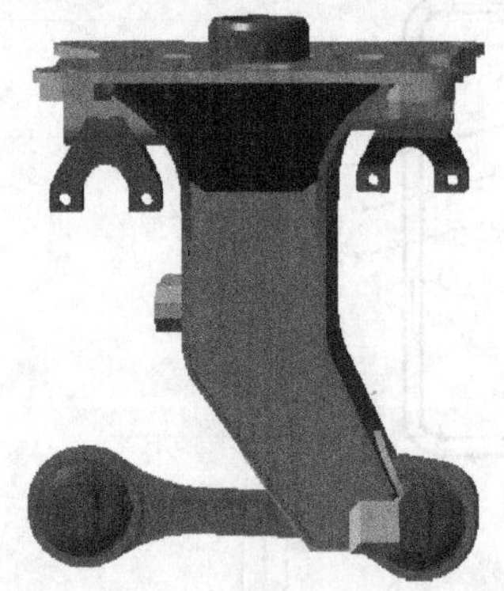

图 4-91　CR400AF 型动车组牵引装置

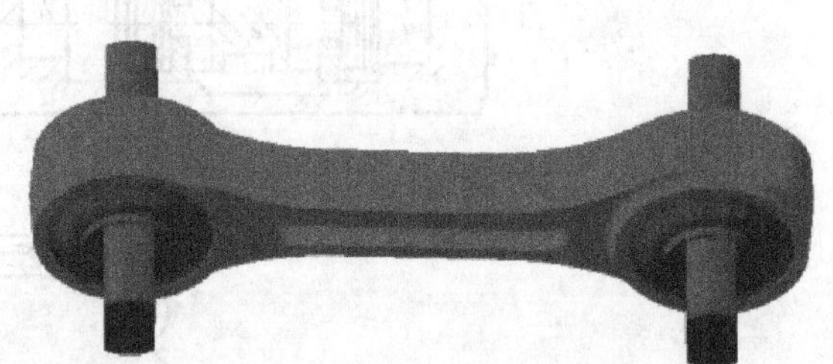

图 4-92　CR400AF 型动车组牵引拉杆

3. 横向减振器

为了改善动车组的振动性能，提高乘坐舒适度，在每辆车车体和转向架之间安装了半主动横向减振器，安装位置在牵引拉杆座和转向架横梁的纵向连接梁之间，如图 4-93 所示。

4. 抗蛇行减振器

抗蛇行减振器是为了防止动车组在高速运行时的蛇行失稳而专门设置的，它安装在转向架构架侧梁的外侧，呈纵向水平布置，也称纵向减振器。它可同时满足有效抑制蛇行失稳和利于通过曲线的要求。

5. 横向止挡

为了限制车体相对于转向架构架的横向移动量，在转向架横梁的纵向连接梁与中央牵引拉杆座设置横向止挡（图 4-94），单侧间隙为 40^{+2}_{0} mm。

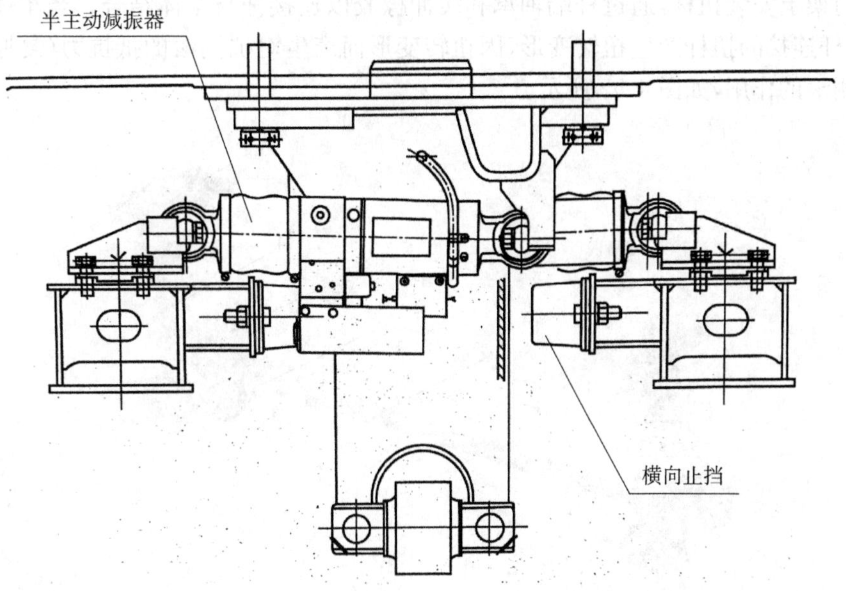

图 4-93　横向减振器及横向止挡

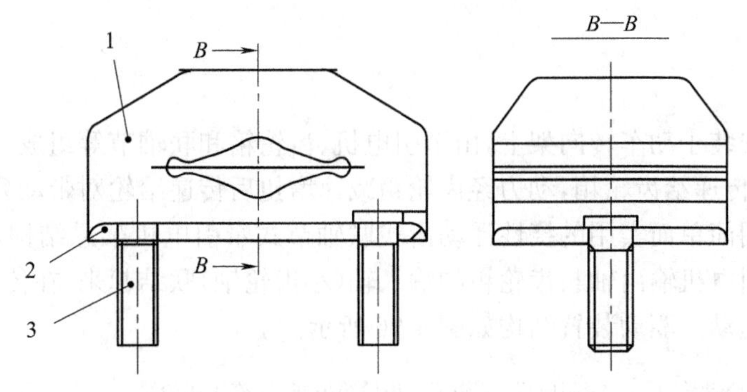

图 4-94　横向止挡

1—缓冲橡胶块；2—连接板；3—固定螺栓

当车体与转向架之间的横向位移超过 40 mm 时，牵引拉杆座侧面与横向止挡接触，继而产生反向压缩力，以限制其横向位移。该横向止挡实际上就是一块缓冲橡胶，且缓冲橡胶呈非线性特性，刚度随挠度的增加逐渐提高。

6. 垂向止挡

如果空气弹簧产生缺陷，作为异常上升情况下的防过冲设计，当车体上升 70 mm 时，牵引拉杆端头与动车构架横梁上垂向止挡（单侧，牵引拉杆与牵引拉杆座相连一侧）接触，能够防止空簧异常上升。

7. 抗侧滚扭杆装置

抗侧滚扭杆装置就是：对于车辆所要求的侧滚刚度，仅靠空气弹簧的垂向刚度依然不能满足其要求时发挥作用的装置。当为了提高乘坐舒适度而降低空气弹簧的垂向刚度时，则侧滚刚度也随之降低，而采用该装置能够有效提高侧滚刚度。

在转向架上安装扭杆，通过杆端轴承和缓冲橡胶以连接杆与车体结合。当车体发生侧滚时，以连接杆连接的扭杆产生扭转变形，因扭转变形而产生对抗侧滚的抵抗力(复原力)，从而起到抑制侧滚的作用，如图 4-95 所示。

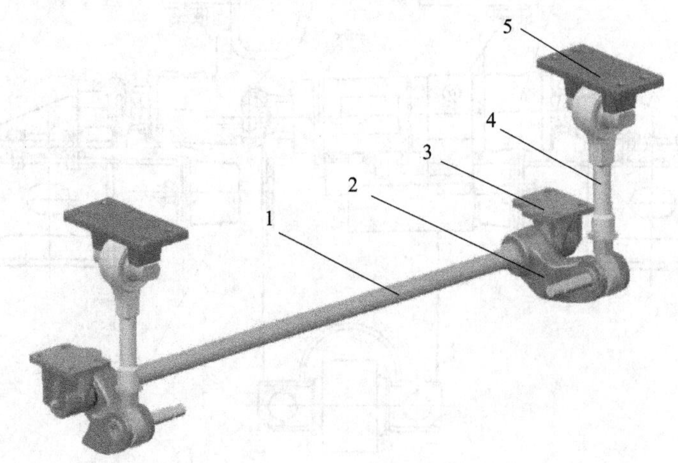

图 4-95　抗侧滚扭杆装置

1—扭杆；2—转臂；3—转向架支撑座；4—连接杆；5—车体安装座

五、驱动装置

驱动装置仅安装于动车转向架上，由牵引电机、齿轮箱和联轴节等组成。牵引电机产生动力，动力经联轴节传递给齿轮箱，动力经齿轮箱减速增扭后传递给轮对带动列车前进。

驱动装置采用简单而实用的挠性浮动齿式联轴节式牵引电机架悬结构，即通过挠性浮动齿式联轴节将牵引电机输出轴与齿轮箱的输入轴(小齿轮轴)联结起来，在传递扭矩的同时，允许两者间的相对运动。驱动装置结构如图 4-96 所示。

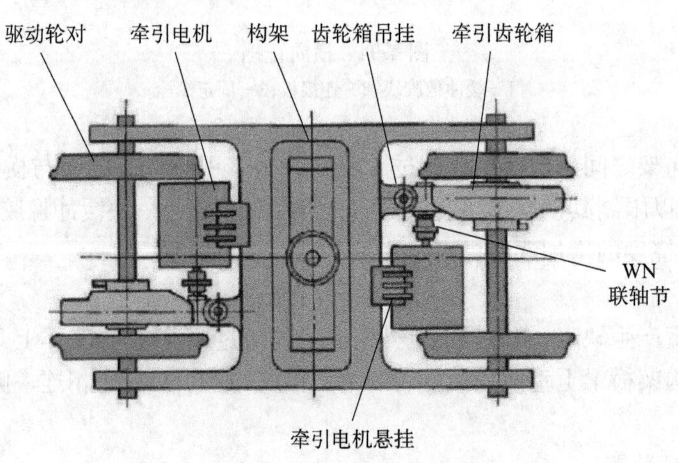

图 4-96　驱动装置结构示意

1. 牵引电机

CR400AF 型动车组的牵引电机(图 4-97)为强迫冷却通风三相鼠笼式异步牵引电动机，安装在02、04、05、07车转向架轮上，转向架上两台电机采用斜对称布置，采用螺栓刚性吊挂方式，前端在车轴上方设有止落结构，如图4-98所示。牵引电机主要由转子、定子、轴承、速度传感器、温度传感器等组成。在驱动端轴承、非驱动端轴承、铁芯部位各安装1个温度传感器，在非传动端安装了1个转速传感器。额定功率625 kW，最大扭矩3 100 N·m，质量745 kg。

图4-97 牵引电机

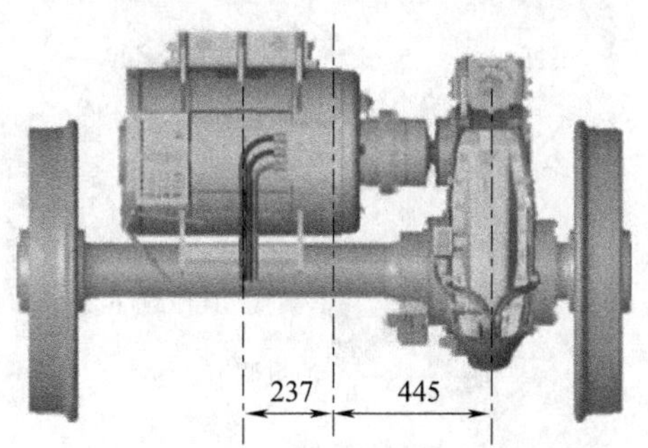

图4-98 牵引电机位置示意(单位:mm)

2. 齿轮箱

齿轮箱为单级传动，一侧通过轴承安装在车轴上，另一侧采用饼状垂直吊杆安装在构架上，吊杆两端均设有橡胶减振结构隔离轨道冲击，吊杆上下均可拆装，如图4-99所示。齿轮箱的作用是对主电动机的高速旋转进行减速增扭后，传递给车轴。该型齿轮箱传动比为2.517，大小齿中心距为382 mm。

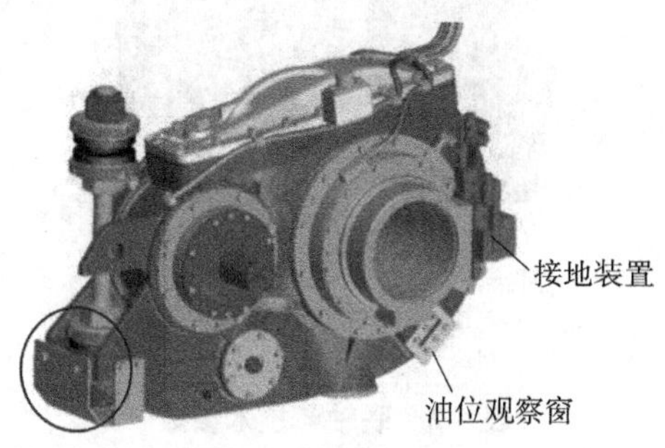

图4-99 齿轮箱

齿轮箱由箱体、大齿轮、小齿轮、轴承、悬吊装置、通气装置、接地装置、油位表构成，如图4-100所示。

3. 联轴节

CR400AF型动车组采用鼓形齿联轴节，将轴箱弹簧上的主电动机侧的电机轴和轴箱弹簧下齿轮箱的小齿轮轴连接，准许两轴相对运动同时能传递动力，设过扭矩保护功能(7 000~12 000 N·m)。

齿式联轴节(图4-101)是用以传递扭矩和旋转运动的一种联轴节。它可通过滑移运动对所联两轴线间相对的轴向、径向、角向位移实现补偿。齿式联轴节由两个半联轴节组成，其中一个半联轴节通过压装组装到牵引电机轴上，另半个联轴节通过压装组装到主动齿轮轴上，两半联轴节之间通过螺栓连接在一起。牵引电机通过齿式联轴节将牵引动力传给齿轮箱，并通过齿轮箱传递到车轴，驱动轮对联轴节相关技术参数见表4-2。

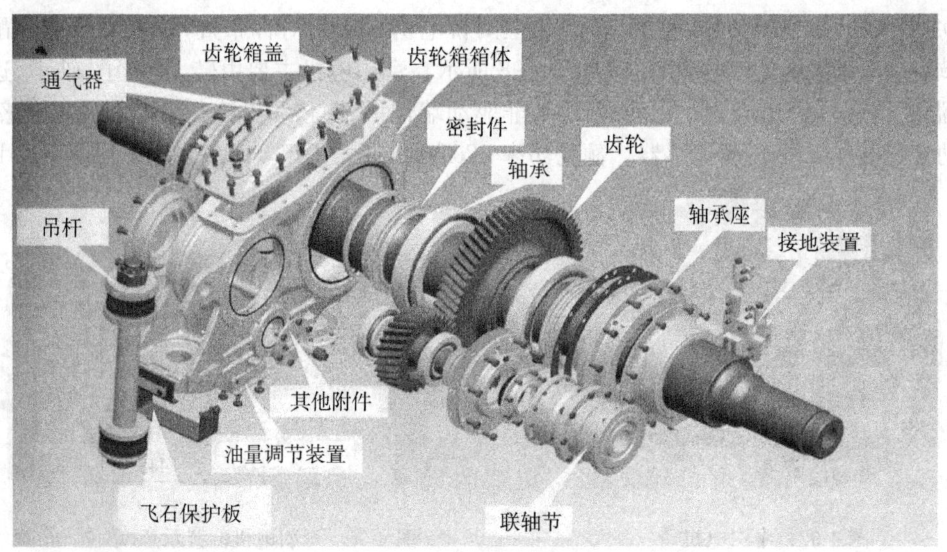

图 4-100　齿轮箱结构

图 4-101　联轴节

表 4-2　联轴节技术参数

工　况	轴向变位	径向变位
极限工况	±12 mm	16.5 mm
静态工况	±5 mm	16.5 mm
常用动态运行工况	±8 mm	11 mm

六、基础制动装置

CR400AF 型动车组采用盘形制动，粉末冶金闸片。动车每个转向架设 4 套轮盘制动装置，制动夹钳为气动式，闸片与制动盘间隙可调整。拖车每个转向架设 6 套轴盘制动装置。在所有拖车中间制动盘处设停放制动装置，即制动夹钳带停放制动功能。当需要手动缓解停放功能时，可通过设置于转向架两侧的手制动缓解装置进行缓解。闸片与夹钳的接口统一，可互换。

在转向架上设置有踏面清扫装置，其端部的研磨子与车轮踏面摩擦，从而起到稳定轮轨黏着的作用。

1. 基础制动装置

基础制动装置包括动车转向架的轮盘制动和拖车转向架的轴盘制动，如图 4-102 所示。动车转向架的每个轮上安装一套轮盘制动盘，制动半径约 305 mm；拖车转向架的每轴安装 3 个轴盘制动盘，制动半径约 252 mm。所有拖车轴除 01、00 车 1 位转向架外，均设 1 个停放制动单元，双侧手动缓解，共 12 套。制动盘不得涂抹防锈油，所有其他裸露金属表面都应涂抹防锈油。

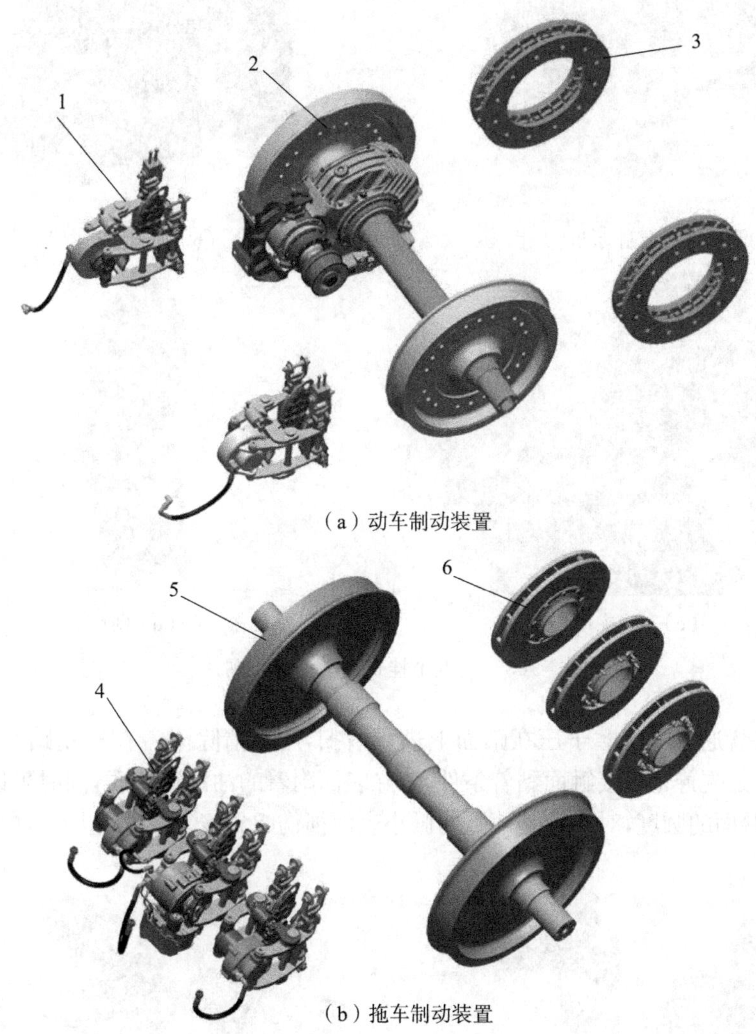

（a）动车制动装置

（b）拖车制动装置

图 4-102　动车制动装置与拖车制动装置

1—动车轮盘制动单元；2—动车轮对组成；3—动车轮装制动盘；4—拖车轴盘制动单元；5—拖车轮对组成；6—拖车轴装制动盘

CR400AF 型动车组采用三点吊挂式制动夹钳，如图 4-103 所示。

2. 踏面清扫装置

CR400AF 型动车组转向架在每个车轮的斜上方设置了踏面清扫装置，主要包括气缸和研磨子，由 4 根螺栓固定在转向架托架上，如图 4-104 所示。

（a）拖车带停放制动功能夹钳

（b）拖车普通夹钳

（c）动车夹钳

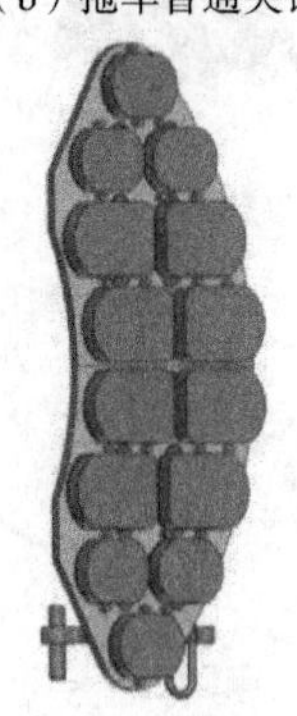

（d）闸片

图 4-103　三点吊挂式制动夹钳及闸片

踏面清扫装置通过将研磨子压在踏面上进行清扫，用于清除附着在车轮踏面上的尘埃、锈迹、油脂等，目的是改善轮轨接触面黏着条件，清除表面附着的油污等杂质，同时可以抑制车轮多边形，改善车轮踏面的圆度，对车轮踏面上的微小表面损伤起到修复作用，但不承担制动功能。

（a）动车踏面清扫器

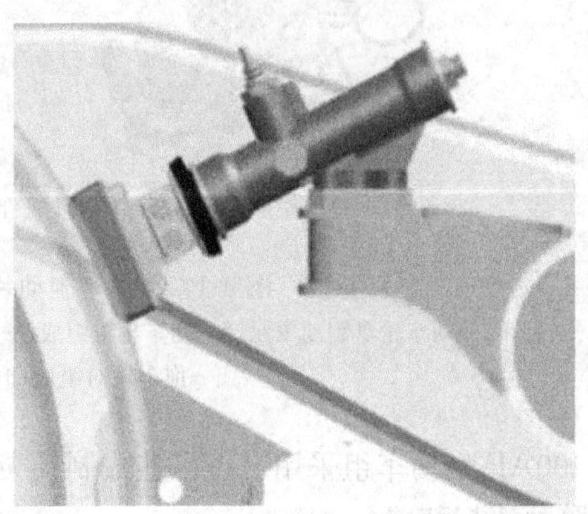

（b）拖车踏面清扫器

图 4-104　踏面清扫装置

踏面清扫装置为空气直动式，清扫装置的动作受控于踏面清扫控制系统的指令，踏面清扫的动作在车轮发生空转(驱动工况)、滑行(制动工况)和施行制动过程中速度在 30 km/h 以上这三种条件下施行。

七、转向架其他辅助装置

1. 温度传感器

在轴箱轴承、齿轮箱轴承、牵引电机轴承及铁芯上均设有温度传感器，列车运行中可实时检测温度，当温度超过限制值时列车可自动报警或采取停车措施。同时在轴箱体、齿轮箱体对应轴承位置设置有温度继电器。通过温度监控可减少由于轴承损坏带来的车辆运用事故。

2. 接地装置

在 01 车、00 车 1、7 位轴端，03 车、06 车 1、3、5、7 位轴端，设轴端接地装置，该装置由外壳、刷架、碳刷、摩擦盘、适配器、线缆及紧固件构成，如图 4-105 所示。

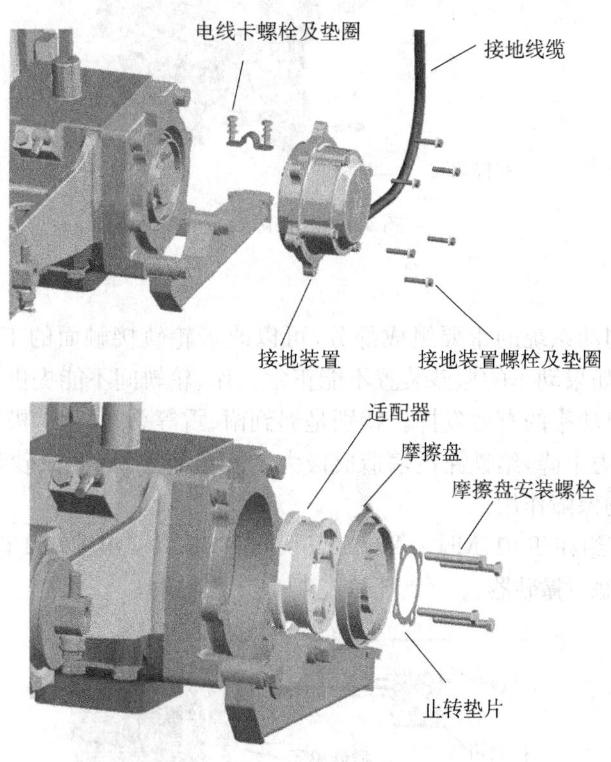

图 4-105 接地装置

3. 速度传感器

轴端速度传感器分别用于 BCU 系统和 ATP 系统，BCU 系统用速度传感器采用 TKD 或 HTSI 产品，安装在 01～00 车的 2 位侧轴端，ATP 系统用速度传感器型号为 HS22G5，安装在 01、00 车的 4、6、8 位轴端。

4. 转向架失稳监测装置(BIDS)

每个转向架 1、4 位构架端部设失稳检测传感器，转向架失稳监测装置(BIDS)是通过安装的水平加速度传感器检测到高速行驶的转向架发生了蛇行运动之后，通过各车 BIDS 控制装置传输给车辆信息终端装置，从而司机台 MON 显示器报转向架异常信息提示司机，并采取减速措施。

5. 排障装置

排障装置是为了排除线路上小的障碍物，从而保证车辆无障碍运行的装置，如图 4-106 所示。对于较大的障碍物，由设置在头车的排障器来排除，由于安装在车体上，排障器下部不能太靠近轨道面，太小的障碍物不能够排除掉，只能由转向架排障装置来排除。

转向架排障装置安装在侧梁端部，位于两头车靠近车端部的车轮外侧。排障板的前端部为天然橡胶及帆布材料。可排除钢轨上 10 mm 以上的可移动物。车轮磨耗后，可调整排障装置高度。

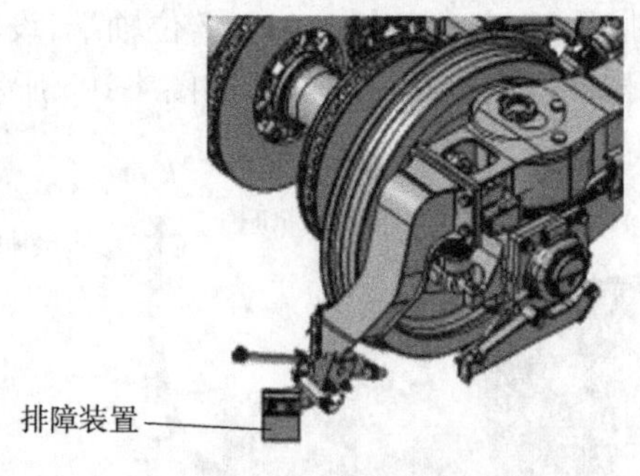

图 4-106　排障装置

6. 撒砂装置

撒砂装置作为制动系统的重要组成部分，可以改善轮轨接触面的工作环境，改善黏着系数，提高运行品质。如果动车的撒砂装置不能正常工作，轮轨间不能提供合理、有效的黏着力，将会大大降低动车组功率的有效发挥。特别是遇到雨、雪等恶劣气候，极易发生动车组轮对空转，致使动车组牵引力下降，给铁路运输造成极大的安全隐患，因此撒砂装置对动车组列车的安全运行起到一定的保障作用。

CR400AF 型动车组在 Tc01、Mh04、Mb05、Tc00 车 1 轴，共 4 根轴安装有撒砂装置(图 4-107)，根据列车的运行方向触发撒砂器。

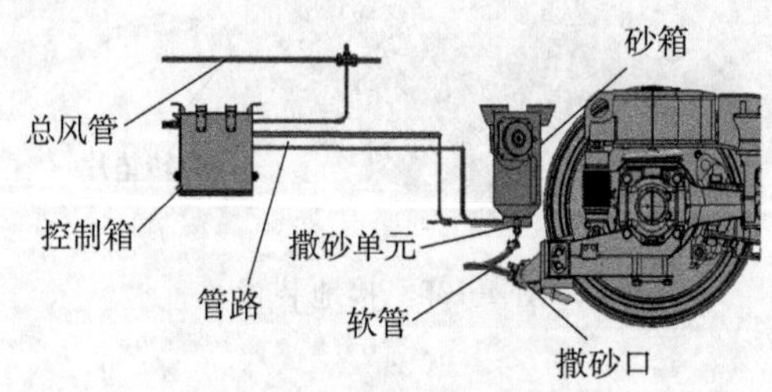

图 4-107　撒砂装置

效果评价

(1)结合转向架实物，老师事先准备转向架结构小纸条，随机抽查，请学生说出其结构名称和作用。

(2)请你制作 PPT,对转向架其中一个部分详细讲解。

思考题

1. 转向架的作用是什么?
2. 试述 CR400AF 型动车组转向架的组成及各组成部分作用。
3. 构架由哪些部分组成?
4. 轮对轴向装置由哪些部分组成?
5. 二系悬挂由哪些部分组成?
6. 驱动装置是如何驱动车辆前进的?

任务六　城市轨道交通车辆转向架认知

任务介绍

通过本任务的学习,熟悉构架的作用并了解由此对其提出的要求,掌握动车和拖车构架的异同;熟悉轮对的定义,明确其作用并了解由此对其提出的要求,牢记轮对相关参数;掌握驱动装置的作用并了解其部件组成;掌握轴箱装置的作用并了解由此对其提出的要求,熟悉不同的轴箱定位方式;掌握驱动装置的作用并了解其部件组成。掌握驱动装置的作用并了解其部件组成。通过郑州地铁一号线弹簧减振装置的学习,掌握其作用并了解部件组成。

问题引导

(1)你认为构架应该是什么样子的?
(2)结合转向架的结构特点,构架应符合哪些要求?
(3)你认为轮对是怎么装配起来的?
(4)你认为轮对应符合哪些要求?
(5)还记得城轨车辆的动力来源吗?
(6)你认为驱动装置应符合哪些要求?
(7)你认为轴箱的作用是什么?
(8)你认为轴箱装置应符合哪些要求?
(9)假设没有弹簧减振装置,我们乘坐城轨车辆会是什么状态?
(10)弹簧减振装置需要抑制哪些振动?

自觉活动

(1)仔细阅读本任务知识素材中的全部内容,并对重要内容做好标记。(175 分钟)

(2)归类总结拖车构架的要求。(20 分钟)

(3)归类总结轮对的组成。(20 分钟)

(4)归类总结驱动装置的工作原理。(20 分钟)

(5)归类总结轴箱装置的定位方式。(20 分钟)

(6)归类总结驱动装置的工作原理。(20 分钟)

(7)归类总结不同弹簧减振装置的工作原理。(20 分钟)

(8)归类总结驱动装置的工作原理。(20 分钟)

知识素材

一、构　　架

1. 构架的作用和要求

转向架构架的作用主要有:

(1)构架是转向架的基础,它把转向架的零、部件组成一个整体。

(2)承受、传递载荷及作用力,包括车辆自重及载重、纵向力、横向力。

(3)它的结构、形状和尺寸都应满足零、部件组装的要求(如制动装置、弹簧减振装置、轴箱定位装置等的安装)。

转向架构架的要求主要有:

(1)部分尺寸精度要求较高,使一些部件安装具有较高的定位精度,如轮对定位,使转向架达到较高的运行性能。

(2)便于各部件及附加装置的安装,包括轮对安装、传动齿轮装置的悬挂、牵引电机的安装、制动系统的安装。

(3)结构经过设计,具有足够高的强度,承受并传递牵引力、制动力、车体重量以及各种冲击、振动,保证列车运行安全。

2. 郑州地铁一号线转向架构架

郑州地铁一号线每个转向架上有 1 个构架,由两根侧梁和一根主横梁焊接而成的 H 形。动车构架如图 4-108 所示,拖车构架如图 4-109 所示。构架的材料采用低温压力容器用的低合金结构钢板 16MnDR,横梁为无缝钢管结构,无缝钢管采用低合金钢结构钢,构架焊接符合 EN 15085 标准。

侧梁是构架的主要承载梁,是传递垂向力、纵向力和横向力的主要构件,侧梁还用来确定轮对位置。侧梁为箱形封闭断面的 U 形梁,设计成中间凹的鱼腹形,以便空气弹簧有足够的安装空间,并焊有垂向减振器安装座、横向减振器安装座、抗侧滚扭杆安装座、转臂定位关节安装座等部件。

构架的横梁采用无缝钢管。用来保证构架在水平面内的刚度,使两轴平行并承托牵引电机等。

动车构架横梁上还焊有电机安装座、齿轮箱吊挂座等结构;拖车构架横梁上焊有信号天线安装座等结构。

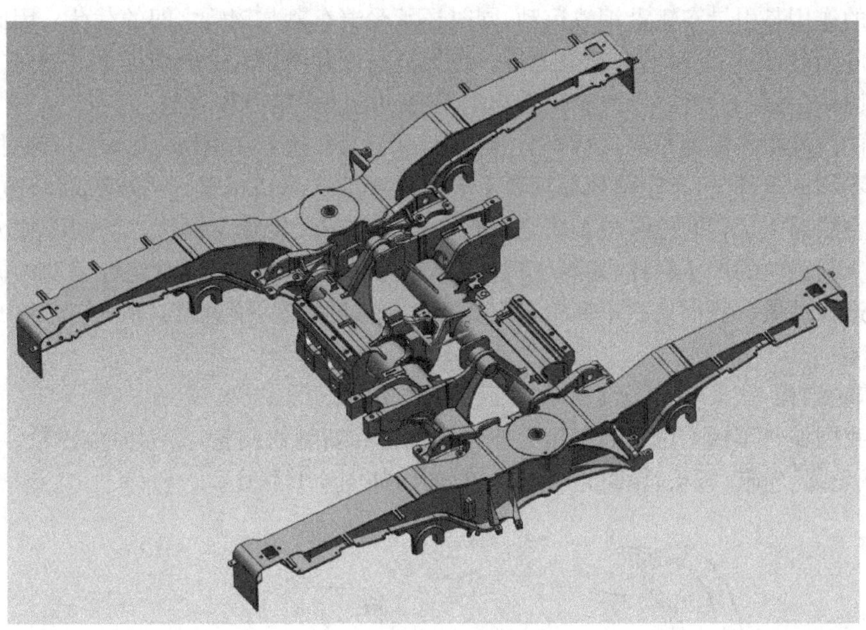

图 4-108　动车构架

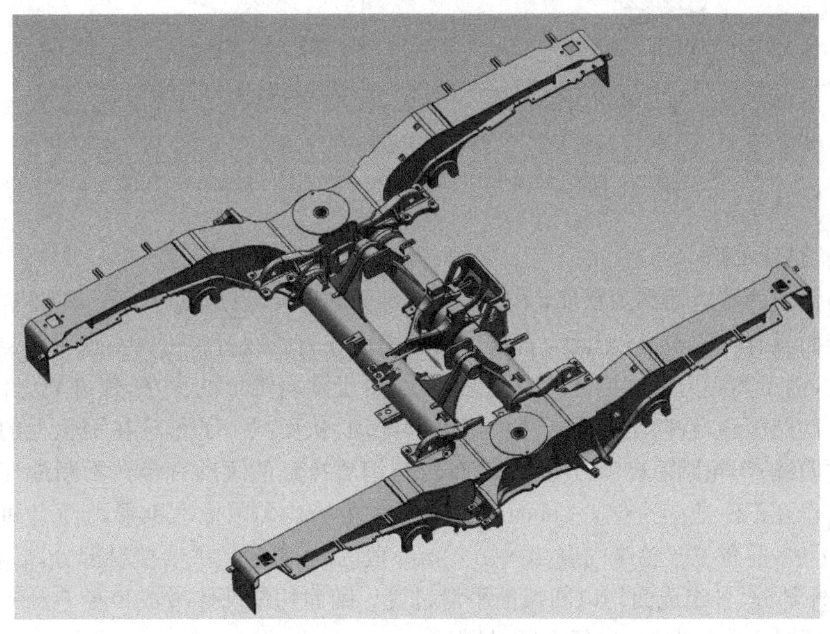

图 4-109　拖车构架

二、轮　　对

1. 轮对的作用和要求

轮对由一根车轴和两个车轮组成，组装时采用过盈配合，在轮轴顶压机上将两个车轮压装至车轴的两端。

轮对的作用是引导车辆沿钢轨运动，同时还承受着车辆与钢轨之间的载荷。因此，轮对应具有足够的强度，以保证车辆的安全运行。在保证强度和使用寿命的前提下，应减轻轮对的重量，并使其具有一定的弹性，以减少车轮与钢轨之间的动作用力和磨耗。

轮对的内侧距是保证车辆运行安全的一个重要参数，轮对在钢轨上滚动时，轮对内侧距应保证在最不利的条件下，车轮踏面在钢轨上仍有足够的安全搭接量，不致造成掉道，同时还应保证车辆在线路上运行时轮缘与钢轨之间有一定的游隙。轮缘与钢轨之间的游隙太小，可能会造成轮缘与钢轨的严重磨耗；轮缘与钢轨之间的游隙太大，会使轮对蛇行运动的振幅增大，影响车辆运行品质。我国地铁车辆轮对内侧距有严格的规定：轮对内侧距为(1 353±2)mm。

2. 车轮

(1)车轮结构

目前我国城轨车辆上使用的车轮为整体辗钢轮和新型铸钢轮，简称为整体轮。整体车轮包括踏面、轮缘、轮辋、辐板、轮毂、辐板孔、轮毂孔，如图 4-110 所示。

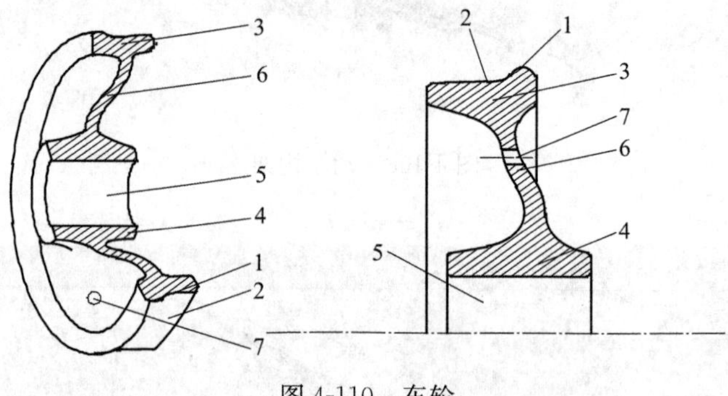

图 4-110　车轮

1—轮缘；2—踏面；3—轮辋；4—轮毂；5—轮毂孔；6—辐板；7—辐板孔

(2)车轮踏面外形

车轮与钢轨的接触面称为踏面，主要有锥形踏面和磨耗型踏面。

锥形踏面具有一定斜度，切面为直线。锥形踏面在直线运行中可以实现轮对自动对中，在曲线运行时，由于离心力的作用使轮对偏向外轨，由于踏面锥形的存在，使外轨上滚动的车轮以较大的滚动圆滚动，在内轨上以较小的滚动圆滚动，从而减少了车轮在钢轨上的滑动，使轮对顺利通过曲线；车轮踏面有斜度，运行时车轮与钢轨接触的滚动直径在不断地变化，致使轮轨的接触点也在不停地变换位置，从而使踏面磨耗更为均匀。标准锥形踏面有两个斜度，即 1∶20 和 1∶10，前者位于轮缘内侧 48～100 mm 范围内，是轮轨主要接触部分，后者为离内侧 100 mm 以外部分，各组成面均以圆弧面平滑过渡。踏面的最外侧做成半径 6 mm 的圆弧，其作用是便于通过小半径曲线，也便于通过辙叉。

除了锥形踏面外，在研究轮轨磨耗的基础上又提出了磨耗型踏面。实践证明，锥形踏面车轮的初始形状，运行中将被很快磨耗。当磨耗成一定形状后，车轮与钢轨的磨耗都变得缓慢，踏面形状将处于相对稳定。如果新造轮踏面制成类似磨耗后相对稳定的形状，即磨耗型踏面，如图 4-111 所示，则在相同的走行公里下，可明显地减少踏面的磨耗量，延长轮对的使用寿命，减少换轮、旋轮的工作量，其经济效益是十分明显的。磨耗型踏面可减小轮轨接触应力，提高车辆运行的横向稳定性和抗脱轨安全性。

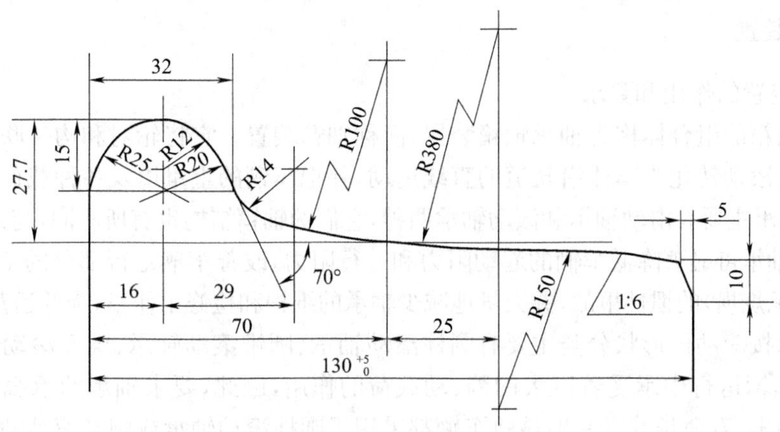

图 4-111　磨耗型踏面及轮缘外形(单位:mm)

3. 郑州地铁一号线轮对

郑州地铁一号线每个转向架上有 2 个轮对。轮对是转向架上的走行部件,承受所有的静态和动态载荷,传递制动力和牵引力(动车轮对)。按是否安装齿轮箱区分为动车轮对和拖车轮对两种,分别如图 4-112、图 4-113 所示。

图 4-112　动车轮对

图 4-113　拖车轮对

采用全加工的 S 形辐板整体辗钢车轮,并加装降噪阻尼环,如图 4-114 所示。

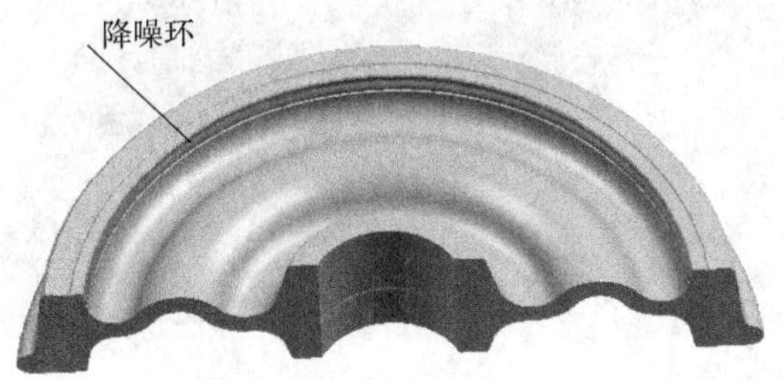

图 4-114　轮对降噪环

轮对设计符合 EN 13260 标准。车轴按 EN 13104、EN 13103、EN 13261 等标准进行设计、制造,材质为 EA1N;车轮按 EN 13262、EN 13979 等标准进行设计、制造,踏面符合 EN 13715 标准,材质为 ER9,与所用的轨道型面、硬度均匹配合理。

三、轴箱装置

1. 轴箱装置的作用和要求

轴承与轴箱的组合体称为轴承轴箱装置，简称轴箱装置。它将轮对和构架联系在一起，使轮对沿钢轨的滚动转化为车体沿轨道的直线运动，并把车辆的重量以及各种载荷传递给轮对。

车辆用轴承主要有滑动轴承和滚动轴承两种，它们的轴箱结构也有所不同，与滑动轴承相比较，采用滚动轴承可显著降低车辆的起动阻力和运行阻力，改善车辆走行部分的工作条件，减少燃轴(轴箱轴承烧损)的惯性事故，并大量地减少轴承的维护和检修工作量，降低运营成本。

滚动轴承按滚动体形状分类主要有圆柱滚动轴承、圆锥滚动轴承、球面滚动轴承等几种。由于轴承在车辆运行中承受着巨大的静、动载荷的作用，因此，要求轴承的承载能力大、强度高、耐振、耐冲击、寿命长等。一般城轨车辆都采用了圆柱滚动轴承或圆锥滚动轴承。

2. 轴箱定位装置

约束轮对与轴箱之间相对运动的机构称为轴箱定位装置，它对转向架的横向动力性能、抑制蛇行运动具有决定性作用。

轴箱定位装置在纵向和横向具有适当的弹性定位刚度值，从而可避免车辆在运行速度范围内蛇行运动失稳，保证在曲线运行时具有良好的导向性能，减轻轮缘与钢轨的磨耗和噪声，确保运行安全和平稳性。

常见的定位装置的结构形式有：拉板式定位、拉杆式定位、转臂式定位、层叠式橡胶弹簧定位、导柱定位。

3. 郑州地铁一号线轴箱装置

郑州地铁一号线轮对的每个轴端都安装了轴箱。轴箱装置起支撑转向架构架及一系悬挂、传递牵引力和制动力等作用，主要由轴箱体、轴承、压盖、防尘圈、外端盖及轴端电气装置等组成。轴箱组装的如图 4-115、图 4-116 所示。

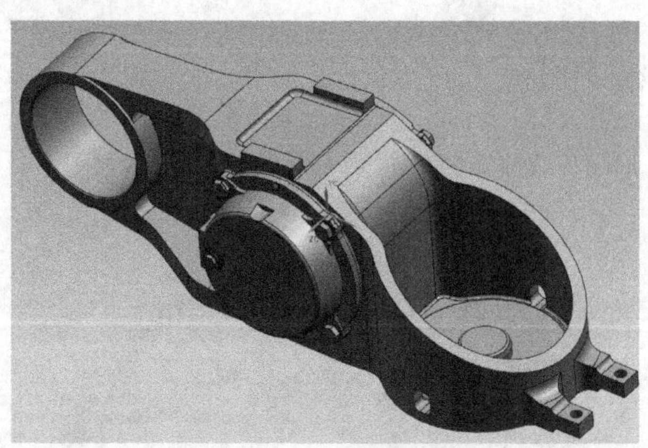

图 4-115　轴箱装置示意

采用轴箱外置式无摇枕转向架。轴箱轴承采用 CTBU 整体式圆锥滚子轴承，正常使用条件下轴承在架修期内不需要进行维护和添加油脂。

轴箱定位方式为转臂式定位(图 4-117)，又称弹性铰定位，定位转臂的一端与圆筒形轴箱体固接，另一端以橡胶弹性节点与构架上的安装座相连接。

图 4-116　轴箱装置内部结构示意

图 4-117　轴箱装置转臂式定位

弹性节点允许轴箱与构架在上下方向有较大的位移，弹性节点内的橡胶件设计成使轴箱在纵向和横向具有适宜的不同的定位刚度的要求。轴箱体采用 C 级钢铸造，其化学成分、机械性能、金相组织等均按 TB 2942 进行严格控制。

四、驱动装置

1. 郑州地铁一号线驱动装置

郑州地铁一号线每个动车转向架上斜对称地布置有 2 套驱动装置。驱动装置由电机、联轴节、齿轮箱和齿轮箱吊杆等部件组成，如图 4-118 所示。电机输出的扭矩通过联轴节传递到齿轮箱的小齿轮轴上，然后通过小齿轮与大齿轮的啮合将力矩传递到车轴上，进而驱动轮对旋转和车辆运行，使牵引电机的扭矩转化为轮对上的转矩，利用轮轨之间的黏着作用，驱动车辆沿着钢轨运行，同时牵引电机在列车运行中起着产生牵引力和电制动力的作用。

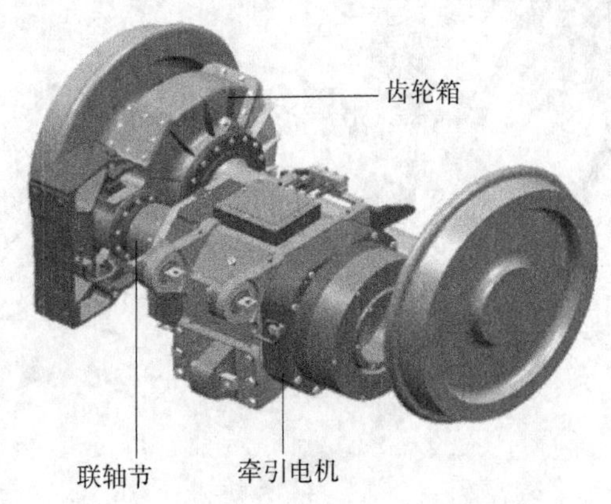

图 4-118　驱动装置示意

电机全部安装在构架上，采用全悬挂方式，齿轮箱一端安装在动车车轴上，另一端通过齿轮箱吊杆吊挂在构架上。齿轮箱与电机通过联轴节连接起来。

2. 齿轮箱及其悬挂支座(图 4-119)

(1)功能

①带有联轴节的齿轮传动装置具有减速、传递牵引力矩和传递制动力的功能。

②齿轮箱悬挂装置固定在转向架构架上，具有支承齿轮传动装置(即齿轮箱)和调节齿轮箱高度的功能。

(2)齿轮箱

图 4-119　齿轮箱及其悬挂支座

①齿轮箱由耐磨、不漏油的轻型铝合金制成。这种合金具有较高的扭转刚度和良好的振动性能，并能保证齿轮的平稳工作。箱体内的油槽可向滚柱轴承提供最佳的供油。通过一个

观察孔可快速而可靠地检查齿轮箱中的油量。

②齿轮装置安装在轮轴上，并支承在转向架的构架上。

③齿轮箱的日常维修仅限于检查和更换润滑油。

④齿轮箱采用迷宫式密封件，以防止漏油及灰尘和水的进入。

(3)联轴节

①仅在动车转向架上才安装有齿轮传动装置及弹性联轴节(图4-120)，每台动车转向架配有两套齿轮传动装置和两套弹性联轴节，每根车轴对应一套。大齿轮与车轴采用过盈装配，联轴节使齿轮箱与牵引电机相连。它包括两半个联轴节，分别位于牵引电机输出端和齿轮箱输入轴。

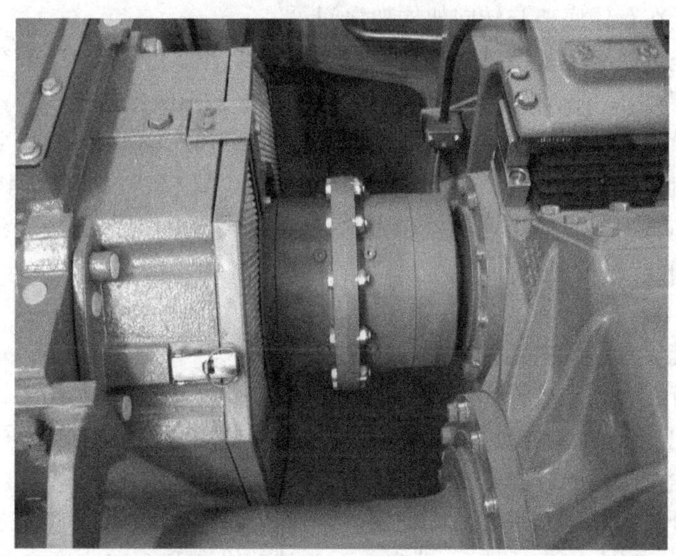

图4-120　联轴节

②作用：

a. 联轴节能满足电机轴与齿轮轴的不同心度公差要求。

b. 联轴节在性能上能在最大转速或最大转矩情况下运行，并能承受列车起动、制动以及由于轨道条件产生的冲击。

c. 联轴节具有自复位(定位)对中功能。

d. 联轴节可吸收偏差、角位移以及转向架上牵引电机和车轴上齿轮箱之间的轴向运动。联轴节是一个具有自定位齿轮的扭转式刚性联轴结。它通过轴向互锁的毂上外齿轮和衬套上的内齿轮来传递转矩。两个齿轮都具有渐开线齿形。

e. 毂和衬套之间的密封采用非接触、非磨耗的密封件。

五、弹簧减振装置

1. 作用和分类

弹簧减振装置也称弹性悬挂装置，包括弹性元件及减振器。

弹簧减振装置的作用主要体现在两方面：一是使载荷比较均衡地传递给各轮对，并使车辆在静载状况下(包括空、重车)，两端车钩距离轨面高度满足规定的要求，以保证车辆的正常连挂;二是缓和及减少因线路的不平顺,轨缝、道岔、钢轨的磨耗和不均匀下沉,以及因车轮擦伤、车轮不圆、轴径偏心等原因引起车辆的振动和冲击。

弹簧减振装置使车辆的弹簧以上部分与簧下部分既有联系,又有区别,簧上、簧下的作用力既相互传递,而运动状态(位移、速度、加速度)又不完全相同。车辆动力性能的好坏,与弹簧减振装置的结构形式及参数选择密切相关。良好的弹簧减振装置,能使车辆运行平稳,振动小,噪声低,乘坐舒适性好,车辆结构及设备的松动及损坏少,同时对线路的冲击破坏少,对行车安全有积极意义。

车辆的悬挂方式可分为一系悬挂和两系悬挂两种,其中两系悬挂有轴箱悬挂装置(或一系悬挂装置)和中央悬挂装置(或二系悬挂装置),轴箱悬挂装置设置在转向架构架与轴箱之间,中央悬挂装置设置在车体底架与转向架构架之间。

采用两系悬挂可以减小整个车辆悬挂装置的总刚度,增大静挠度,改善车辆垂向运动平稳性,减小车辆与线路之间的动作用力。地铁、轻轨车辆都采用两系悬挂装置。

车辆采用的弹簧减振装置按其作用的不同,大体可分为三类:第一类为主要起缓冲作用的弹簧装置,如中央弹簧、轴箱弹簧和橡胶垫等;第二类是主要起衰减振动(消耗振动能量)作用的减振装置,如垂向、横向减振器等;第三类是主要起弹性约束作用的定位装置,如轴箱定位装置、心盘与构架之间的纵横向缓冲止挡等。

2. 一系悬挂

一系悬挂系统设置在转向架构架与轴箱之间。

每个转向架有 4 套一系悬挂。一系悬挂装置通过轴箱体将车体和构架的重量(垂向载荷)传递到轨道上。此外,一系悬挂装置中的一系垂向减振器用于阻尼轮对的垂向运动,并确保同一转向架上两个轮对运行时基本平行。

郑州地铁一号线一系悬挂主要由螺旋钢弹簧、橡胶垫、转臂定位橡胶关节和一系垂向减振器等主要部件组成,如图 4-121 所示。其中一系悬挂的纵向和横向刚度主要由转臂定位橡胶关节提供,垂向刚度主要由螺旋钢弹簧提供、部分由转臂定位橡胶关节提供。

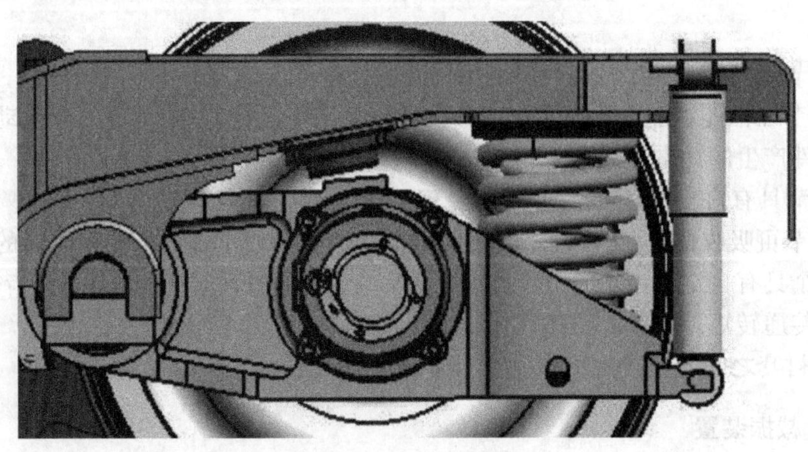

图 4-121　一系悬挂

3. 二系悬挂

二系悬挂系统设置在车体底架与转向架构架之间。

每个转向架上设置 2 套二系悬挂。二系悬挂装置支撑并传递车体与转向架间垂向载荷及较小的横向载荷。虽然地铁车辆的载客量是频繁发生变化的，但二系悬挂装置在高度调节阀的控制下可通过频繁的充、放气保证车体地板面的高度基本保持不变。

郑州地铁一号线二系悬挂主要由空气弹簧（含应急簧）、二系垂向减振器等组成，如图 4-122 所示。

采用单独的压力容器作为空气弹簧的储气缸，储气缸的容积满足空气弹簧的使用要求，且不影响车辆上其他气动系统的功能。

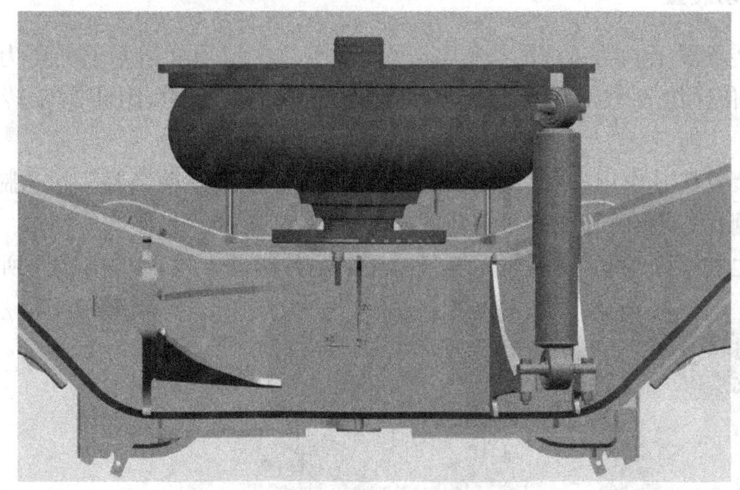

图 4-122　二系悬挂

4. 抗侧滚扭杆

每个转向架设置有 1 套抗侧滚扭杆。

抗侧滚扭杆安装在转向架与车体之间，提供抗扭转反作用力矩，抑制车体的侧滚，从而减小车体侧滚角，严格限制车体由于通过曲线时离心力和侧向风产生的倾斜运动，将车体相对于转向架构架的倾斜严格控制在扭杆的扭转弹性范围之内，使车辆运行在包络线的允许范围内，提高车辆的抗侧滚的安全性。对车辆的垂向、横摆、点头、摇头及沉浮等振动不产生影响。

抗侧滚扭杆主要由扭杆和拉压杆组成，如图 4-123 所示。

正常使用条件抗侧滚扭杆是免维护的。

图 4-123　抗侧滚扭杆

5. 液压减振器

在车体和构架之间设有垂向液压减振器及横向液压减振器，分别用来衰减车辆垂向和横向的振动。

液压减振器主要利用液体的黏滞阻力所做的负功来吸收振动能量。它的优点在于其阻力是振动速度的函数，最显著的特点是振幅的衰减与幅值大小有关，振幅大时衰减量也大，反之亦然。这种“自动调节”减振的性能，正符合地铁车辆的要求。

六、基础制动装置

基础制动装置属于制动系统的执行部分，其作用是在制动缸活塞上的压力空气推力增大数倍后，平均地传递给各个闸瓦，使其转变为压紧车轮的机械力，阻止车轮转动而产生制动作用。

基础制动装置按其作用方式可分为闸瓦制动装置和盘形制动装置。闸瓦制动装置按闸瓦块数可分为单闸瓦式、双闸瓦式和多闸瓦式制动装置。

闸瓦制动也称踏面制动，是城轨车辆最常用的一种制动方式，如图 4-124 所示。

图 4-124　闸瓦制动装置

闸瓦制动装置在制动时根据制动指令使制动缸内产生相应的制动缸压力，该压力通过制动缸使制动缸活塞杆产生推力，经基础制动装置中的一系列杆件的传递、分配，使每块闸瓦都贴靠在车轮踏面上，并产生闸瓦压力。车轮与闸瓦之间相对滑动，产生摩擦力，最后转化为轮轨之间的制动力。

缓解时，制动控制装置将制动缸压力空气排出，制动缸活塞在制动缸缓解弹簧的作用下退回，通过各种杆件带动闸瓦离开车轮踏面。

郑州地铁一号线每个转向架上安装有 4 套踏面基础制动单元，如图 4-125 所示。其中 2 套带停放制动功能(图 4-126)，另外 2 套为常用制动器(图 4-127)，在转向架上成斜对角布置。

制动单元可靠地悬挂在转向架构架上。常用制动时，列车制动的平均减速度不小于 1.0 m/s^2；紧急制动时，列车制动的平均减速度不小于 1.2 m/s^2；停放制动力保证列车在最大的超员情况下，停放在最大坡道上不溜车。

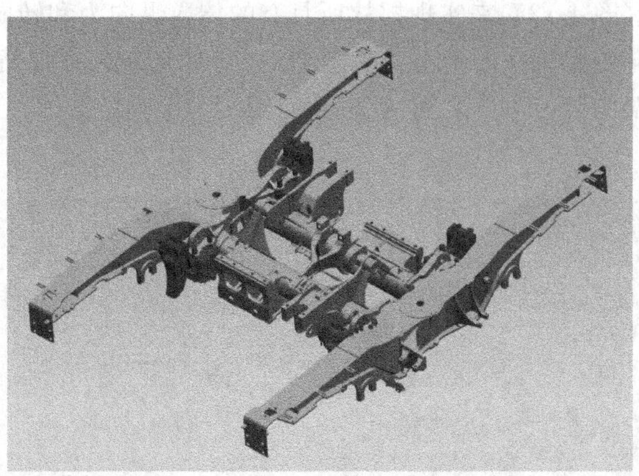

图 4-125　基础制动装置位置示意

图 4-126　带停放制动缸的制动器

图 4-127　常用制动器

单元制动器内均设有闸瓦间隙自动调整器，当由于闸瓦或车轮的磨耗，使闸瓦和车轮的间隙大于某一规定值时，闸瓦间隙调整器就会自动动作，保证闸瓦间隙始终保持在规定的范围内。基础制动装置所用闸瓦为高摩合成闸瓦，不含石棉等对人体有害的化学成分。

由于车辆断电停放时，制动缸压力会因管路泄露(空气压缩机停电或不工作)并无压力空气补充的情况下，逐步下降为 0，使车辆失去制动力。因此每个转向架都安装有带有停放制动缸的闸瓦制动器，采用弹簧产生制动力，弹簧力的大小不随时间而变化。弹簧停放制动缸充风，停放制动缓解，并附加手动缓解功能。

七、中央牵引装置

1. 中央牵引装置的作用

转向架中央牵引装置由中心销系统和牵引拉杆组成。

郑州地铁一号线采用了轴箱外置式无摇枕转向架，由于没有摇枕，车体直接坐落于空气弹簧上，必须靠牵引装置(图 4-128)来实现摇枕所具有的传递纵向力和转向功能。

中央牵引装置能够传递纵向的牵引力和制动力，同时允许二系弹簧在垂向和横向柔软地动作。它安装在转向架构架与车体之间，完成转向架相对于车体的回转运动，也可以在架车时悬吊转向架。

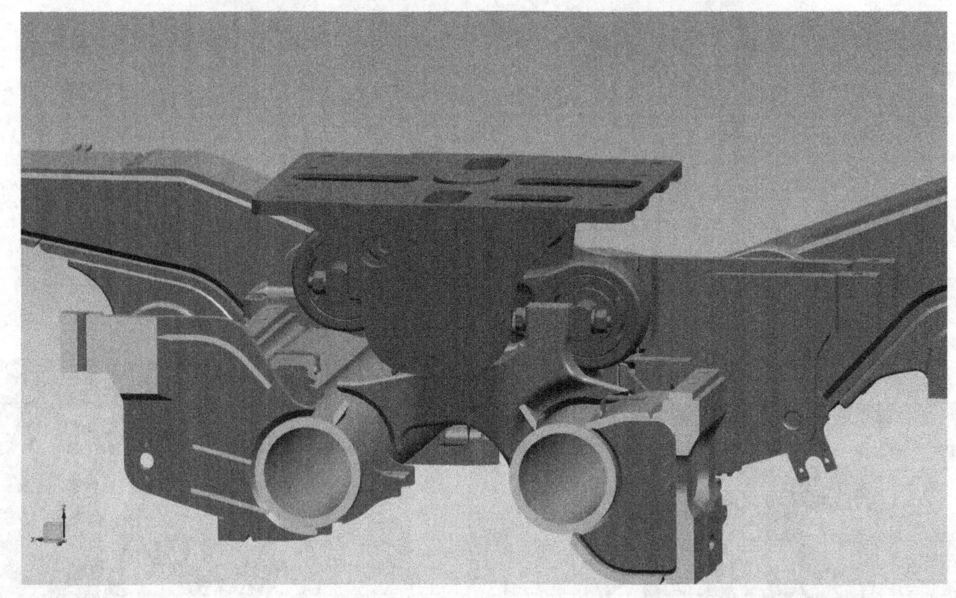

图 4-128　中央牵引装置

2. 中央牵引装置的要求

(1)纵向具有适当的弹性，以缓和由于转向架点头、车轮不平衡重量等引起的纵向振动。

(2)结构上应便于车体与转向架的分离和连接。

(3)由于取消了摇枕，需安装横向油压减振器、横向缓冲橡胶、空气弹簧异常上升止挡等，这些部件的安装和拆卸不能增加车体与转向架分离作业的工时。

(4)牵引杆两端均有橡胶关节，能够缓冲车体与转向架构架间的相对转动。

3. 中央牵引装置的结构

每个转向架设置有 1 套中央牵引装置。中央牵引装置主要由中心销组成、牵引拉杆系统等和牵引杆组成，如图 4-129 所示。

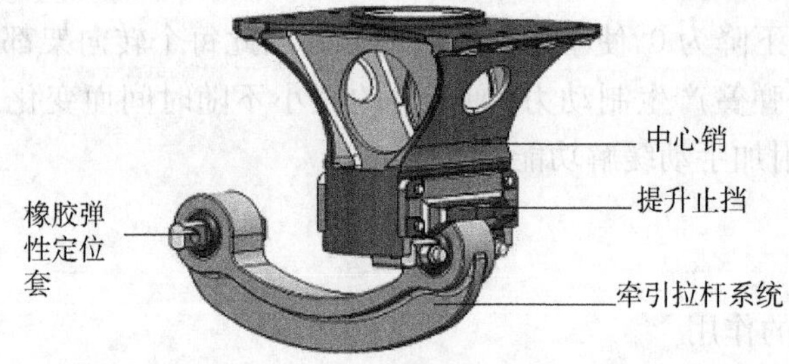

图 4-129　中央牵引装置结构

(1)中心销组成

①中心销

中心销是车体与转向架联结部分,其结构满足传递各种载荷和作用力,同时车体与转向架之间应能绕不变的旋转中心相对转动,以使车辆顺利通过曲线,转向架架承车体的方式非心盘承载。

②提升止挡

在中心牵引系统下部安装有异常上升止挡,一方面当空气弹簧因故过充时,可以限制车体不断上升,保证安全,另一方面在起吊车体时,可使转向架一起被吊起。

③横向弹性橡胶止挡(图 4-130)

为了限制车体和构架之间的横向位移,在构架横梁中部的上方和中心销之间设有横向橡胶缓冲挡,使车辆横向刚度通过弹性横向止挡得到了加强。

图 4-130　横向弹性橡胶止挡

(2)牵引拉杆系统

由牵引拉杆和弹性橡胶定位套组成,牵引拉杆传递车体与转向架间的牵引及制动力,它允许转向架完全运动(横向、垂向、偏转及倾斜),但限制转向架与车体间的纵向位移,在车体碰撞的情况下,牵引杆弹性橡胶定位套允许中心销有纵向位移。

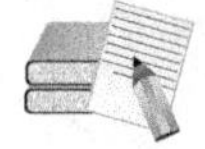

效果评价

(1)简述基础制动装置的作用。

(2)试述停放制动的工作原理。

(3)分组讨论整体辗钢轮的优缺点及为什么城轨车辆要采用这种车轮。

(4)试述锥形踏面和磨耗型踏面的异同。

(5)简述基础制动装置的作用。

(6)试述停放制动的工作原理。

(7)简述弹簧减振装置的作用。

(8)试述一系悬挂和二系悬挂的工作原理。

(9)简述联轴节作用。

(10)试述驱动装置在牵引和电制动工况下的工作原理。

(11)分组讨论直接安装在构架上的主要有哪些部件。

(12)试述动车构架和拖车构架的异同。

(13)简述轴箱装置作用。

(14)试述轴箱定位方式有哪些。

思考题

1. 简述城轨车辆转向架的主要组成部分。
2. 简述抗侧滚扭杆的工作原理。
3. 简述轴箱定位的方式。

项目五　列车车钩缓冲装置

项目描述

本项目主要学习机车、车辆、动车组及城轨车辆的牵引装置和牵引缓冲装置。

牵引装置是连接转向架与车体之间的动力传递装置，其作用是把转向架的牵引力和制动力传递给车体。牵引缓冲装置包括车钩和缓冲器，是实现机车与列车连挂的装置，为列车的关键部件，对列车的行车安全至关重要。

通过对机车、货车车钩缓冲装置的学习，掌握下作用式 13 号机车车钩、17 号货车主型车钩的基本结构、车钩三态作用。

通过学习动车组、城轨车辆密接式车钩缓冲装置，明确主型车钩组成及分类，以及密接式车钩缓冲装置相比其他车钩缓冲装置的特点。

能力目标

(1)能说出高速列车牵引装置的结构名称和作用。

(2)能分析高速列车经牵引缓冲装置动力传递过程。

(3)能够知道不同结构位置的机车、车辆及城轨车辆之间选用何种类型车钩。

(4)掌握车钩的基本结构和三态作用，能单独完成车钩的拆检过程，正确检查车钩三态作用是否良好。

(5)了解不同类型缓冲器的主要作用部件和技术参数，能分析缓冲装置在受到冲击和拉伸时的缓冲原理。

任务一　车钩缓冲装置总体认知

任务介绍

本任务主要通过对机车、货车、动车组及城轨车辆车钩缓冲装置的学习，从总体上把握主型车钩缓冲装置的作用、组成及分类，以及密接式车钩缓冲装置相比机车、客货车辆车钩缓冲装置的特点。

问题引导

(1)如果车钩缓冲装置发生了断裂，将会发生什么事故？

(2)货车车钩缓冲装置包括哪几类?货车车钩缓冲装置如何传递牵引力和制动力?

(3)动车组不同部位安装的车钩一样吗,不同车钩有什么区别?

(4)动车组运行过程中突发故障,如何用机车进行救援?

(5)不同列车车钩缓冲装置的优势和不同有哪些?

自觉活动

(1)仔细阅读知识素材中关于车钩缓冲装置的全部内容,并在文中对关键内容做好标记。(20 分钟)

(2)小组讨论,总结机车、车辆、动车组及城轨车辆采用的各种车钩缓冲装置的异同。(10 分钟)

知识素材

车钩缓冲装置包括车钩、缓冲器及变形吸能元件。它安装在车体底架两端的牵引梁内,将机车、车辆连接成车列并使其保持一定的距离,在列车运行中传递牵引力或制动力,缓和及衰减牵引力的变化和制动力前后不一致而引起的冲击和振动。

车钩缓冲装置的构造、性能及状态在很大程度上影响列车运行的纵向平稳性,缺陷严重的情况下还可能引起重大的行车事故。

一、车钩缓冲装置的作用

由于线路特征和列车运用的原因,铁路列车必须由一节节不太长的车辆连接组成长大的车列,其连接就是由车钩缓冲装置来完成,它将一节节车辆按照不同的需要组成不同用途的列车。从这个意义上说,正是车钩缓冲装置的存在才将列车中各个车厢(车辆)连接组成了真正意义上的列车。车钩缓冲装置的性能将直接影响动车组(列车)的运行品质及运行安全。

车钩缓冲装置的作用主要有以下五种:

(1)连接作用——将彼此独立的车辆连接成车列,并使之彼此保持一定的距离。

(2)牵引作用——在运行过程中传递前后车辆间的牵引力、制动力。

(3)缓冲作用——当列车在变坡点附近前后车的速度发生变化、前后车制动力不一致、调车过程中两车发生碰撞时,缓和和衰减前后车钩间的冲击力。

(4)分解作用——当列车(车列)不能存在时,能够迅速分解列车。

(5)信号传输功能——能将压缩空气和电信号传遍整列车。

二、车钩的分类

按照机车、车辆牵引连挂装置的连接方法的不同,可分为非自动车钩和自动车钩。非自动车钩要由人工来完成车辆的连接,而自动车钩则不需要人参与就能实现连接。

自动车钩又可分为刚性车钩和非刚性车钩。

非刚性车钩如图 5-1(a)所示，允许两个相连接的车钩钩体在垂直方向上有相对位移。当两个车钩的纵轴线存在高度差时，连接着的两钩呈阶梯形状，并且各自保持水平位置。由于钩体的尾端相当于销接，这就保证了车钩在水平面内的位移。

刚性车钩如图 5-1(b)所示，它也称为密接式车钩，刚性的连接不允许两连挂车钩存在相对位移，而且对前后的间隙要求应限制在很小的范围之内。如果在车辆连挂之前两车钩的纵向轴线高度已有偏差，那么在连挂后，两车钩的轴线处在同一条直线上并呈倾斜状态。两钩体的尾端具有完全的销接，这就能保证两连挂车辆之间可以具有相对的平移和角位移，保证具有这些位移的必要性是由于线路的水平面及纵剖面是变化的，以及由于车体在弹簧上的振动和作用于车辆上的力所决定的。

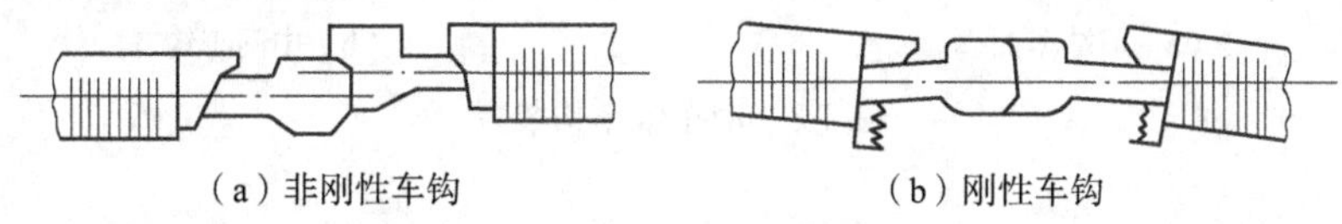

(a) 非刚性车钩　　(b) 刚性车钩

图 5-1　非刚性车钩与刚性车钩

刚性车钩与非刚性车钩相比有如下优点：

(1)减小了两个车钩连接表面之间的间隙，从而也降低了列车中的纵向力，提高了列车运行的平稳性。

(2)由于车钩零件的位移减小了，并且在这些零件上作用的力也减小了，因此改善了自动车钩内部零件的工作条件。

(3)减小了车钩连接表面的磨耗。

(4)减小了由于两连挂车钩相互冲击而产生的噪声，这对于城市轨道交通车辆尤为重要。

(5)避免在意外撞车事故时，发生一个车辆爬到另一个车辆上的危险。

非刚性车钩与刚性车钩相比有如下优点：

(1)简化了两车钩纵向中心线高度偏差较大的车辆相互连挂的条件(例如，不同类型的车辆，车轮及其他部件磨耗程度不同的车辆，以及空车和重车)。

(2)车钩强度大。

(3)不需要复杂的钩尾销连接结构和复杂的对心装置。

(4)车钩钩体的结构和铸造工艺较为简单。

由于这些特点决定了刚性车钩主要用于高速动车组以及城轨车辆上，我国地铁车辆普遍采用了密接式车钩，而机车、客货车车辆一般采用传统的 13 号、15 号等标准车钩。下面以动车组为例，介绍刚性密接式自动车钩的相关技术规范：

动车组在头车司机室端安装前端车钩，其余车辆连接处均安装中间车钩，在头、尾车储备过渡车钩以备救援使用，如图 5-2、图 5-3 所示。

动车组前端车钩用于动车组的重联、回送和救援，一般采用自动车钩，自动车钩的连挂或者解钩既可以通过司机在司机室操纵台进行操作，也可以在轨道旁进行手动操作。自动车钩除了车钩外，还包含电气车钩(主要用于传送辅助电源并进行数据通信)和风管连接器(以传递制动管路压力和主风缸管压力)。可同时实现机械、电气和压缩空气的自动连接或分解。

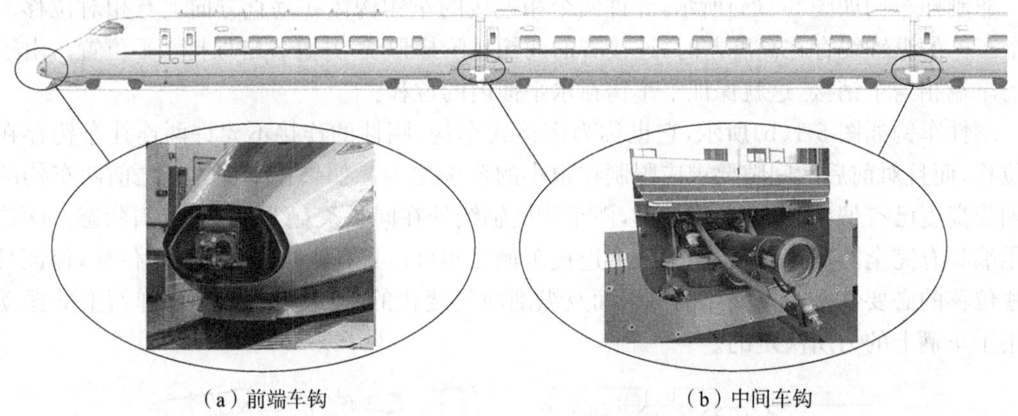

（a）前端车钩　　　　（b）中间车钩

图 5-2　动车组车钩装置

图 5-3　动车组与机车通过过渡车钩连挂

动车组头车与中间车之间、中间车与中间车之间安装中间车钩，中间车钩一般采用半永久车钩，半永久车钩是一个由两部分组成的联合体，其中一部分带有缓冲装置，另一部分带有压溃管吸能装置，两部分通过车钩卡环连接在一起，这种连接方式具有刚性好、无松脱、安全性高的优点。相比于自动车钩，半永久车钩连接时需要人工使用工具对其进行锁定操作才能完成连接及分解。动车组制动管和总风管连接头集成在钩头正面，连挂完成后两辆车制动管和总风管接通。所有电气线路（电源、控制和总线线路）都通过单独的多接头电缆敷设至连挂车辆。

动车组在救援和回送时，需要机车或其他动车组的牵引，由于不同型号动车组可能采用不同类型的自动车钩（如 10 型车钩和柴田式车钩），且自动车钩无法与安装有 13/15 号车钩的机车直接连挂，因此，需通过过渡车钩转换车钩高度和车钩类型，过渡车钩是车组的一个永久性零件，为便于取用，均放置在动车组车内固定位置。

效果评价

(1)制作 PPT,对车钩缓冲装置的作用进行详细讲解。

(2)制作海报,说明动车组各种车钩的安装位置和区别。

(3)随机展示我国高速动车组或城轨车辆所用车钩的图片,说出对应类型,并介绍其特点和作用。

任务二　牵引装置结构认知

任务介绍

本任务以 HXD1C 型电力机车、客货车车辆为例,学习牵引装置结构名称及作用,并分析经过牵引装置的动力。

问题引导

(1)机车要牵引 5 000 t 的货物,动力由牵引电机发出,是如何传递到车钩本体?

(2)如果机车牵引装置发生了断裂,将会发生什么事故?

自觉活动

(1)仔细阅读知识素材中关于机车牵引装置的全部内容,并在文中对关键内容做好标记。(20 分钟)

(2)旋转木马法:学生分组互相讲述机车牵引装置的结构及其作用原理。(5 分钟)

(3)小组讨论,总结 HXD1C 型电力机车牵引装置相关理论并分析其优缺点。(10 分钟)

知识素材

一、HXD1C 型电力机车牵引装置

牵引装置是高速重载机车牵引性能发挥的关键部件。HXD1C 型电力机车采用低位推挽式双牵引杆方式,机车黏着重量利用率较高,计算值高达 94%,完全能够满足机车高速重载运输需要。

牵引装置的结构型式:采用低位推挽式双杆牵引和端部布置方式,主要由牵引杆(一)、牵引杆(二)、连杆、牵引销、法兰组件等组成,如图 5-4 所示,其实物如图 5-5 所示。牵引杆(一)通过牵引橡胶关节与构架牵引座相连,牵引杆(二)通过法兰组件与车体牵引座相连,牵引杆(一)、牵引杆(二)则通过牵引销连接,连杆将牵引杆(一)与构架端梁相连。

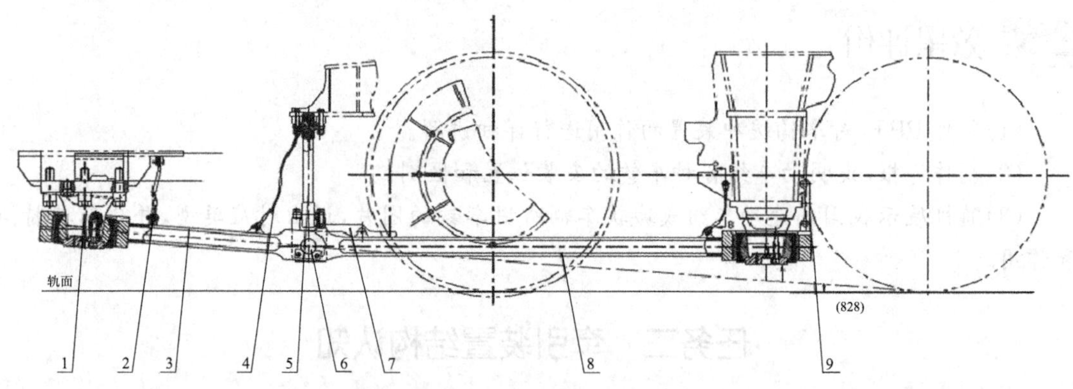

图 5-4　牵引装置结构

1—法兰组件；2—安全钢丝绳（二）；3—牵引杆（二）；4—安全钢丝绳（一）；5—连杆；6—牵引销；7—吊挂板；8—牵引杆（一）；9—安全板

图 5-5　牵引装置实物

二、HXD1C 型电力机车力的传递

1. 纵向力

钢轨→轮对→轴箱→轴箱拉杆→构架→牵引杆→车体→车钩。

当机车牵引（拉伸）时：牵引力经钩头→钩体→钩尾销→钩尾框→缓冲器→前从板→前牵引缓冲座→车底架。

当机车受冲击（压缩）时：钩头→钩体→前从板→缓冲器→后牵引缓冲座→车底架。

2. 垂向力

车体→二系弹性悬挂（车体支承装置）→构架→一系弹性悬挂（轴箱悬挂装置）→轴箱→轮对→钢轨。

三、车辆牵引杆装置

牵引杆装置(图 5-6)是当全列车辆均采用 16、17 号车钩且进行固定编组时，所采用的车辆间连接装置。牵引连杆代替 16、17 号车钩完成车辆间的连挂，减少 16、17 号车钩的使用数量，降低车辆制造成本，同时还可以有效减小列车中的纵向连挂间隙，降低列车的纵向冲动。

采用牵引杆装置时，一般将三辆车设为一组，车组中部车辆间的连接采用牵引连杆装置连接，两端部车辆分别采用 16 号及 17 号车钩。

牵引杆一端为与 17 号车钩相同的固定式结构，另一端为与 16 号车钩相同的转动式结构，采用与安装车钩时相同的缓冲器及钩尾框，牵引杆的长度与车钩的连接长度一致，实现与车钩缓冲装置的互换。

图 5-6　牵引杆装置示意

效果评价

(1)结合 HXD1C 型电力机车实物，说出机车牵引装置的结构名称和作用。

(2)能够分析 HXD1C 型电力机车力的传递。

(3)能够简述机车、客货车车辆牵引装置的不同及相同之处？

任务三　钩缓装置结构认知

任务介绍

通过对车钩及缓冲装置的学习，掌握车钩与缓冲器的结构组成以及车钩三态作用。同时，掌握列车缓冲装置的类型、安装位置和力矩的传递。

问题引导

(1)列车车钩的重量是多少？能牵引多重的货物？两个车钩连挂须具备什么条件？

(2)机车乘务员出现哪些操纵不当时会造成列车断钩？断钩后乘务员应如何处理？

(3)两列动车组重联时,自动车钩如何实现机械、电信号和压缩空气的自动连接?

(4)机车救援动车组时,机车车钩和动车组车钩如何连接?

(5)列车车钩主型的结构是什么?解释三态作用原理。

自觉活动

(1)仔细阅读知识素材中的全部内容,并在文中对关键词做好标记。(15 分钟)

(2)对照车钩实物,认知车钩部件名称,分析其结构设计特点,练习检查车钩的三态作用是否良好。

知识素材

车钩作为机车牵引装置中的主要部件之一,起到连挂车辆或其他机车的作用。而缓冲器则是用来减小列车在运行中由于机车牵引力的变化或在起动、制动及调车挂钩时机车、车辆相互碰撞而引起的冲击和振动,从而减少机车、车辆的结构及货物的破损,以提高列车运行的平稳性。

一、标准车钩

我国机车、车辆上采用的车钩,是现代各国普遍采用的自动车钩,具有自动连接的功能。车钩的类型很多,例如标准车钩 1 号、2 号、13 号、13A(E 级钢)、15 号、17 号等,其功能原理类似,内外结构相差不大。

根据车钩的开启方式,可将车钩划分为上作用式、下作用式两种。由设在钩头上部提升机构开启的,叫上作用式;由设在钩头下部推顶机构开启的,叫下作用式。上作用式相对下作用式操作更便捷。采用下作用式 13 号自动车钩的如 SS4G 型、SS9 型、SS7E 型等电力机车,和谐系列机车采用下作用式 13A(E 级钢)车钩、13B 型钩尾框。

1. 对车钩的基本要求

(1)要有足够的强度,比如钩舌(3 430 kN)、钩体/钩尾框(4 005 kN)。

(2)较易辨识是否完全连接,以免误认导致列车分离事故。

(3)车钩应可靠连接,不能因冲击、振动等激励因素而自动解锁脱钩。

(4)不能因车钩各零部件的正常磨损而影响其作用及挂钩的安全。

(5)构造简单、拆检方便,以降低使用成本。

2. 常用车钩型号

机车、车辆常用的几种车钩见表 5-1。

表 5-1 常用车钩型号

车钩型号	材料	静拉破坏强度/kN	用途
13 号	ZG25	2 400～2 600	货车、机车用
13 号	ZG24SiMnVTi	3 000	货车、机车用
3 号	ZG25	2 500	机车用
15 号	ZG25	1 600～1 700	客车用

我国原有车钩大多采用 ZG25，材料屈服强度低，而低合金高强度的 13 号车钩，采用截面收缩率、延伸率等性能指标优良的 ZG24SiMnVTi，从总体上提升了车钩的综合性能。

对于机车而言普遍采用下作用式 13 号标准车钩，而对于货物列车，通常选用 17 号车钩，对于普通客车而言，常采用由铸钢制成的 15 号车钩。17 号联锁式固定车钩是为我国大秦线运煤万吨列车配置的重要车辆部件。因 17 号车钩为固定车钩，所以其一般装在车辆的二位端。其具有防分离可靠性高、车钩强度高（主要零件均用 25MnCrNiMo 材料制造，经淬火、回火处理、耐磨性能好）、曲线通过性能好及连挂间隙小（17 号车钩间连接轮廓面的自由间隙均为 9.5 mm，比 13 号车钩减少了 52%）等优点。

由于 17 号车钩具有的优越性能相当突出并且能与 13 号车钩连挂使用（图 5-7），因此 17 号车钩（图 5-8）推广使用，主要用在 70 t 车上，其技术参数如下：（1）车钩有效长度。17 号车钩为 735 mm。（2）钩身长度。17 号车钩为 430 mm。（3）车钩中心线的最大连挂角度。16 号和 17 号连挂时，水平方向为 3°45′，垂直方向为 2°。（4）车钩纵向最大移动间隙。9.5 mm。（5）车钩在水平曲线上相对于车体底架中心线最大横向摆角为 13°，连接线处的最大移动量为 167 mm。（6）车钩在竖曲线上相对于车体底架中心线最大垂直摆角。向上 5°30′，向下 7°。连接线处的车钩最大垂直位移。向上 71 mm，向下 90.5 mm。17 号车钩三维模型及各部件结构如图 5-9 所示。

图 5-7　17 号车钩与 13 号车钩连挂

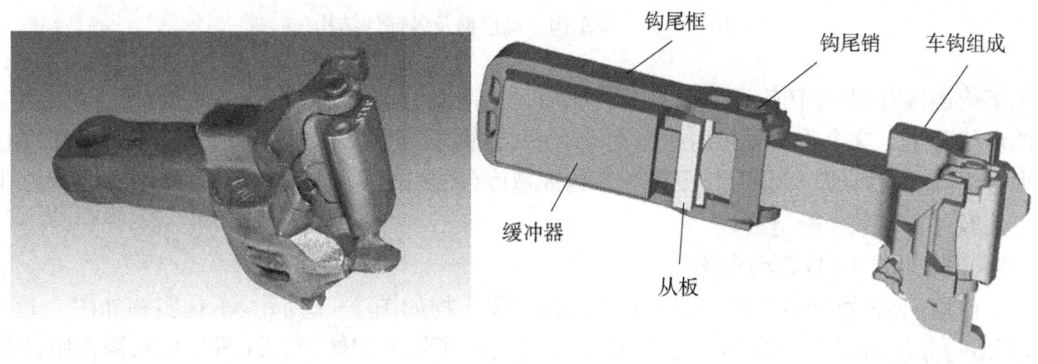

图 5-8　17 号车钩

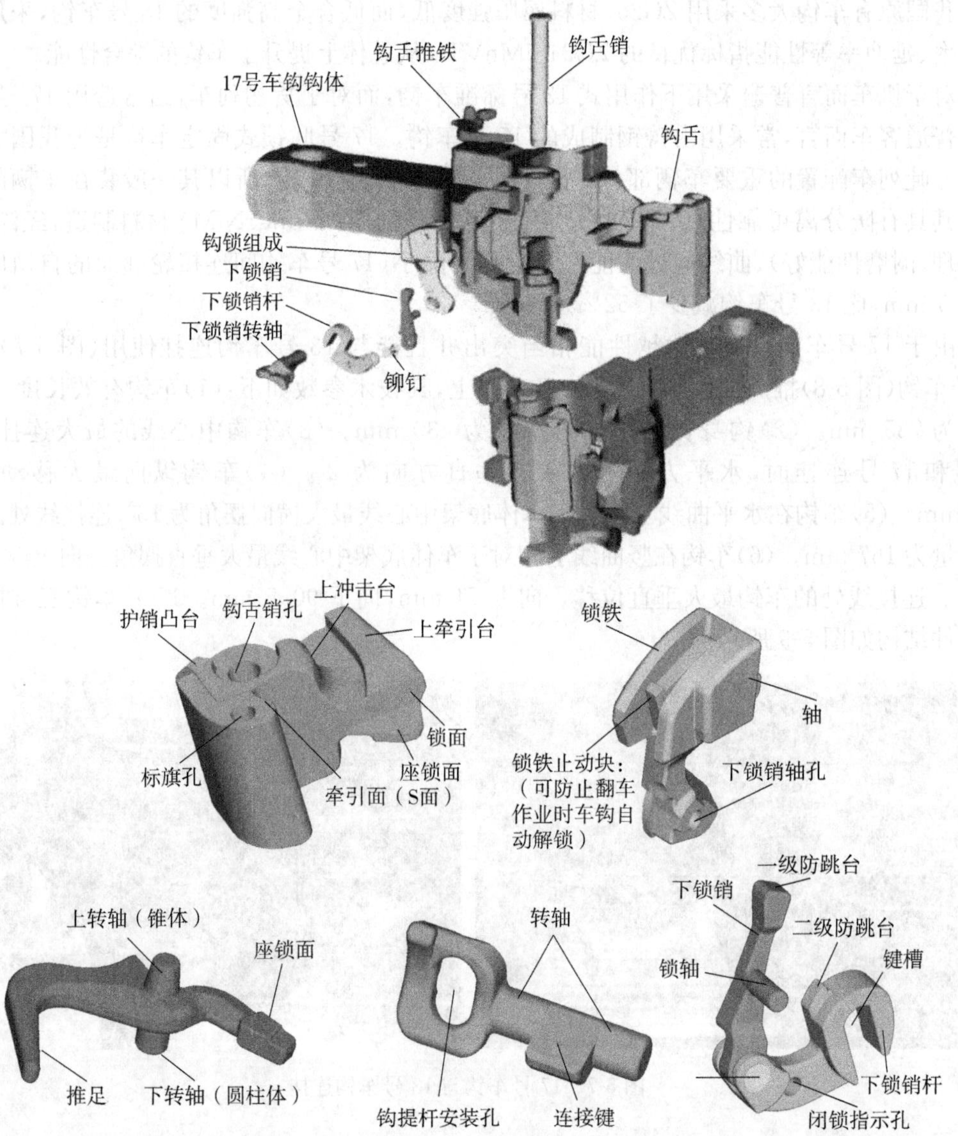

图 5-9　17 号车钩三维模型及各部件结构

车钩连接时，两车钩轮廓线间具有的纵向自由间隙，加上缓冲器的压缩量，使车辆具有较大的可移动量。这个移动量虽对机车起动有利（各辆车分别起动时可减少起动阻力），但在重载列车中，此可移动量却会引起很高的车钩加速度（经测试可达 50g）及很大的纵向冲击力，降低了旅客列车的乘坐舒适度。

3. 下作用式 13 号自动车钩

下作用式 13 号自动车钩如图 5-10 所示，安装实物如图 5-11 所示，车钩实物如图 5-12 所示，其结构分解如图 5-13 所示。下作用式 13 号自动车钩由钩体、钩舌（图 5-14）、钩舌销、钩锁铁（图 5-15）、钩舌推铁（图 5-16）和下锁销装配而成，车钩的材料、热处理工艺及其结构型式和尺寸对车钩的强度、耐磨性、纵向自由间隙有很大的影响。

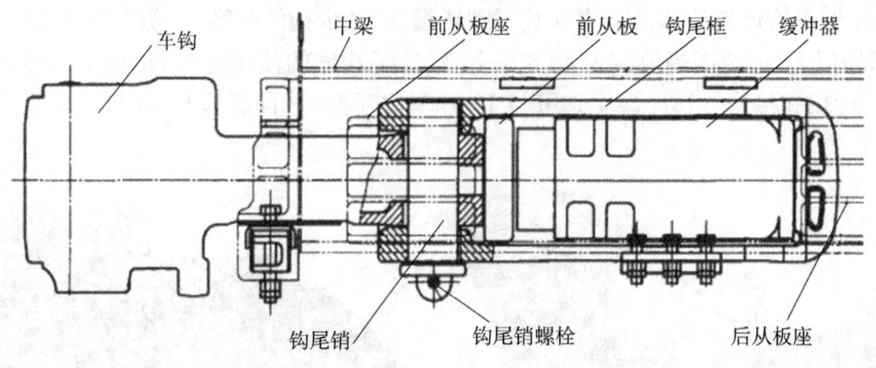

图 5-10　下作用式 13 号自动车钩

图 5-11　下作用式 13 号自动车钩安装

图 5-12　下作用式 13 号自动车钩实物

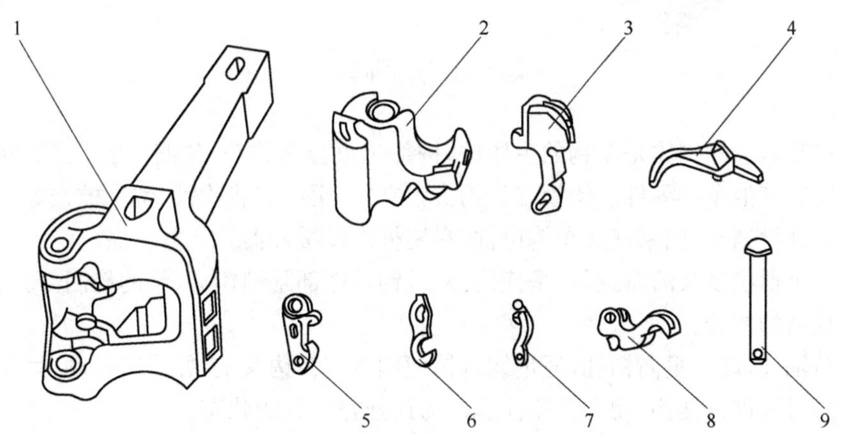

图 5-13　下作用式 13 号自动车钩结构

1—钩头；2—钩舌；3—钩锁铁；4—钩舌推铁；5—上锁销杆；6—上锁销；7—下锁销；8—下锁销杆；9—钩舌销

13A 型车钩在 13 号车钩的基础上，减小了车钩连接轮廓面的间隙，采用小间隙钩舌后车钩的连挂间隙由原来 13 号车钩的 19.5 mm 减少到 11.5 mm，比原来的连挂间隙减小了 41%，可有效降低列车的纵向冲击，改善列车的纵向动力学性能，延长车辆及其零部件的使用寿命。13A 型车钩还在钩体的下方焊装了磨耗板，以减少钩体的磨耗，仿真计算表明车钩力幅值减少 10%以上，加速度幅值减少 15%以上，延长了钩体的使用寿命，适应了厂修、段修的需要，方便了运用和检修。13A 型车钩可与 13 号车钩互换，并且能够与 13 号、16 号、17 号车钩连挂。

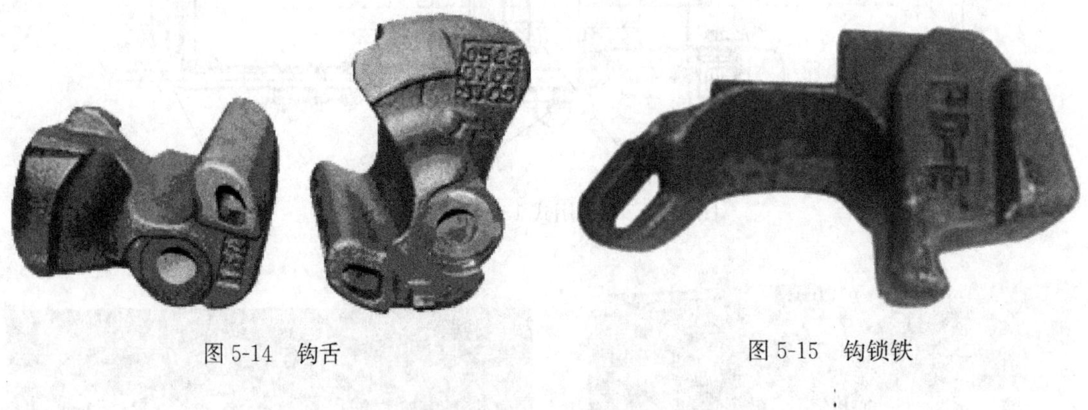

图 5-14　钩舌

图 5-15　钩锁铁

图 5-16　钩舌推铁

由铸钢材料铸造的钩体是车钩的主体件，按部位可分为钩头、钩身、钩尾三部分。钩头前部空腔用来安装其他车钩零件。钩锁腔为钩头中空部，用以安装钩锁、钩舌推铁等零件。

钩尾分叉并设销孔，用来连接车钩尾框，在尾框内设缓冲器。

钩舌是一个形状复杂的铸钢件，是挽钩部分，钩舌尾部是锁钩、开钩的控制部分，并且是车钩承受拉压载荷的部分。

在钩舌转轴处，设一垂向销孔，通过钩舌销把钩舌装在钩头上，并可以转动，呈张开或闭合状态。张开时可以进行挂钩，闭合并锁住后即为连挂好以后的状态。

钩锁铁是一个形状复杂的铸钢件。用来打开和锁闭钩舌，控制其能否转动，它和日常生活中的门闩作用一样。

钩舌推铁是一个弯曲形状的铸钢件，平置于钩头空腔内，处于钩舌尾部的后面，下部有一短圆销作为转轴。当钩锁被提起时，钩锁推动钩舌推铁的一端，使它绕轴转动一定角度，其另一端则拨动钩舌尾部，使钩舌张开成为全开状态，在挂钩后，钩舌尾部又将它转回原位。

下锁销装配为下作用式车钩顶起钩锁用，它由下锁销、下锁销体和下锁销钩组成。

4. 车钩的三态作用

(1)闭锁位

闭锁位置为机车、车辆连挂后的车钩位置,如图 5-17 所示,此时,钩舌尾部转入钩锁腔内,钩锁铁以自重落下,卡在钩舌尾部与钩头空腔内壁之间,钩舌不得张开。当钩锁铁以自重落下后,下锁销沿钩锁铁腿部的下锁销轴孔下滑,使下锁销的防跳台处于下锁销孔中防跳台下方,起防跳作用。

图 5-17　车钩闭锁位

(2)开锁位

开锁位是一种闭而不锁的状态,为摘车时的位置,如图 5-18 所示。此时钩舌虽未张开,但钩锁铁已被人为操纵顶起,解除了对钩舌的锁闭。机车稍微移动,钩舌即可向外转开。也可人工操作,向外扳动钩舌使其旋转打开。

图 5-18　车钩开锁位

(3)全开位

全开位是车钩钩舌完全张开准备挂钩时的位置,如图 5-19 所示,由开锁位用力提起车钩提杆，下锁销推动钩锁铁使其上升，钩锁铁的腿部向后转动，后踢足踢动钩舌推铁的踢足推动面，使钩舌推铁绕其轴转动，推铁踢足踢动钩舌尾部侧面，使钩舌以钩舌销为轴张开，形成全开位置。全开位置，钩锁坐落在钩舌尾部上方，不能落下。

图 5-19 车钩全开位

5. 13 号下作用式标准车钩主要技术指标

(1)在闭锁位，车钩其开度为 110～130 mm；在全开位时，其开度为 220～250 mm。

(2)车钩纵向中心线距离为 22 670 mm。

(3)车钩中心距轨面高度为(880±10)mm。

(4)两个车钩连挂后，其两个车钩的中心线相差不得超过 75 mm。

(5)车钩在闭锁位时，钩舌锁铁往上的活动量为 5～15 mm。

(6)钩舌销与销孔径向间隙为 1～4 mm。

6. 车钩的稳定性

实践证明，无论在牵引或推进运行中，万一钩舌销折损，只要车钩确实处于相互连接而且完全锁闭的状态下，钩舌并没有自动落下或被拉脱的危险；只有当互扣的钩舌解开后，钩舌方可取下。这种设计，目的是保障列车运行中车钩安全而可靠的连接。

列车在运行中的纵向冲击和垂直振动，使得互相连接的两车钩经常发生相对运动。特别是路基较软、曲线较多的行车线路上行车时，车钩经常处于相互摩擦状态，这就必然导致磨耗。为保证行车安全，应按照车钩磨耗限度，随时注意检查，及时修复或更换新品。

二、密接式车钩

目前，密接式车钩以独特的优点广泛应用在动车组及城轨车辆中，接下来将详细介绍动车组及城轨车辆的密接式车钩。首先，以 Scharfenberg 密接式车钩缓冲装置为例，简要介绍其本体结构。Scharfenberg 密接式车钩缓冲装置如图 5-20 所示。它主要由车钩钩头、橡胶缓冲器、风管连接器、电气连接器和风动解钩系统等几部分组成，缓冲器位于钩头的后部。车辆连挂时依靠两车钩相邻钩头前端的锥形喇叭口引导彼此精确地对中，实现两车钩的紧密连接；同时自动将两车之间的电气线路和空气通路接通。在两车分解时，亦可由司机控制解钩电磁阀自动解钩，并自动切断两车之间的电气线路和空气通路。

在车钩下面有车钩支撑弹簧支撑，在缓冲器尾部通过转动中心轴与车体上的冲击座相连，并可通过橡胶弹簧的弹性变形及缓冲器与转动中心轴的相对转动实现垂直和方向的摆动，垂向最大摆角为4°30′；最大水平摆角可达30°。

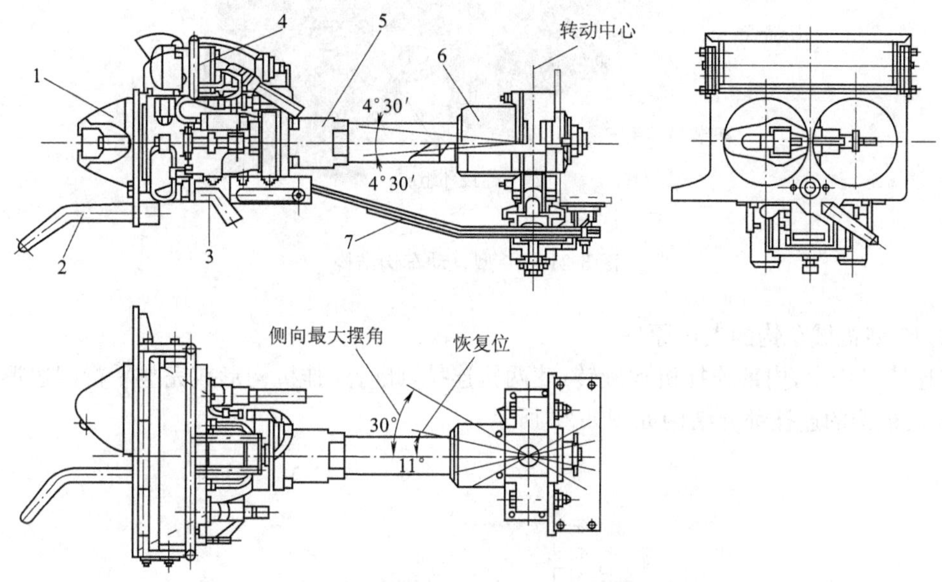

图 5-20　Scharfenberg 密接式车钩缓冲装置

1—密接式车钩；2—引导对准爪把；3—风管连接器；4—电气连接器；5—钩身；6—橡胶弹簧；7—支撑簧

对于动车组而言其车钩选用密接式自动车钩，以CR400AF型动车组为例介绍密接式自动车钩，CR400AF型动车组前端车钩采用10型自动车钩，配置气液缓冲器、后置压溃管；中间车钩采用半永久车钩，配置气液缓冲器和压溃管；过渡车钩采用统型过渡车钩。

对于城轨车辆用的车钩基本上可分为自动车钩、半自动车钩和半永久性牵引杆三种。其中，自动车钩主要有两种：一种是国产密接式车钩，采用半圆形钩舌；一种是Scharfenberg式自动车钩，采用拉杆式连接结构。自动车钩为密接式车钩位于列车端部，其电气和风路连接装置都组装在钩头上。当车辆连挂时，车钩的机械、风路、电路系统都能自动连接；解钩时，可在司机室控制自动解钩或采用手动结构。解钩后，车钩即处于待挂状态；电气连接器通过盖板自动关闭，以防止水和尘土进入；主风管连接器也自动关闭，防止压缩空气泄漏。

1. 自动车钩

CR400AF型动车组头尾两端安装10型自动车钩缓冲装置，可以实现两列动车组的机械、气路和电气的自动连接和分解，也可以手动分解(自动车钩可以通过给解钩气缸供风来实现自动解钩，也可以通过位于车钩左侧的红色解钩手柄实现手动解钩)。自动车钩可以通过过渡车钩实现与机车、回送车或带有柴田式车钩的动车组连接。机械钩头和电气车钩都装有加热装置以防止在低温环境下冰雪影响连挂程序，当室外温度低于5 ℃时，加热装置自动启动。前端自动车钩的接地保护由两根接地线与车体连接来实现。

10型自动车钩主要由10型机械车钩、电气车钩及推送机构、缓冲系统、安装吊挂系统、后压溃管和接地线等零部件组成，如图 5-21 所示。

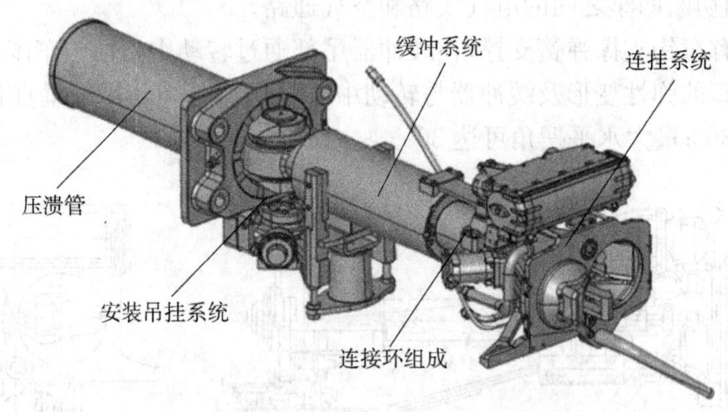

图 5-21　10 型自动车钩结构

(1)10 型机械车钩的工作原理

在连挂过程中，内部连挂机构旋转，使两钩连挂，此时连挂机构形成完整平行四边形结构。10 型机械车钩的连挂部分结构如图 5-22 所示。

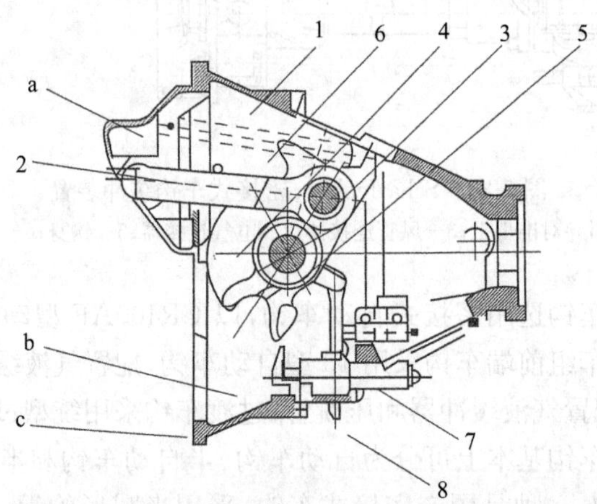

图 5-22　10 型机械车钩连挂部分结构示意

a—凸锥；b—凹锥；c—车钩连挂面；1—钩体；2—连挂杆；3—连挂杆销；4—钩舌；5—主销；6—拉伸弹簧；7—导向杆；8—钩舌定位杆(棘轮)

自动车钩的车钩头表面设凸锥和凹锥，允许两车钩间自动对齐和同心，在水平和垂直方向提供一个较大的连挂范围。安装在车钩连挂面上的连挂导引杆增加了车钩的连挂范围。

自动车钩有待挂(图 5-23)、连挂(图 5-24)、解钩(图 5-25)三种状态。

①待挂状态

为车钩连挂前的准备状态，此时连挂杆被固定在待挂位置，拉伸弹簧处于最大拉伸状态，有钩舌定位杆固定，钩舌定位杆突出车钩头一侧并且卡在导向杆上。

②连挂状态

相邻两钩的凸锥导入对方的凹锥，凸锥将导向杆向后压向钩舌定位杆，释放钩舌定位杆，通过拉伸弹簧将钩舌按逆时针方向转动到连挂位置，直至钩舌与连接杆啮合。连挂之后，钩舌

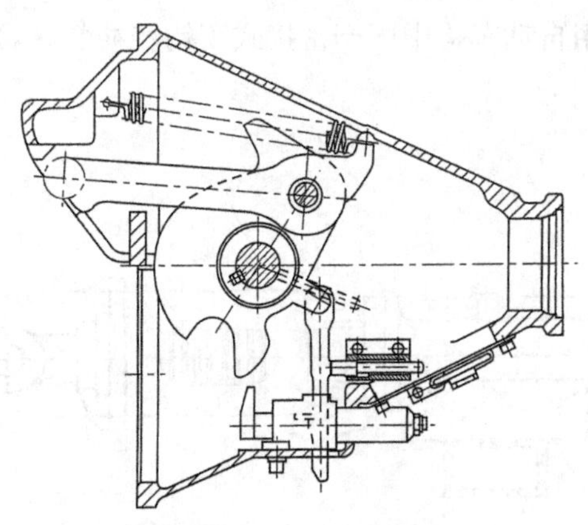

图 5-23　待挂状态

和连挂杆形成一个平行四边形机构以确保力的平衡，不会发生意外解锁，这样可以将牵引载荷均匀地分布在两个钩舌和连挂杆上。

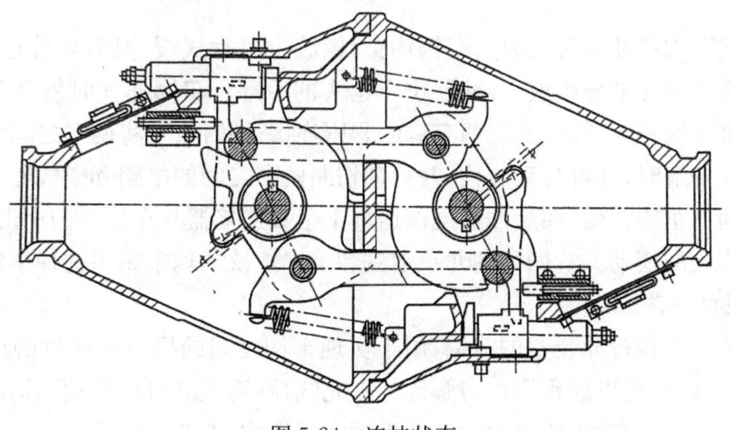

图 5-24　连挂状态

③解钩状态

解钩时，推动钩舌顺时针转动，使两钩的连挂杆脱开对方钩舌的钩嘴，同时连挂杆克服拉伸弹簧的作用力缩入自身钩头锥体内。车钩缩回至待挂位，再次准备连挂。

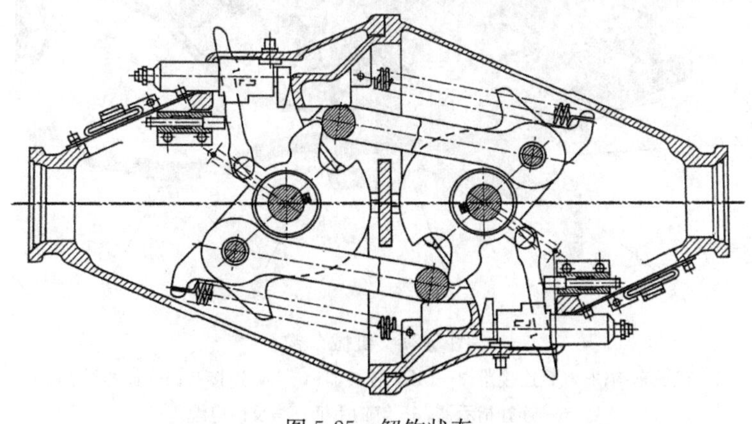

图 5-25　解钩状态

而对于我国城轨车辆用自动车钩中国产密接式车钩缓冲装置，采用半圆形钩舌，其结构如图 5-26 所示。

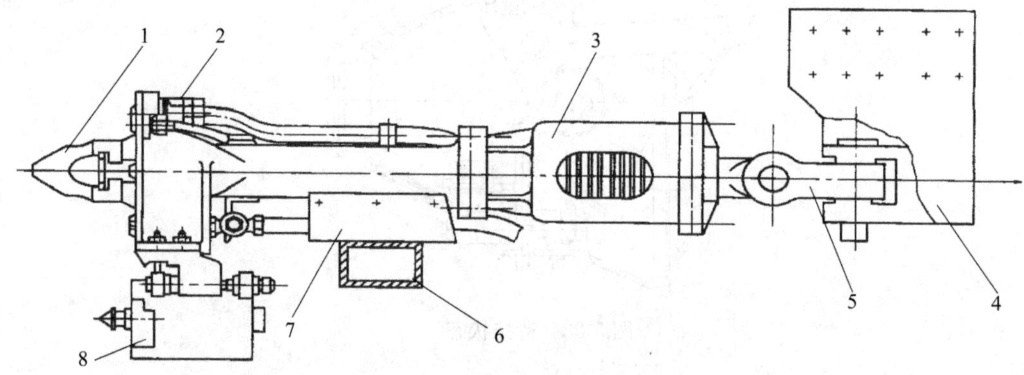

图 5-26　国产密接式车钩缓冲装置

1—密接式车钩钩头；2—风管连接器；3—橡胶缓冲器；4—冲击座；5—十字头；6—托梁；7—磨耗板；8—电气连接器

国产密接式车钩缓冲装置主要由车钩钩头、橡胶金属片式缓冲器、风管连接器、电气连接器和风动解钩系统等几部分组成，缓冲器位于钩头的后部。车辆连挂时依靠两车钩相邻钩头上的凸锥和凹锥孔的相互插入，实现两车钩的紧密连接；同时自动将两车之间的电路和空气通路接通。在两车分解时，亦可自动解钩，并自动切断两车之间的电路和空气通路。

在车钩下面有车钩托梁，在缓冲器尾部通过十字头连接器与车体上的冲击座相连，可以实现水平和垂直方向的摆动。我国早期北京地铁和天津地铁车辆采用了这种车钩形式。

(2)10 型机械车钩

机械车钩位于车钩缓冲装置的前端，用于实现车钩之间的机械和风管的连挂和分解。10 型车钩在解钩时，司机可以远程操作向解钩气缸充气，解钩气缸直接推动车钩内机构旋转实现解钩；也可以人工手动拉动车钩侧面的解钩手柄实现解钩，如图 5-27 所示。

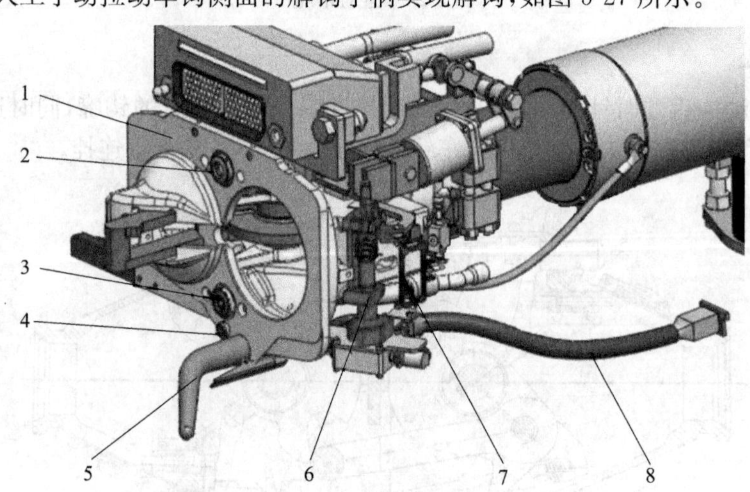

图 5-27　机械车钩

1—机械车钩；2—BP 连接器；3—MRP 连接器；4—UC 连接器；5—连挂导引杆；6—连挂指示器；7—解钩手柄；8—反馈电缆

在机械车钩的侧面安装有连挂指示器，该装置可以探测到车钩的连挂状态，如解钩、连挂，并将连挂状态以通断的电信号方式传递到车辆上。该装置将机械车钩内部连挂零部件的动作转移到车钩侧面的解钩手柄上，在解钩手柄转轴下部安装有 2 个行程开关，通过与旋转轴同心的凸轮旋转控制行程开关的通断，来实现对连挂状态的检测。

钩头上部安装有列车管连接器(BP 连接器)、下部安装有总风管连接器(MRP 连接器)、解钩风管连接器(UC 连接器)和连挂导引杆，该连挂导引杆可以增加车钩可连挂的范围。

总风管连接器用于实现动车组之间的总风压连接，解钩风管连接器可以实现两车钩之间解钩气路的连通，这两种连接器都具有自动开闭的机构；列车管连接器用于实现动车组被普通机客车连挂牵引时提供制动信号，同时，在列车救援、重联运行过程中，如果前端车钩出现脱钩，列车管连接器保持打开状态，管中空气压力迅速释放，气压降低导致列车制动。

(3)电气车钩

电气车钩(图 5-28)安装在推送机构上，用以实现列车之间电气信号的连接，当机械车钩连挂完成后，推送机构带动电气车钩自动推出实现电气连挂，当机械车钩分解后，推送机构带动电气车钩自动退回实现电气分解。

图 5-28 电气车钩

电气车钩推送机构安装在机械车钩的上部，由一个气缸推动杆系结构，实现电气车钩的推出和回缩，如图 5-29 所示。

当列车连挂时，机构连挂完成后，推送风缸充风带动电气车钩伸出，防雨盖自动打开。推送机构杆系结构在气缸的推动下最终到达锁定位置，此时，如果推送气缸中的风压意外消失，由于锁定机构的机械锁定作用，使杆系结构无法反向旋转，即电气车钩被固定连挂位置，如图 5-30 所示。

在解钩的过程中，气缸反向充入风压，主动使杆系结构反向旋转，解除锁定状态，并带动电气车钩缩回，在缩回的过程中，防雨盖自动关闭，最终电气车钩被推回缩回位置。

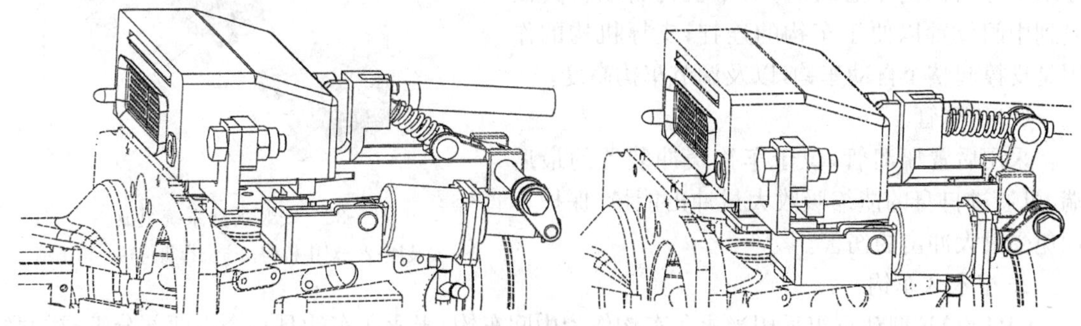

图 5-29 电气车钩伸出和缩回示意

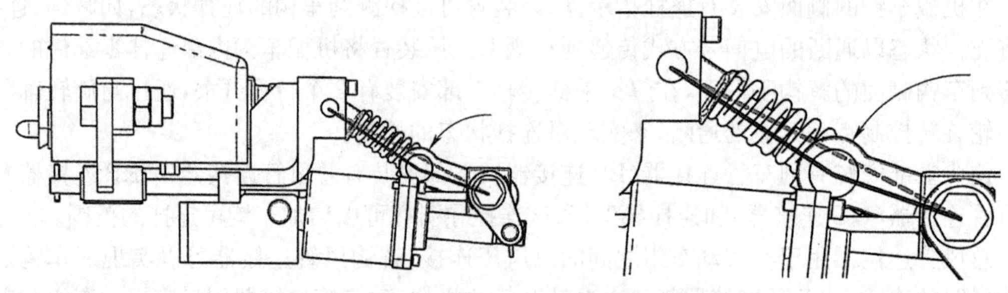

图 5-30　电气车钩连挂状态机械锁定原理

按统型要求，电气车钩功能分区和插针定义统一，如图 5-31 所示。

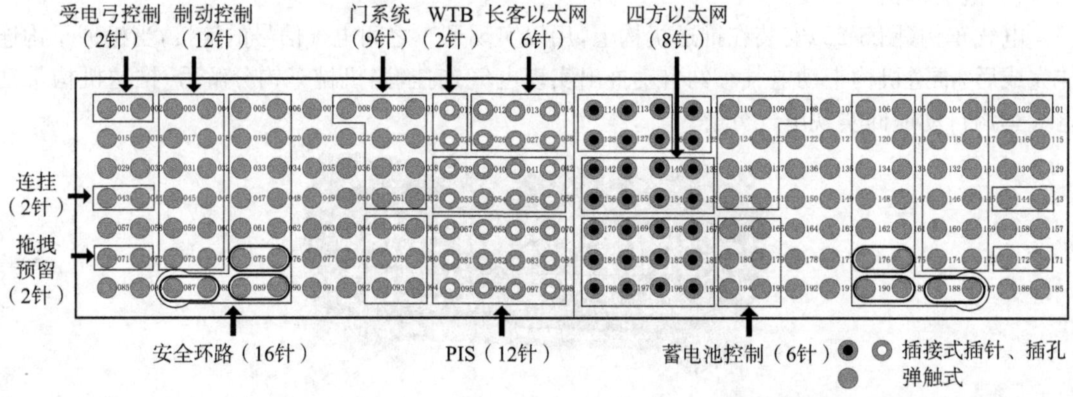

图 5-31　电气车钩功能分区

(4)安装吊挂系统

安装吊挂系统由安装座、对中机构、支承机构、钩尾销等部分组成，如图 5-32 所示。安装座的作用是将自动车钩连接到车体上并传递车钩上的牵引力或者制动力；钩尾销保证自动车钩能够在水平面和垂直面内一定范围内灵活转动；当车钩在水平方向偏离中心线时，对中机构自动将其回复到中间位置以便于车钩的连挂；支撑机构的作用是支撑起整个自动车钩，以及调节车钩高度。

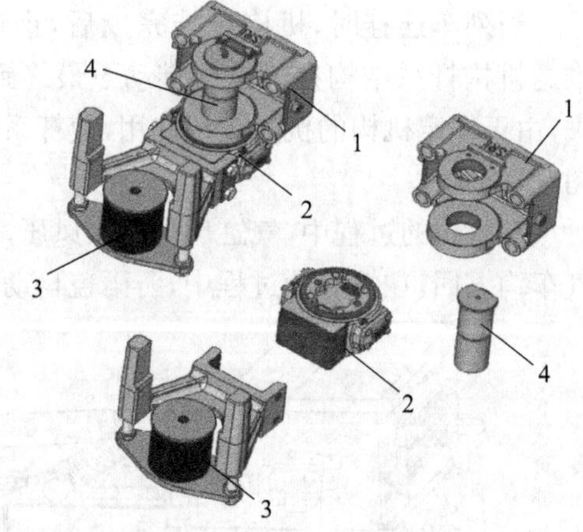

图 5-32　安装吊挂系统组成

1—安装座；2—对中机构；3—支撑机构；4—钩尾销

(5)压溃管

采用后置压溃管，位于车钩缓冲装置的最后端，可通过自身的溃缩吸收大量冲击能量，保护车辆免受过大冲击的伤害。

2. 半永久车钩

CR400AF 型动车组采用半永久车钩作为中间车钩，半永久车钩是一个由两部分组成的联合体，包括带缓冲器中间车钩和带压溃管中间车钩两种，如图 5-33 所示，在同一断面内成对配合使用。两种车钩之间用连接环进行手工连接，连接后如图 5-34 所示。这种连接方式具有刚性好、无松脱、安全性高的优点。

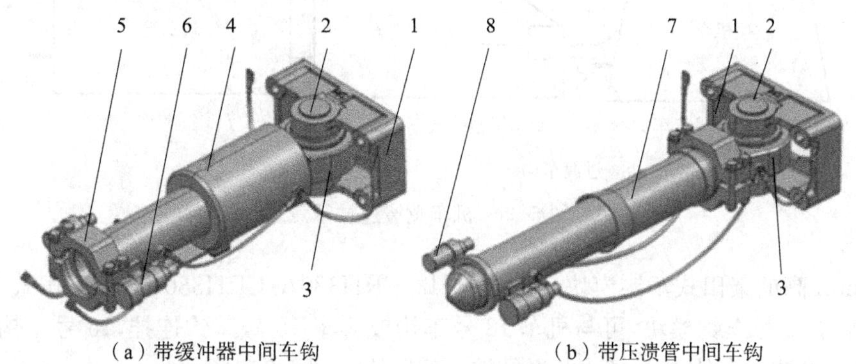

（a）带缓冲器中间车钩　　（b）带压溃管中间车钩

图 5-33　半永久车钩结构

1—安装座；2—钩尾销；3—橡胶轴承组成；4—缓冲系统；5—连接环；6—风管连接器；7—压溃管组成；8—风管连接器

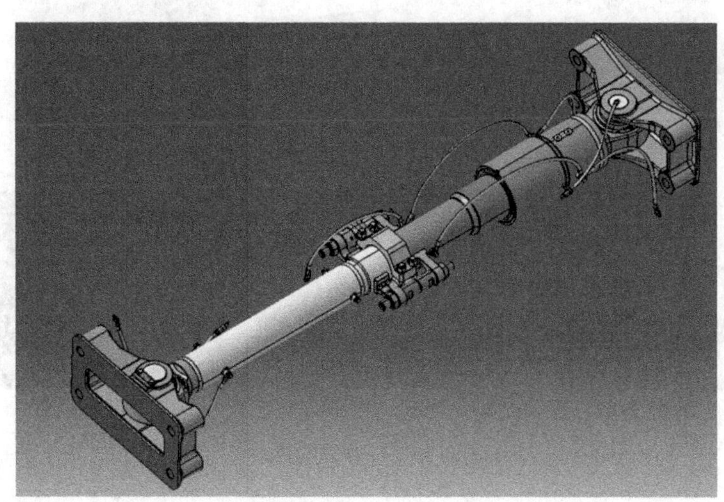

图 5-34　半永久车钩连接示意

相比于自动车钩，半永久车钩连接时需要人工使用工具对其进行锁定操作才能完成连接及分解。可以满足动车组的垂直曲线运动、水平曲线运动，以及两连接车辆间的相对旋转运动。所有电气线路(电源、控制和总线线路)都通过单独的多接头电缆敷设至连挂车辆。动车组制动管和总风管连接集成在钩头正面，连挂完成后两辆车制动管和总风管接通。中间半永久车钩的接地保护由两根接地线与车体连接来实现。

3. 过渡车钩

动车组在救援和回送时，需要机车或其他动车组的牵引，由于不同型号动车组可能采用不同类型的自动车钩(如 10 型车钩和柴田式车钩)，且自动车钩无法与安装有 13/15 号车钩的机车直接连挂，因此，需通过过渡车钩转换车钩高度和车钩类型，如图 5-35 所示。

动车组过渡车钩分不同的模块：1 000 mm 高的 10 型车钩模块，可与动车组 10 型车钩连

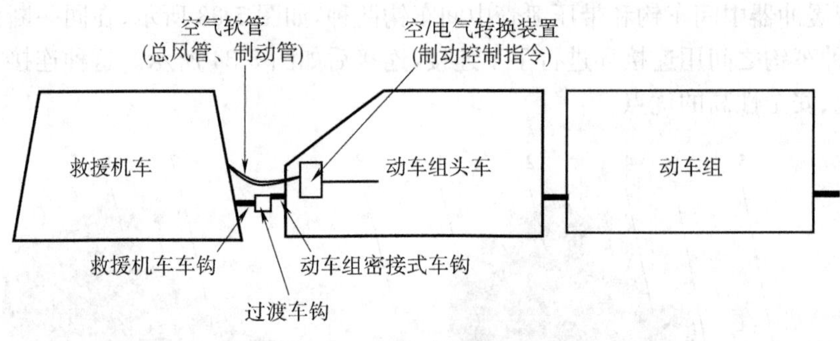

图 5-35 机车救援连挂示意

挂;1 000 mm 高的柴田式车钩模块,可与 CRH2/CRH380A/CRH380AL 的柴田式车钩连挂;880 mm 高的 15 号车钩模块,可与机车 13 号车钩或客车 15 号车钩连挂,15 号车钩模块安装有防跳止挡,可防止车钩上下窜动发生异常。各模块如图 5-36 所示。

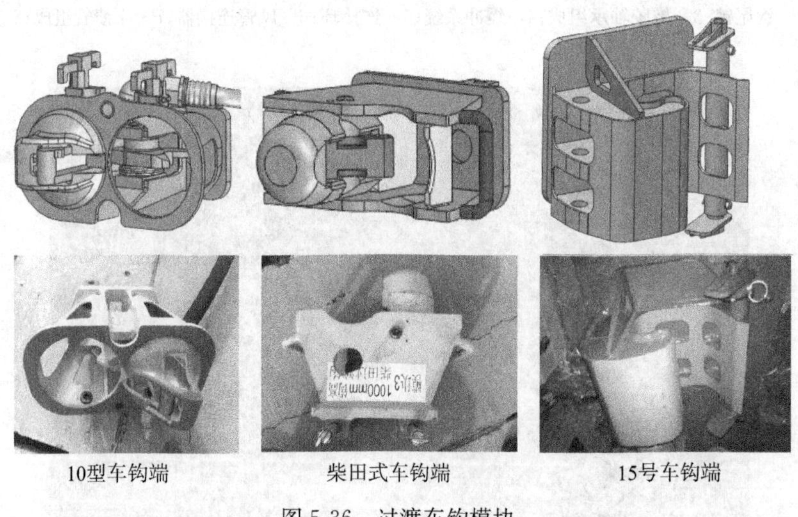

图 5-36 过渡车钩模块

不同动车组之间,动车组和机车的救援可以通过过渡车钩模块的两两组合实现,如图 5-37 所示。

图 5-37 过渡车钩的组合

CR400AF 型动车组过渡车钩采用 10 型过渡钩模块和 15 号机车过渡钩模块，每个模块质量小于 50 kg。列车配备了 2 套过渡车钩，存放于头、尾车工具柜，详细位置如图 5-38 所示。

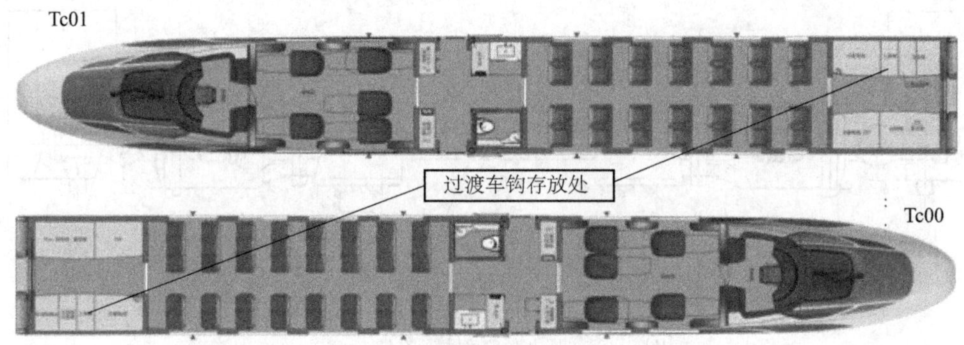

图 5-38　过渡车钩存放位置示意

使用时，10 型过渡车钩模块和 15 号车钩模块组合可以实现 CR400AF 型动车组与机车或者客车连挂，如图 5-39 所示。

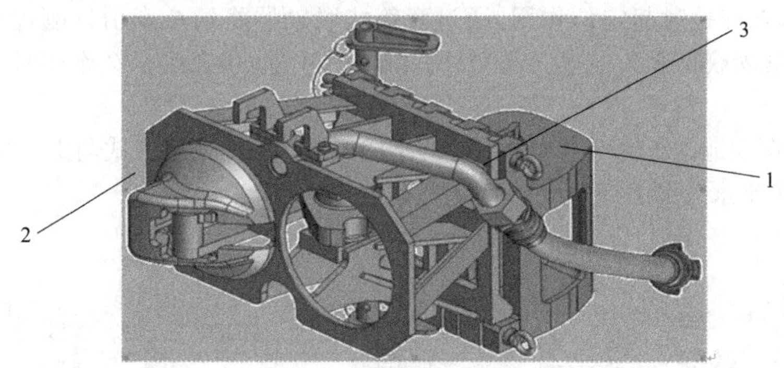

图 5-39　10 型过渡车钩模块和 15 号车钩模块组合

1—15 号车钩模块；2—10 型过渡车钩模块；3—连接销

4. 城轨车辆半永久牵引杆和半自动车钩

(1)半永久牵引杆

半永久牵引杆用于同一单元内车辆之间的编组，使之编组成单元。列车单元在运行过程中一般不需要分解，通常只在维修时才分解。当两车连挂时即形成刚性连接，其连接间隙最小。垂向运动和转动也很小。这样的连接形式可以保证列车在脱轨时车辆之间仍然可以保持相对位置，防止车辆重叠和颠覆，减少列车起动及制动时的冲动。每个半永久牵引杆上均有贯通道支撑座，用于车辆运行过程和解钩之后支撑贯通道。支撑座可以承受车辆正常运行时超员情况下贯通道所承受的载荷。

半永久牵引杆只是将两车的连接方式由车钩连接改为牵引杆连接，取消了风路和电路的连接。风路和电路的连接只能依靠手动连接。不同种类的车辆所安装的半永久牵引杆的结构可能有所不同，连接原理是一致的。

图 5-40 所示为国产地铁车辆半永久牵引杆。其主要特征为半永久牵引杆是将两车的连

接方式由车钩连接改为用一根牵引棒代替，将自动车钩中的两个车钩钩体取消，牵引杆的两端直接与两个缓冲器相连，同时取消了风、电路的连接。

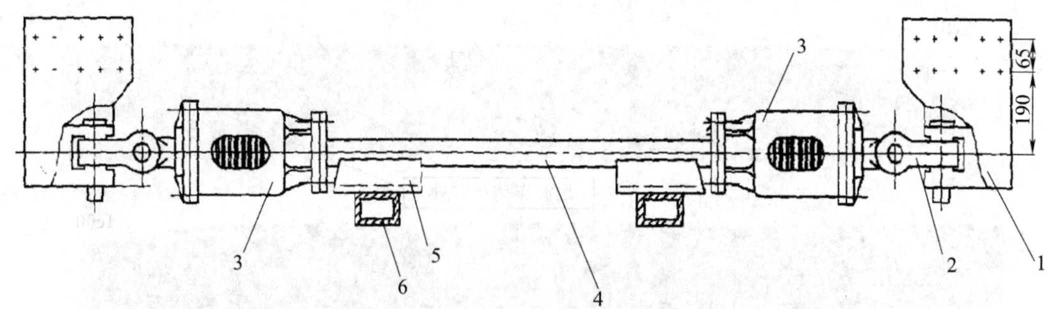

图 5-40　半永久牵引杆(单位:mm)

1—连接座;2—十字头;3—缓冲器;4—牵引杆;5—磨耗板;6—车钩托梁

上海地铁车辆半永久牵引杆结构如图 5-41 所示。其主要特征是将两相邻车钩中的一个车钩钩体和另一车钩钩体、缓冲器总成分别由两个牵引杆代替，两牵引杆的端部各有一个锥孔和锥柱，在连挂时起定位作用，通过套筒式联轴器将两个牵引杆刚性相连，其电气、气路通过机械紧固获得永久连接。通常只在维修时才分解，在半永久牵引杆上设有贯通道支撑座。

图 5-42 是深圳地铁车辆半永久牵引杆的结构形式。它的连接方式与上海地铁相似，其主要特征是在两个半永久牵引杆中设一个能量吸收装置。

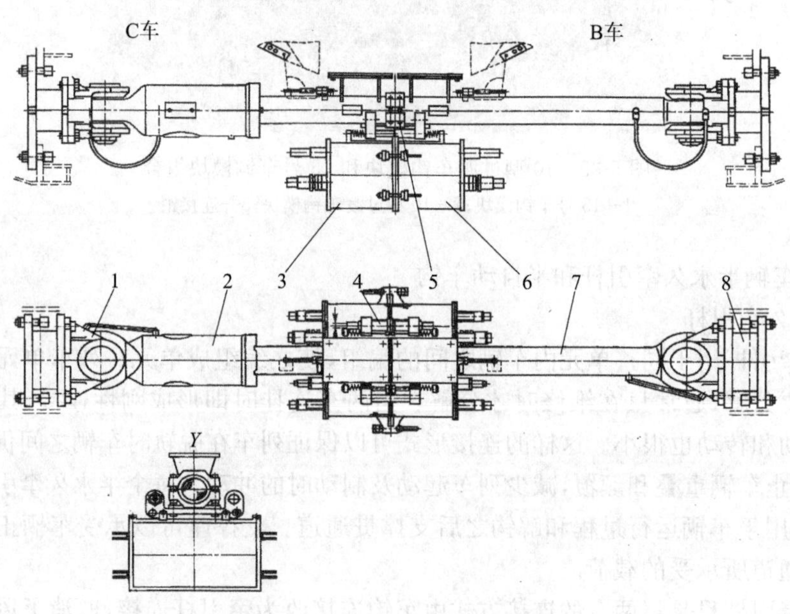

图 5-41　上海地铁半永久牵引杆

1—支撑座;2—具有双作用环弹簧的牵引杆;3、6—电气连接盒;
4—风管;5—套筒式联轴器;7—牵引杆;8—过渡板

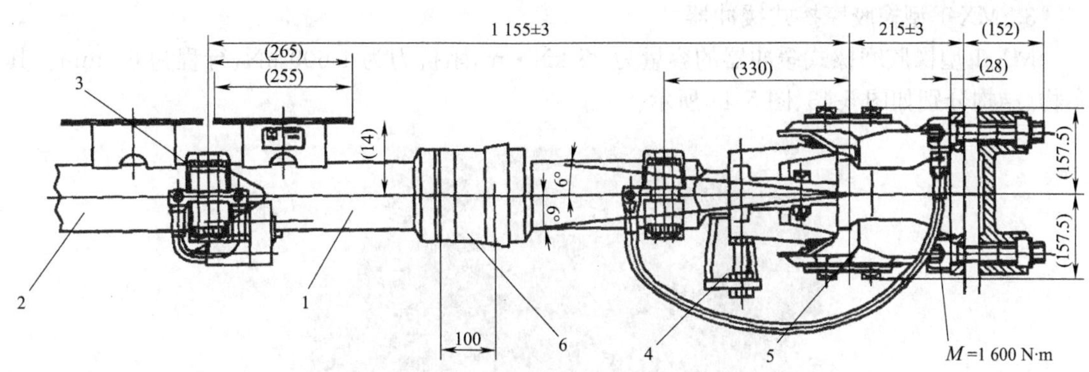

图 5-42　深圳地铁半永久牵引杆(单位:mm)

1—牵引杆(1);2—牵引杆(2);3—套筒式联轴器;4—垂直支撑装置;5—橡胶缓冲装置;6—可压溃变形管

(2)半自动车钩

半自动车钩用于两编组单元之间的车辆连挂。

通常半自动车钩的钩头连接形式与自动车钩相同,连挂方式和锁闭方式也相同。两个相同的车钩可以在直线线路和曲线线路上自动连挂。半自动车钩可以实现列车单元之间的机械连接和风管连接自动连接,电气连接只能手动。解钩时机械和气路部分可自动,也可手动操作,但不能在司机室集中控制。在半自动车钩上设有贯通道支撑座,用于车辆运行过程和解钩之后支撑贯通道。支撑座可以承受贯通道及所承受的载荷。

三、缓 冲 器

1. 缓冲器的作用和种类

缓冲器用来减小列车在运行中由于机车牵引力的变化或在起动、制动及调车挂钩时机车、车辆相互碰撞而引起的冲击和振动,从而减少机车、车辆的结构及货物的破损,以提高列车运行的平稳性。

缓冲器的工作原理与减振器相同。其一方面凭借弹性元件来缓和冲击力,另一方面借助弹性元件变形过程中的形变量来吸收冲击能量。

目前,国内缓冲器主要有弹簧摩擦式缓冲器(1 号、2 号、3 号、MT-3 型缓冲器)、橡胶摩擦式缓冲器(MX-1 型)及液压缓冲器;机车上一般采用 2 号、3 号、MX-1 型缓冲器。

我国动车组采用的缓冲装置为气—液缓冲器,而铁路货车、城轨车辆上所采用的缓冲器为环弹簧缓冲器,满足低阻抗、大容量的性能要求。

随着我国列车运行速度和牵引总重的提高,对缓冲器容量、性能提出了更高的要求,批量生产的 MT-2、MT-3 型缓冲器能够满足我国重载列车对缓冲器的要求。

2. 对缓冲器基本要求

(1)有足够的容量和较高的冲击能量吸收率(不小于 75%)。

(2)有足够的强度和耐久性。

(3)在小冲击力作用下动作灵敏。

(4)摩擦零件应耐磨、耐用及磨耗均匀。

3. MX-1 型橡胶摩擦式缓冲器

MX-1 型橡胶摩擦式缓冲器的容量为 35 kN·m,阻抗力为 1 600 kN,行程为 65 mm。其实物、结构分别如图 5-43、图 5-44 所示。

图 5-43 MX-1 型橡胶式缓冲器实物

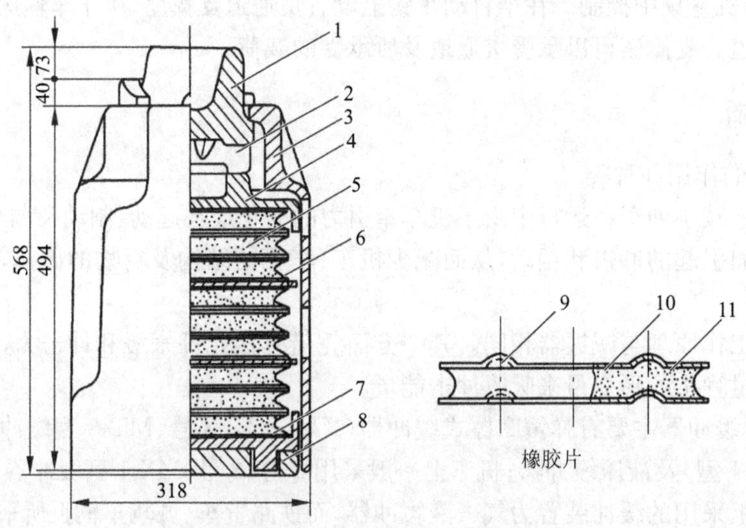

图 5-44 MX-1 型橡胶式缓冲器结构(单位:mm)

1—压头;2—楔块;3—箱体;4—顶隔板;5—橡胶片;6—中隔板;7—底隔板;8—底板;9—凸台;10—钢板;11—橡胶

9 片形状相同的橡胶片,借助于顶隔板、两块中隔板以及底隔板,在箱体内将其分为 3 层,每层 3 片。橡胶片的两面均与钢板经过硫化固结在一起,组成减振元件。

橡胶片能很好地起缓冲吸振作用。但由于承压面积的限制,单靠橡胶片的作用仍会出现容量不足、变形量过大的问题。所以在缓冲器的前部另设摩擦部分,由 3 个形状相同带有倾角的楔块、箱体及压块组成。楔块介于箱体及压块之间,当缓冲器受压时产生摩擦,消耗冲击动能,由此可获得较大的缓冲器容量。

在缓冲器组装时，由箱体底部依次将压头、楔块、顶隔板及橡胶元件等零件放入，并在压力机上加压，通过专门的压具，将橡胶片压缩，使底板倾斜进入箱体内，并卡合在箱体对应位置的凹槽内。

这种橡胶缓冲器的特点是能量吸收率较高，零件少，重量轻，结构简单维修量小，但性能不稳定，橡胶易老化、开裂；箱体及底板等零部件易发生裂纹。后期需要在提高容量、改善性能方面进行优化研究。

4. MT-2、MT-3 型缓冲器

MT-2、MT-3 型缓冲器为弹簧摩擦式缓冲器。MT-2 型与 MT-3 型结构和外形尺寸完全相同。MT-2 型容量为 54～65 kJ，用于大秦线专用敞车 C63A 以及 70 t 车上；MT-3 型容量为 45 kJ，可用于一般的通用货车。该型缓冲器由摩擦金属弹性元件组成，其结构如图 5-45 所示。

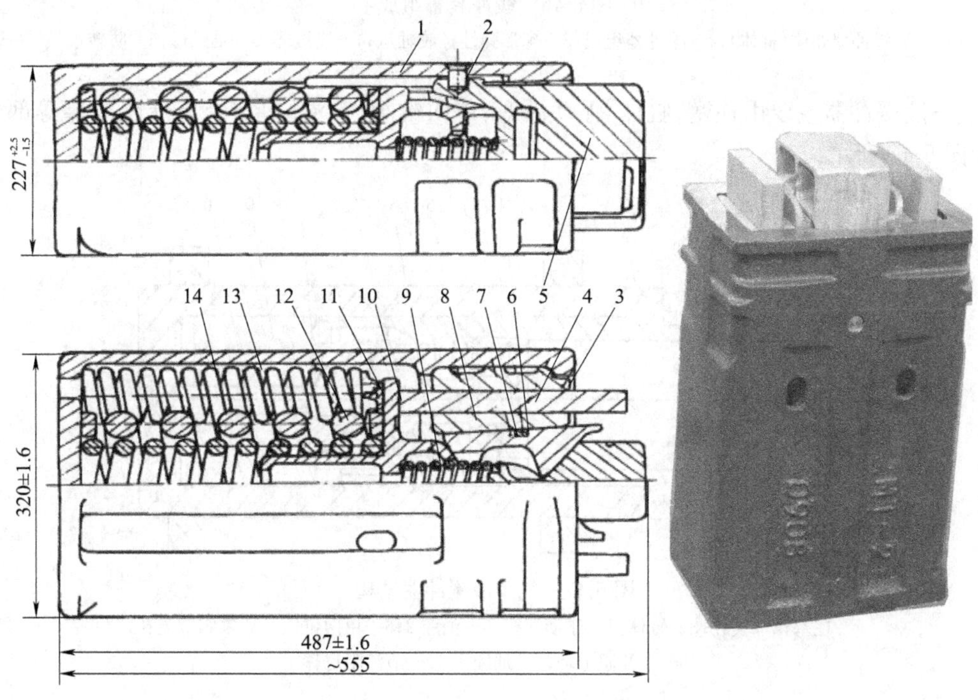

图 5-45　MT-2、MT-3 型缓冲器结构

1—箱体；2—销子；3—外固定板；4—动板；5—中心楔块；6—铜条；7—楔块；8—固定斜板；9—复原弹簧；10—弹簧座；11—角弹簧座；12—外圆弹簧座；13—内弹簧座；14—角弹簧角

该型缓冲器的挠力特征，在车辆空载或在较低冲击速度时，缓冲器的刚度小且变化平缓，当车辆满载或为大型车，且冲击速度在 7 km/h 以上时，刚度增长较快。缓冲器结构合理，容量大，稳定性好，其检修周期可达 16 年，较适合我国大秦线开行重载单元列车和主要干线发展重载货物列车运输对缓冲器的要求。

5. 气—液缓冲器

动车组采用气—液缓冲器，位于车钩缓冲装置的中部。前端通过连接卡环与 10 型机械车钩实现连接，连接卡环上部安装有防转板，防转板在缓冲器壳体外壁上的滑槽内滑动，可以防止 10 型车钩和缓冲器发生相对扭转。后端通过钩尾销与安装吊挂系统连接，缓冲器组成如图 5-46 所示。

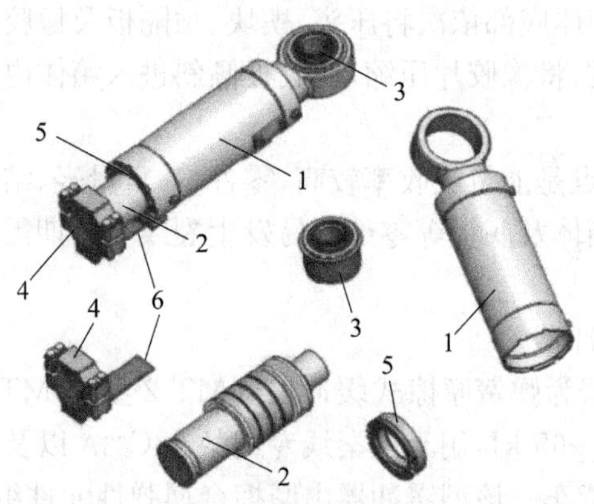

图 5-46　缓冲装置组成

1—缓冲器壳体(缸体);2—缓冲器组成;3—球形弹性橡胶轴承;4—连接环;5—端螺母;6—防转板

气—液缓冲器主要由柱塞、缸体、浮动活塞、单向锥阀、节流阻尼环、节流阻尼棒等部分组成,如图 5-47 所示。

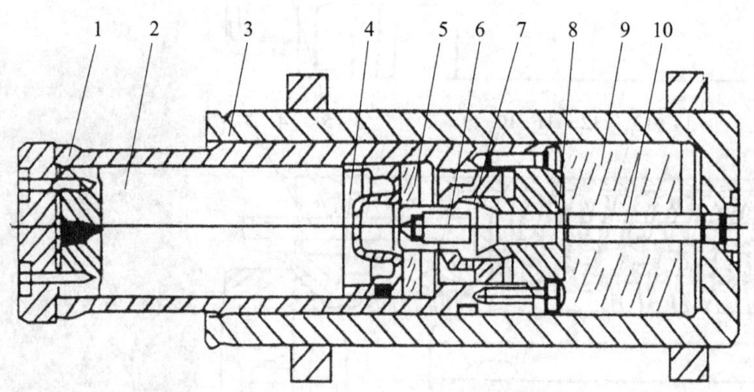

图 5-47　气—液缓冲器结构

1—柱塞;2—气腔;3—缸体;4—浮动活塞;5—油腔 2;6—单向锥阀;7—锥阀节流孔;8—节流阻尼环;9—油腔 1;10—节流阻尼棒

气—液缓冲器内部形成两个油腔和一个气腔。浮动活塞将柱塞内腔分隔出油腔和气腔两个腔室。柱塞底座与缸体之间的间隔为另一油室。油腔内充有液压油,气腔充有氮气。

气—液缓冲器作用原理如下:

在油腔 1 和油腔 2 中注满了液压油,在气腔中充有一定初始压强的氮气。液压油与氮气之间通过浮动活塞隔离。当相邻车辆间发生碰撞时,柱塞即被推入油腔 1 中,油腔 1 中的液压油通过节流阻尼环与节流阻尼棒形成的环缝及单向锥阀与柱塞端部形成的锥阀节流孔,流到油腔 2 中,使得油腔 2 的油量增大,从而使浮动活塞向左移动,气腔中的氮气被压缩。在冲击过程中,绝大部分动能转变为热能,并由缸体逸散到大气中,只有少量能量转化为油液的液压能,因而气—液缓冲器的能量吸收率比较大。当车辆间的冲击减缓或消失时,被压缩的氮气通过活塞给油腔 2 的液压油施以压力,并使液压油通过柱塞端部的单向阀流回到油腔 1 中,柱塞又回到原位。其中,单向锥阀可相对柱塞端部轴向移动,但只在缓冲器被压缩加载时才打开。当缓冲器卸载时,单向锥阀在油腔 2 的液压油作用下压紧在柱塞端部的阀座上，锥阀节流孔被封闭，因此油腔 2 的液压油只能通过柱塞端部的单向阀流回到油腔 1，完成缓冲器的卸载。

6. 层叠式橡胶金属片缓冲器

(1)层叠式橡胶金属片缓冲器的结构及原理

如图 5-48 所示，其作用原理是当车辆受到压缩载荷时，缓冲器体和牵引杆受压，此时力的传递方向为：牵引杆压缩后从板→橡胶金属片→前从板和缓冲器的前端。橡胶金属片受到压缩，起到缓冲作用。在牵引载荷工况下，缓冲体和牵引杆受拉，此时力的传递方向为：牵引杆上的滑套压缩前从板→橡胶金属片→后从板和缓冲体后盖，同样起到缓冲作用。此种缓冲器用于国产地铁车辆上。

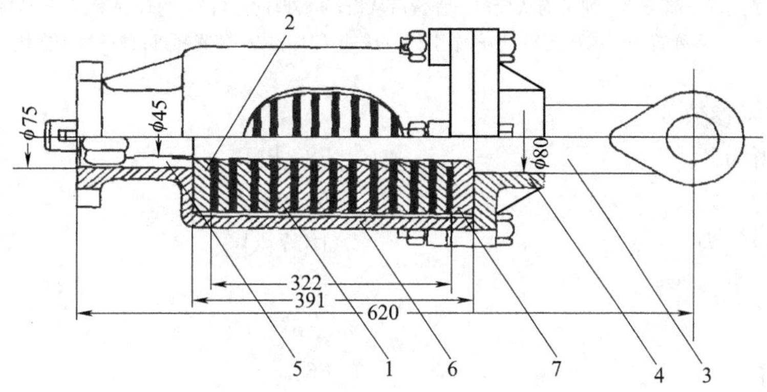

图 5-48　层叠式橡胶金属片缓冲器(单位：mm)

1—橡胶金属片；2—前从板；3—牵引杆；4—缓冲器后盖；5—滑套；6—缓冲器体；7—后从板

(2)主要技术参数

最大牵引力	150 kN
最大冲击力	250 kN
允许最大冲击速度	3 km/h
缓冲器容量	5.63 kJ

7. 环弹簧缓冲器

(1)环弹簧缓冲器的结构及原理

环弹簧缓冲器由弹簧盒、弹簧前后座板、外环弹簧(共 7 片)、内环弹簧(5 片内环弹簧、1 片开口环弹簧和 2 片半环弹簧组成)、端盖、球形支座、牵引杆等组成，其结构如图 5-49 所示。其作用原理如下：当车钩受冲击时，牵引杆推动弹簧前从板向后挤压环弹簧；当车钩受牵拉时，拧紧在牵引杆后端的预紧螺母带动弹簧后从板向前挤压环弹簧。所以不论车钩受冲击或牵拉环弹簧均受压缩作用。由于内、外环弹簧相互接触的接触面均做成 V 形锥面，受压缩相互挤压时，外环扩张，内环压缩，这样就产生了轴向变形，起到缓冲的作用。同时内、外环弹簧接触面产生相对滑动，摩擦力做功消耗了部分冲击能。

环弹簧缓冲器的前端通过一组对开连接套筒与钩头连接，后端的球形支座通过销轴与车钩支撑座相连接。整个车钩缓冲装置在水平面内可绕销轴左右摆动 40°，在垂直面内借助于球形轴套嵌有橡胶件可上下摆动 5°，以满足车辆运行于水平曲线和竖曲线的要求。上海地铁一号线车辆采用了这种缓冲装置。

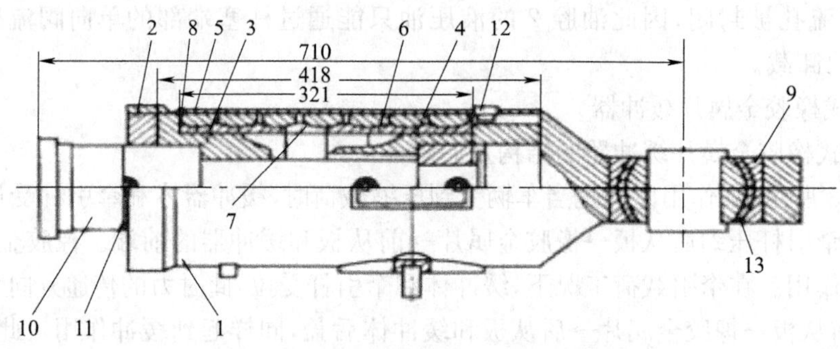

图 5-49　环弹簧缓冲器(单位:mm)

1—弹簧盒;2—端盖;3—弹簧前从板;4—弹簧后从板;5—外环弹簧;6—内环弹簧;7—开口弹簧;8—半环弹簧;9—球形支座;10—牵引杆;11—标记环;12—预紧螺母;13—橡胶嵌块

(2)主要技术参数

最大作用力为	580 kN
最大行程为	58 mm
缓冲器的容量为	18.7 kJ
水平摆角	±40°
垂直摆角	±5°
能量吸收率	66%

8. 环形橡胶缓冲器

(1)环形橡胶缓冲器的结构及原理

该缓冲器主要由牵引杆、缓冲器体、环形橡胶弹簧等几部分组成,如图 5-50 所示。属于免维护的橡胶缓冲装置,缓冲器安装在车钩安装座上,可以吸收拉伸和压缩能量。半自动车钩和牵引杆均用相同的方法安装固定。

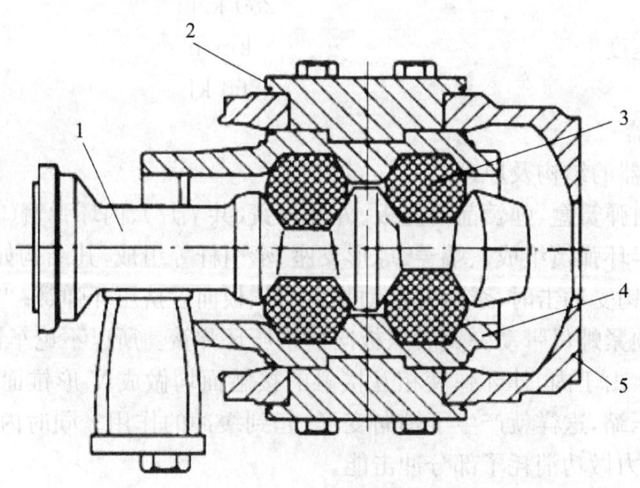

图 5-50　环形橡胶缓冲装置

1—牵引杆;2—安装座;3—环形橡胶;4—缓冲器体;5—支撑座

缓冲装置间不存在间隙,在承受拉伸和压缩载荷的同时,可以承受较大的剪切力。

缓冲装置允许车钩做垂向摆动和扭转运动。缓冲装置的支撑座用 4 个螺栓固定在车体底架上。

(2)主要技术参数

允许水平最大压缩力	1 250 kN
允许水平最大拉伸力	850 kN
水平摆角	±11°
垂直摆角	±5.5°

9. 带变形管的橡胶缓冲器

带变形管的橡胶缓冲器由拉杆、轴套、锥形环圈、法兰、垫圈、橡胶弹簧和变形管组成,如图 5-51 所示。轴套与钩头壳体螺纹连接,并由法兰紧固使之不致松动,轴套用来作为拉杆、锥形环圈和变形管支承和导向,拉杆穿过两个弹簧 6 和 7,其端部通过蝶形螺母将弹簧压紧。

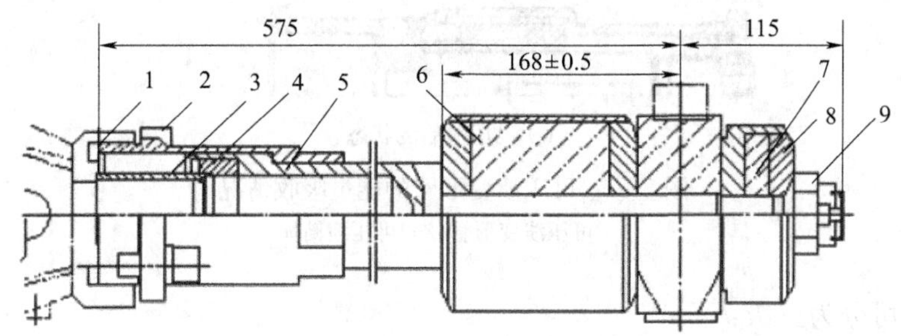

图 5-51　带变形管的橡胶缓冲器(单位:mm)

1—轴套;2—法兰;3—变形管;4—锥形环圈;5—拉杆;6—橡胶弹簧;7—橡胶弹簧;8—垫圈;9—螺母

在正常运行时,车辆之间所产生的牵引和压缩力主要由两橡胶弹簧来承担。这时车辆连挂冲击速度小于 3 km/h。在图 5-52 所示的力—行程图中作用力小于 100 kN,行程小于 58 mm,橡胶弹簧在变形中所吸收的功如图中所示的阴影面积。

当车辆在事故冲击时,车辆的碰撞速度超过 5~8 km/h,这时车钩所受到的冲击压缩力超过橡胶弹簧的承载能力,靠近钩头的冲击吸收装置起作用,变形管(3)与锥形环圈(4)彼此相互挤压,把冲击能转变为变形管和锥形环圈的变形功和摩擦功,变形管产生永久变形,吸收冲击功可达 16.1 kJ,从而达到对乘客和车辆的事故附加防护作用。产生永久变形后的变形管必须予以更换,只要将法兰(2)松开,并将轴套(1)从钩体中拧出,就不难将变形管(3)从锥形环圈(4)中拉出。

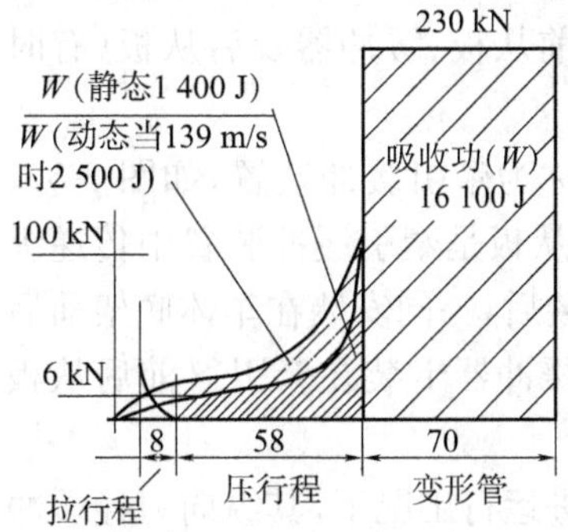

图 5-52　橡胶缓冲器冲击衰减力—行程图(单位:mm)

10. 可压溃变形管

车钩缓冲装置是车辆冲击能量吸收系统的一部分，可压溃变形管可作为车钩缓冲装置的重要部件，用来吸收车辆冲击能量，如图 5-53 所示。当两列车相撞时，将会产生可恢复的和不可恢复的变形。

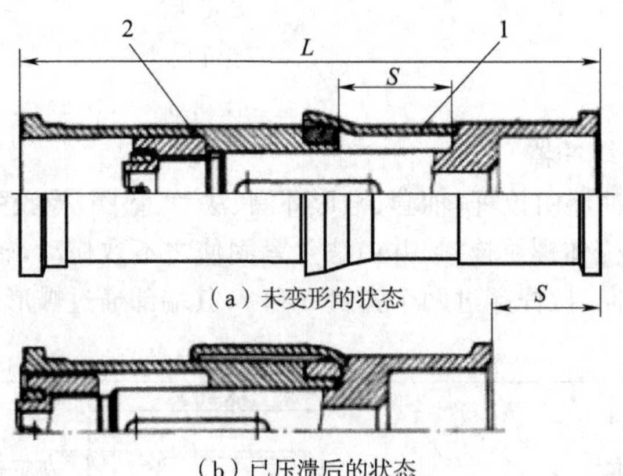

（a）未变形的状态

（b）已压溃后的状态

图 5-53　可压溃变形管的能量吸收情况

1—可压溃变形管；2—可压溃筒体

能量吸收可分为三级：

第一级，速度最大为 8 km/h 速度时，车钩内的缓冲、吸收装置吸收全部能量，产生的变形可以恢复；第二级，速度为 8～15 km/h 速度时，可压溃变形管产生的变形不可恢复；第三级，速度超过 15 km/h 速度时，自动车钩的过载保护系统产生不可恢复的变形，车辆前端将参与能量吸收以保护乘客。

同时通过可压溃变形管的能量吸收还可以保护车体钢结构免受破坏。当冲击速度过大，导致可压溃变形管变形时，必须更换。

撞车事故发生后，必须对车辆进行检查，尤其是电气连接和机械连接部分。

车钩的事故率相对较低，但可压溃变形管是必备的备件，另外如钩舌弹簧、固定和活动触头及风管连接器等也是相对容易损坏的部件。

四、牵引缓冲装置

车钩钩体尾部通过钩尾销连接车钩尾框。车钩尾框如图 5-54 所示，在车钩尾框内，安装前从板、缓冲器及后从板（有时不设后从板）。

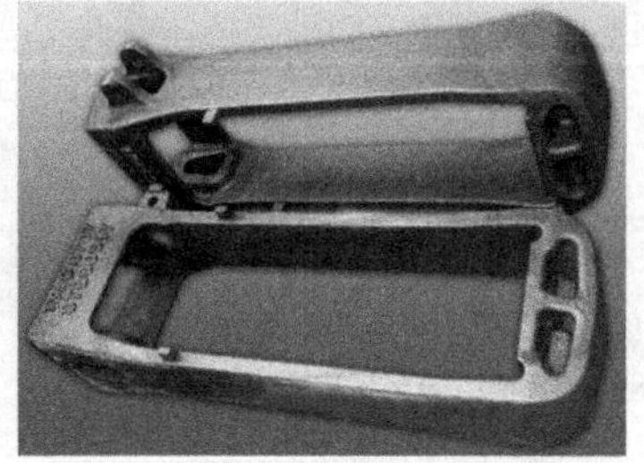

图 5-54　车钩尾框实物

车钩和缓冲器组装在一起称为牵引缓冲装置，如图 5-55、图 5-56 所示。车钩尾框和前后从板是牵引缓冲装置中传递纵向力的部件，与车钩、缓冲器组装后，一同安装在车体底架前后两端的牵引梁内。前后从板及缓冲器卡装在牵引梁前后从板座之间。

机车在牵引运行或是在推进运行工况下，其纵向力经缓冲器来传递，缓冲器弹性吸能元件产生形变，起到缓冲作用，减轻了纵向冲击，改善了运行品质。

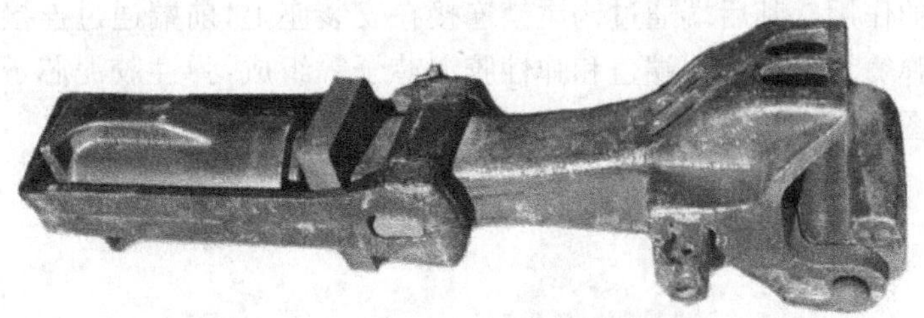

图 5-55　牵引缓冲装置组装

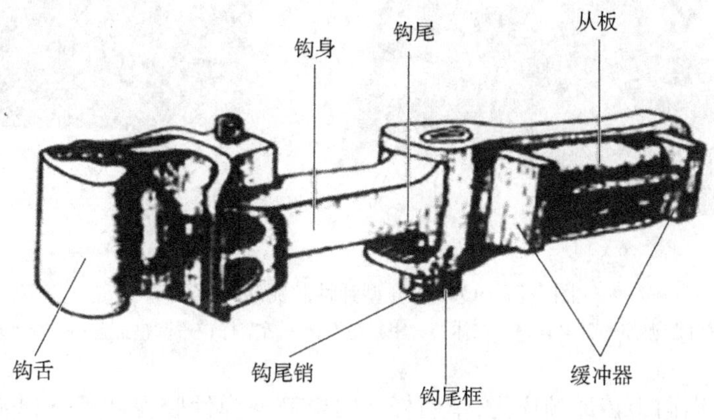

图 5-56　牵引缓冲装置组装示意

由于车钩专用于机车和车辆之间的连接，所以各种机车车辆的车钩安装高度须相等。车钩中心线距轨面的高度为(880±10)mm，车钩高度的调整可由在钩尾框托板上加垫或改变冲击支座下方吊杆装置的均衡梁上的磨耗板厚度来进行调整，必要时吊杆头上的垫板也可稍稍改变厚度以调整车钩高度。

五、HXD1C 型电力机车牵引缓冲装置

HXD1C 型电力机车牵引缓冲装置选用小间隙的 13A 型 E 级钢车钩、大容量的 QKX100 型弹性胶泥缓冲器系统集成，安装在车体底架两端牵引梁的车钩箱内。其中，QKX100 型弹性胶泥缓冲器主要由弹性胶泥芯子、壳体、连接板和螺杆等组成，弹性胶泥缓冲器性能先进，缓冲器的可靠性和动态吸收性能较好。其性能参数见表 5-2。

表 5-2　QKX100 型弹性胶泥缓冲器性能参数

最大阻抗力	≤2 500 kN
工作行程	≤73 mm
缓冲容量	≥100 kJ
缓冲吸收率	≥80%

该型缓冲器还满足如下应用要求：用于总重 100 t 车辆的允许连挂速度不低于 10 km/h；1/3 行程时的阻抗力不小于 800 kN；缓冲器的使用寿命不小于机车车辆的一个厂修周期。

弹性胶泥缓冲器与传统意义上的缓冲器类似，在列车运行过程中起到吸收冲击能量、缓和

纵向冲击和振动的作用。其后端通过钩尾销连接在安装座上,前端通过连接环与连挂系统连接,它由牵引杆、弹簧盒、内半筒、端盖和弹性胶泥芯子等组成,弹性胶泥芯子是其接受能量的元件。其结构如图 5-57 所示。

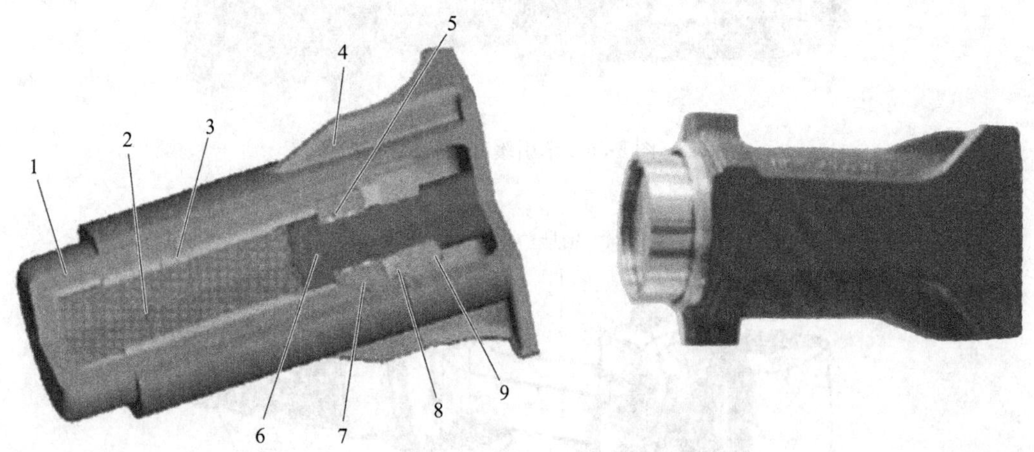

图 5-57　QKX100 型弹性胶泥缓冲器结构

1—撞头;2—弹性胶泥;3—阻尼套;4—缸体;5—密封垫圈;6—活塞杆;7—调整缸盖;8—弹性单元;9—缸盖

车钩受拉时,纵向力传递顺序为:牵引杆→内半筒→弹性胶泥芯子→弹簧盒→车体;车钩受压时,纵向力传递顺序为:牵引杆→弹性胶泥芯子→内半筒→弹簧盒→车体。由此可见,无论车钩受拉或是受压,缓冲器始终受压。

QKX100 型弹性胶泥缓冲器变形吸能元件由特殊材料制成的薄壁筒形结构,具有高抗压强度和高延伸率特征,在紧急碰撞情况下,它能通过塑性变形使每组变形吸能单元(左、右各为一组)大量吸收碰撞动能,最大限度地保护车体结构以及车上设备不受破坏以及司乘人员的安全。其基本技术参数如下:(1)静载荷。不低于 3 000 kN。(2)产生变形的载荷。初始时不低于 3 000～3 300 kN,达终点时最大不超过 3 300～3 450 kN。(3)动态吸收能力最少不低于 350 kJ。

按行业相关规定,车钩的三态作用应在车钩轴线呈水平的状态下,通过解钩提杆,严格检查车钩的三态作用是否良好。

车钩间隙小和 QKX100 型弹性胶泥缓冲器大容量、高吸收率有效减少了机车纵向冲击,同时,满足传统标准化钩缓装配尺寸,确保 HXD1C 型电力机车钩缓系统与现有机车的互换性,提高使用效率,减少维护成本。

车钩提杆为锻造弯杆,因车体司机室前端牵引梁有一定倾斜,所以前端车钩提杆与后端车钩提杆在结构上存在一定不同,但都是单边旋转提钩。

效果评价

(1)老师事先准备车钩缓冲装置小纸条,随机抽查车钩不同结构,请学生说出其结构名称和作用。

(2)请你制作 PPT,介绍车钩缓冲装置主要结构和缓冲原理并对其中一个部分详细讲解。

(3)制作海报,向大家介绍CR400AF型动车组的车钩缓冲装置。

(4)分组讨论,每组抽一名同学简述全自动车钩、半自动车钩、半永久牵引杆的区别。

(5)试述总结标准车钩及全自动车钩对应的三态作用原理。

项目六　列车风源及管路系统

项目描述

列车的空气管路系统包括风源系统、制动机管路系统和其他辅助气动装置。由于制动机管路系统将作为单独的一门专业课程进行学习，本项目不再赘述。本项目主要对列车风源系统和辅助管路系统的组成和工作原理进行重点叙述。

能力目标

能够简述电力机车和城轨车辆的风源系统和其他辅助气动装置的设备组成及其工作原理。

任务一　空气管路系统总体认知

任务介绍

通过本任务的学习，了解列车空气管路系统的总体概况，掌握主风源系统原理及其主要部件，并对列车上其他气动设备有所了解。

问题引导

(1)列车上有哪些设备需要用到压缩空气？

(2)列车上的压缩空气从哪里来？

自觉活动

(1)仔细阅读知识素材中关于列车空气管路系统的全部内容，并在文中对主要知识点做好标记。(15 分钟)

(2)分组讨论主风源系统的组成及各部分的工作原理。(10 分钟)

知识素材

列车普遍采用压缩空气作为制动系统和各种辅助装置的动力源。这是因为空气来源方便，使用过的空气可以就地排放出来，不会污染环境。空气的黏度小，流动阻力损失小，便于集中供气和远距离输送。气动系统对环境的适应能力强，能在温度范围很宽、潮湿和有灰生的环境下可靠工作，且无火灾、爆炸的危险，使用安全。气动执行元件运动速度高，结构简单，维护方便，成本低廉。

一、概　　述

各种类型列车的空气管路类似，主要由风源系统、制动机管路系统和其他辅助气动装置组成。

风源系统是全车空气管路系统的基础。它负责生产并提供列车制动机以及列车上的气动装置所需的高质量的洁净、干净和稳定的压缩空气。压缩空气质量的好坏直接影响到机车或列车的安全运行。

其他辅助气动装置是用来改善列车运行条件，确保行车安全，不同类型列车有所不同。例如，机车主要有撒砂、轮喷、风喇叭、升弓控制装置等；城轨车辆主要有转向架空气悬挂装置、车门控制装置、风喇叭、刮雨器、升弓控制装置、车钩操作气动控制装置等。

同时，不同类型列车的空气管路也各有特点。例如，城轨车辆一般以单元进行编组，所以其风源系统也是以单元来供气，每一单元设置一套风源系统，相邻车辆的主风管通过截断塞门和软管相连，由两个以上单元组成的列车就具有两套以上风源系统。

二、风源系统

列车风源系统一般分为主风源系统和辅助风源系统，两个相对独立的部分。正常情况由主风源系统为列车供应压缩空气，当列车故障或库停时间较长，总风缸中压缩空气压力不够时，由辅助风源系统给列车相关用风设备供风。

列车主风源系统可分为压缩空气的生产、压力控制、净化处理、储存、风源保护等环节，主要由空气压缩机、空气干燥器、风缸等组成。空气压缩机用于生产压缩空气，从压缩机出来的压缩空气经干燥器干燥处理后进入微油过滤器进行滤油处理，经净化处理后的压缩空气所含颗粒、水、油的等级均达到标准，满足制动机系统及其他气动装置用风的质量要求。干净的压缩空气进入风缸进行存储，然后给制动机及各气动部件供风。

1. 空气压缩机

空气压缩机（简称空压机）是用来制造压缩空气（也称压力空气）的装置。列车采用的空气压缩机要求具有噪声低、振动小、结构紧凑、维护方便、环境实用性强的特点，目前，列车上采用的主要有活塞式空气压缩机和螺杆式空气压缩机两种。

(1)活塞式空气压缩机

活塞式空气压缩机由固定机构，运动机构，进、排气机构，中间冷却装置和润滑装置等几部分组成。其中，固定机构包括机体、气缸、气缸盖；运动机构包括曲轴、连杆、活塞；进、排气机构包括空气滤清器、气阀；中间冷却装置包括中间冷却器（简称中冷器）、冷却风扇；润滑装置包括润滑油泵、润滑油路等，如图 6-1 所示。

活塞式空气压缩机的工作原理：电机通过联轴节驱动空压机曲轴转动，曲柄连杆机构带动高、低压缸活塞同时在气缸内做上下往复运动。由于曲轴中部的三个轴颈在轴向平面内互呈120°，两个低压活塞和一个高压活塞分别相隔 120°转角。当低压活塞下行时，活塞顶面与缸盖

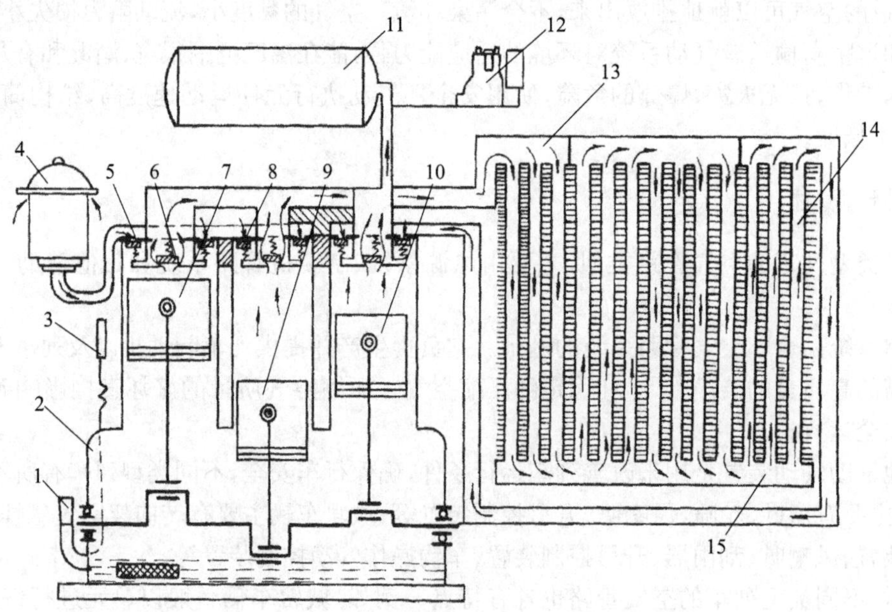

图 6-1 活塞式空气压缩机作用原理

1—润滑油泵；2—机体；3—油压表；4—空气滤清器；5、8—进气阀片；6—排气阀片；7、9—低压活塞；10—高压活塞；11—主风缸；12—压力控制器；13—上集气箱；14—散热管；15—下集气箱

之间形成真空，经空气滤清器的大气推开进气阀片(进气阀片弹簧被压缩)进入低压缸，此时排气阀在弹簧和中冷器内空气压力的作用下关闭。当低压活塞上行时，气缸内的空气被压缩，其压力大于排气阀片上方压力与排气阀弹簧的弹力之和时，压缩排气阀弹簧推开排气阀片，具有一定压力的空气排出缸外，而进气阀片在气缸内压力及其弹簧的作用下关闭。两个低压缸送出的低压空气，都经气缸盖的同一通道进入中冷器。经中冷器冷却后，再进入高压缸，进行第二次压缩，压缩后的空气经排气阀口、主风管路送入主风缸中储存。高压活塞的进、排气作用与低压活塞的进、排气作用相同。

在运用中，主风缸压力保持在一定的范围，如 750～900 kPa，它是通过空压机压力控制器(调压器)自动控制空压机的起动或停止来实现。当主风缸的压力逐渐增高，达到规定压力上限时，压力控制器切断空压机驱动电机的电源，使空压机停止工作；而随着设备的用风和管路的泄漏等，使主风缸的压力逐渐降低，达到规定压力下限时，压力控制器接通空压机驱动电机的电源，使空压机开始工作，主风缸压力又回升。这样主风缸压力一直被控制在规定的范围之内。

下面是用于城轨列车的两种活塞式空气压缩机：

VV230/180-2 型活塞式空气压缩机，排气量为 1 500 L/min，输出压力为 1 100 kPa，转速为 1 520 r/min，用 1 500V 直流电动机通过弹性联轴器直接驱动。4 个气缸(其中三个低压缸的直径 95 mm，一个高压缸的直径 85 mm)，两级压缩带有两个空气冷却器(中间冷却或后冷却)，并用风扇强迫通风。此压缩机的主要特点是它的缸体与曲轴箱不连成一体，这样的设计便于缸套的安装和调换。

VV120/150-1 型活塞式空气压缩机，此压缩机为三缸，其中两个缸为低压缸，一个为高压缸，三个缸呈 W 形排列，两级压缩带有两个空气冷却器。其排气量为 920 L/min，输出压力为

1 000 kPa,转速为 1 450 r/min,由 380 V、三相、50 Hz 交流鼠笼式异步电动机驱动,电机与压缩机之间是永久连接,不需要维护,有一个自对中心的法兰连接,这种布置就不需要在电机和压缩机之间有很精确的直线连接。其空气过滤器采用过滤纸过滤,其效果较油浴式过滤器好,但应用成本较高。冷却风扇的叶片不直接安装在曲轴端头,是通过温控液力联合器连接,也称黏性连接。在温度较低时,联轴器内的液体黏度很低,不传递转矩,故可节约能源。该空气压缩机组的一个主要优点是在 4.6 m 距离内噪声的声压级只有 64 dB (A)。

活塞式空气压缩机的应用广泛、技术成熟,可靠性和稳定性好,不需特殊润滑,性价比具有吸引力。

(2)螺杆式空气压缩机

①螺杆式空气压缩机的结构

螺杆式空气压缩机主机是双回转轴容积式压缩机,转子为一对互相啮合的螺杆,螺杆具有非对称啮合型面。主动转子为阳螺杆,从动转子为阴螺杆。常用的主副螺杆齿数比因压缩机容量而有所不同,为 4∶5、4∶6 或 5∶6。两个互相啮合的转子在一个只留有进气口和排气口的铸铁壳体里面旋转,螺杆的啮合和螺杆与壳体之间的间隙通过精密加工严格控制,并在工作时向螺杆腔内喷压缩机油,使间隙被密封,并将两转子的啮合面隔离防止机械接磨。另外,不断喷入的机油与压缩空气混合,用来带走压缩过程所产生的热量,维持螺杆副长期可靠地运转。当螺杆副啮合旋转时,它从进气口吸气,经过压缩从排气口排出,得到具有一定压力的压缩空气。

螺杆副如图 6-2 所示,这是一对齿数比为 4∶6 以特定螺旋角互相啮合的螺杆。其中阳螺杆(通常作驱动螺杆)为凸型不对称齿;而阴螺杆(常用作从动螺杆)为瘦齿型弯曲齿。两螺杆的齿断面型线是专门设计并经过精密磨削加工的,在啮合过程中两齿间始终保持"零"间隙密贴,形成空气的挤压空腔。

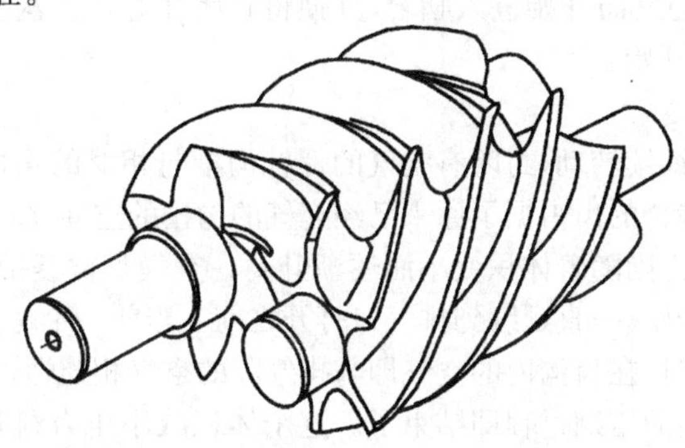

图 6-2 螺杆式空气压缩机螺杆副

②螺杆式空气压缩机的工作原理

该压缩机的工作过程分为吸气、压缩、排气三个阶段,流程如图 6-3 所示。

a. 吸气过程

螺杆安装在壳体内,在自然状态下就有一部分螺杆的沟槽与壳体上的进气口相通。也就是说,在任何时候,无论螺杆式空气压缩机的螺杆旋转到什么位置,总有空气通过进气口充满与进气口相通的沟槽。这是压缩机的吸气过程。

主副两转子在吸气终了时,已经充盈空气的螺杆沟槽的齿顶与机壳腔壁贴合,此时,在齿

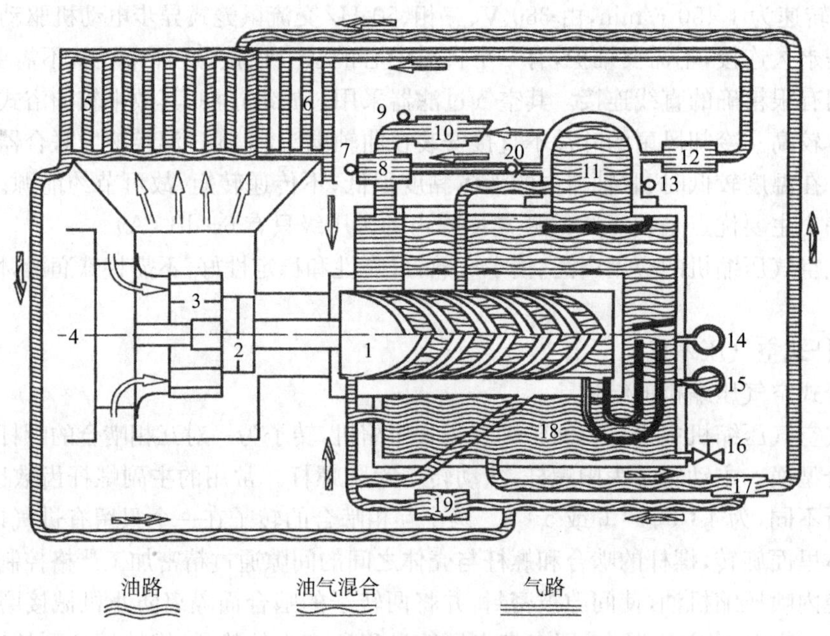

图 6-3 螺杆式空气压缩机系统工作流程

1—螺杆式空气压缩机；2—联轴器；3—冷却风机；4—电机；5—空、油冷却器（机油冷却单元）；
6—冷却器（压缩空气后冷单元）；7—压力开关；8—进气阀；9—真空指示器；10—空气滤清器；
11—油细分离器；12—最小压力维持阀；13—安全阀；14—温度开关；15—视油镜；16—泄油阀；
17—温度控制阀；18—油气筒组成；19—机油过滤器；20—逆止阀

沟内的空气即被隔离，不再与外界相通并失去相对流动的自由，即被“封闭”。当吸气过程结束后，两个螺杆在吸气口的反面开始进入啮合，并使得封闭在螺杆齿沟里的空气的体积逐渐减小，压力上升，压缩随之开始。

b. 压缩过程

随着压缩机两转子继续转动，封闭有空气的螺杆沟槽与相对的螺杆的齿的啮合从吸气端不断地向排气端发展，啮合的齿占据了原来已经充气的沟槽的空间，将在这个沟槽里的空气挤压，体积渐渐变小，而压力则随着体积变小而逐渐升高。空气是被裹带着一边转动，一边被继续压缩的，从吸气结束开始，一直延续到排气口打开之前。当前一个螺杆齿端面转过被它遮挡的机壳端面上的排气口时，在齿沟内的空气即与排气腔的空气相连通，受挤压的空气开始进入排气腔，至此在压缩机内的压缩过程即结束了。这个体积减小压力渐升的过程是压缩机的压缩过程。

在压缩过程中，压缩机不断地向压缩室和轴承喷射润滑油。其主要作用如下：

润滑作用：喷入的机油在螺杆的齿面形成油膜，使啮合齿的齿面与齿面，齿顶与机壳间不直接接触，不产生干摩擦及由此引起的磨损。

密封作用：润滑油油膜填充了螺杆啮合齿与齿间及齿顶与机壳间的间隙，阻止压缩空气的泄漏，起密封作用，提高压缩机的容积效率。

降噪作用：喷入的机油与压缩空气混合，在油气混合物压力变化时，不可压缩的液态油可以部分地吸收缓和压缩空气膨胀产生的气动高频噪声。

冷却作用：喷入的润滑油接触到螺杆、机壳壁和压缩空气，吸收压缩热并将其带出。通过机外冷却系统将机油带出来的热，转由冷却空气散掉，从而保证压缩机在理想的工作温度下工作，保证机器的可靠性和使用寿命。

c. 排气过程

压缩过程结束，封闭有压缩空气的螺杆沟槽的端部边缘与螺杆壳体端壁上的排气口边缘相通时，受到挤压压缩的空气被迅速从排气口推出，进入螺杆压缩机的排气腔。随着螺杆副的继续转动，螺杆啮合继续向排气端的方向推移，逐渐将在这个沟槽里的压缩空气全部挤出。这是压缩机的排气过程。在排气过程中，由于排气腔并不直接连着压缩空气用户，在它的排气腔出口设置的最小压力维持阀，限制自由空气外流，会使压缩空气的压力继续上升或者受到制约。

螺杆式空气压缩机壳体的进气口开口的大小及边缘曲线的形状，是与螺杆的齿数及螺旋角的角度相关的。而压缩机后端壁上的排气口开口形状(呈现为蝶形)及尺寸也是由压缩机的压缩特性及螺杆的端面齿形所决定的。

这里所讲的螺杆式空气压缩机工作原理，是以螺杆的一个沟槽为实例展开的，并且把它的工作过程分成为吸气、压缩和排气三个阶段，界限清晰地进行介绍。实际上压缩机螺杆的工作转速很快，而且主动螺杆和从动螺杆的每一个沟槽，在运转过程中承担着相同的任务，将它的空腔在进气侧打开吸进空气，然后再将其带到排气侧压缩后排出。这种高速的，周而复始的工作，而且螺旋状的前一个沟槽和后面相邻沟槽的同一个的工作阶段，尽管有先有后，但实际上是重叠发生的。这形成了螺杆式空气压缩机工作的连续性和供气的平稳性，形成了它的低振动和高效率。

螺杆式空气压缩机的工作循环，是在啮合的螺杆齿和齿沟间，一个接一个周而复始连续不断地进行的。而且它的压缩过程只是当齿沟里的空气被挤进排气腔的过程中才完成的，所以没有像活塞式压缩机那样的振动和排气阀启闭形成的冲击噪声。

③螺杆式空气压缩机特点

a. 噪声低、振动小：当螺杆式空气压缩机工作时，旋转部件两个螺杆的运动没有质心位置的变动，因而没有产生振动的干扰力。经精密加工和精密磨削制造的公、母螺杆和机壳之间，互相密贴和啮合的间隙是通过喷油实现密封和冷却的，并不产生机械接触和摩擦，因而在工作中噪声低。它的喷油润滑又使噪声强度大大降低，一般不超过 85 dB(A)。另外它的空气压缩过程是连续的，不受气阀开闭的制约，所以，压缩空气流动也连续而且平稳、没有脉动。

b. 可靠性高和寿命长。螺杆式空气压缩机工作时除了轴承和轴封等部件外，没有因相对运动而承受摩擦的零部件。公、母螺杆和机壳之间并不产生机械接触和摩擦，在工作中不产生磨损，因而其具有高可靠和免维护的特点。通常螺杆式空气压缩机的检修周期可以保证不短于整车的大修期。

c. 维护简单。在运用中，检查、检修人员只需注意观察螺杆式空气压缩机的机油油位不低于油表或视油镜刻线，并保证空气滤清器堵塞。

2. 空气干燥器

空气压缩机输出的压缩空气中含有较高的水分、油分和机械杂质等，必须经过空气干燥器将其中的水分、油分和机械杂质除去，才能达到车辆上用风设备对压缩空气的要求。液态的水、油微粒及机械杂质在滤清器(或油水分离器)中基本被除去，压缩空气的相对湿度降低(通常相对湿度达 35%以下)是避免用风过程中出现冷凝水危害的主要方式。

空气干燥器的基本工作原理如下：吸附过程是一个平衡反应，即在吸附剂(干燥剂)和与其接触的压缩空气之间湿度趋向于平衡，而相对湿度大的压缩空气与吸附剂的表面接触时，由于吸附剂具有大量微孔，与空气的接触面积大，吸附剂可以大量、快速地吸附压缩空气的水蒸气分子，达到干燥压缩空气的目的；再生过程也是一个平衡反应，用于吸附剂再生的吹扫气体是由较高压力的压缩空气膨胀而来，膨胀时，空气体积增大而压力降低，获得的吹扫气体的相对湿度较低，因而易于"夺"走吸附剂上已吸附的水蒸气分子，使吸附剂恢复干燥状态，达到再生的目的。其特点是"压力吸附与无热再生"。

常用的吸附剂有：硅凝胶、氧化铝、活性炭及分子筛等。

空气干燥器一般都是塔式的，分为单塔式和双塔式两种。

(1)单塔式空气干燥器

单塔式(也称单筒式)空气干燥器是一种无热再生作用的干燥器，由油水分离器、干燥筒、排水阀、电空阀、再生风缸和消声器等组成，如图 6-4 所示。它的特点是吸附剂的吸附作用与再生作用在同一个干燥筒内进行。在油水分离器中存有许多"拉希格"圈(这是一种用铝片或

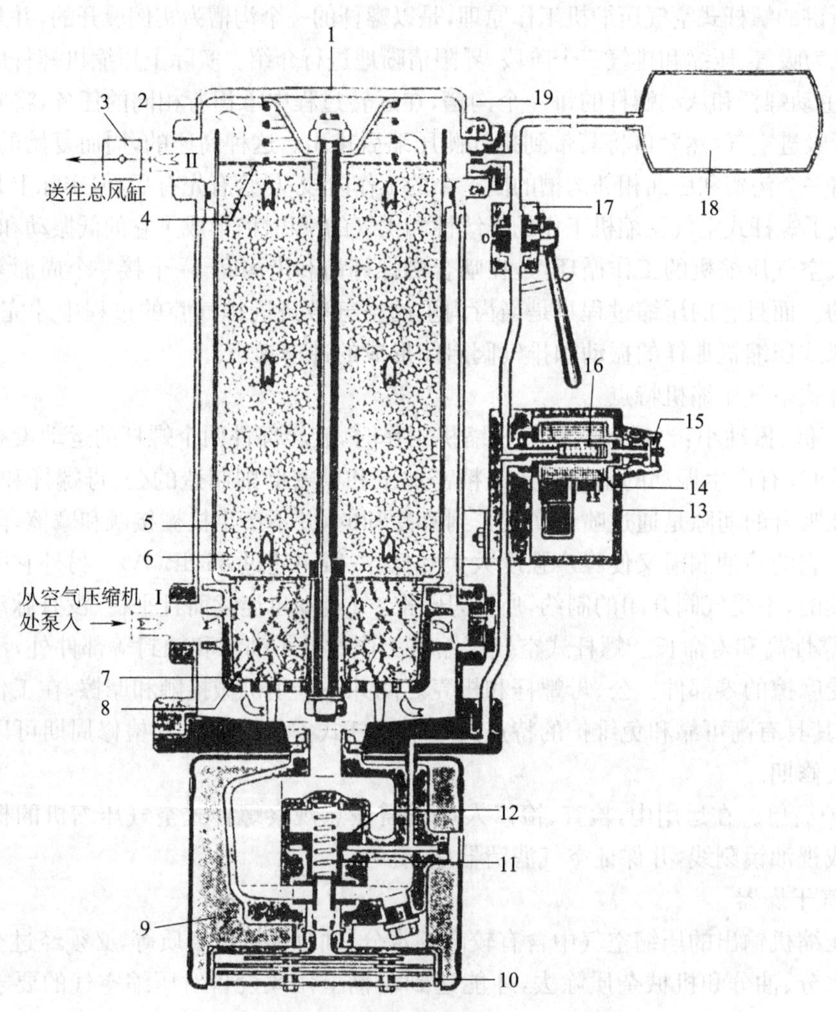

图 6-4　单塔式空气干燥器(吸附工况)

1—空气干燥器；2—弹簧；3—单向阀；4—带孔挡板；5—干燥筒筒体；6—吸附剂；7—油水分离器；8—"拉希格"圈；9—排泄阀；10—消声器；11—弹簧；12—活塞；13—电空阀；14—线圈；15—排气阀；16—衔铁；17—带排气的截断塞门；18—再生风缸；19—节流孔

铜片做成的有缝的小圆筒），干燥器则是一个网形的大圆筒，其中盛满颗粒状的吸附剂。

单塔式空气干燥器工作过程如下：空气压缩机工作时，电空阀 13 失电，活塞下方通过排气阀 15 排向大气，活塞 12 在弹簧力作用下关闭排泄阀 9，而空压机输出的压力空气从干燥塔中部的进口管Ⅰ进入干燥塔，首先到达油水分离器，当含有油分和机械杂质的压缩空气经过“拉希格”圈时，油滴吸附在“拉希格”圈的缝隙中，机械杂质则不能通过“拉希格”圈的缝隙，这样就将压缩空气中的油分和机械杂质滤去，然后再进入干燥筒内与吸附剂相遇，吸附剂大量地吸收水分，使从干燥筒上方输出的压缩空气的相对湿度降低，达到车辆用风系统的要求。图 6-4 所示的干燥筒下方 1/4 高度处为装有“拉希格”圈 8 的油水分离器，而上方 3/4 高度处为装有吸附剂 6 的空气干燥筒 1。

经过干燥的压力空气，一路经过接口Ⅱ及单向阀 3 送往主风缸，单向阀的作用是防止压力空气从主风缸逆流；另一路经节流孔 19 充入再生风缸 18。当空气压缩机停止工作的同时电空阀 13 得电，再生风缸 18 内的压力空气经过打开的电空阀向活塞 12 下部充气，活塞上移，打开排泄阀 9，干燥塔内的压力空气迅速排出，这时再生风缸内的压力空气经节流孔回冲至干燥塔内，从而沿干燥筒、油水分离器一直冲至干燥塔下部的积水积油腔内，在下冲过程中，干燥空气吸收了干燥剂中水分同时还冲下了“拉希格”圈上的油滴和机械杂质，这样干燥剂再生的同时“拉希格”圈也得以清洗。

当采用空气压缩机的排气量相对较小时，它的停止工作间隙不能满足单塔式干燥器再生所需的时间间隙，这时使用双塔式干燥器就可以解决问题。

(2)双塔式干燥器

双塔式（也称双筒式）空气干燥器如图 6-5 所示，双塔式干燥器由干燥筒 19、干燥器座 25、双活塞阀 34、电磁阀 43 四个主要部分组成。两个干燥筒 19 除了装有干燥空气用的吸附剂外，在其下部均装有油水分离器。干燥器座 25 上设置有再生节流孔 50、两个止回阀 24、一个旁通阀 71 和一个预控制阀 55，如图 6-6 所示。电磁阀 43 和电子循环控制器相配合，控制干燥器的干燥和再生循环。另外，每一个干燥筒还有一个压力指示器 1。压力指示器红针显示压力为干燥工况；相反，红针复位则为再生工况。进气口 P_1 可选择为前面或右侧，排气口 P_2 可选择为左侧或右侧。

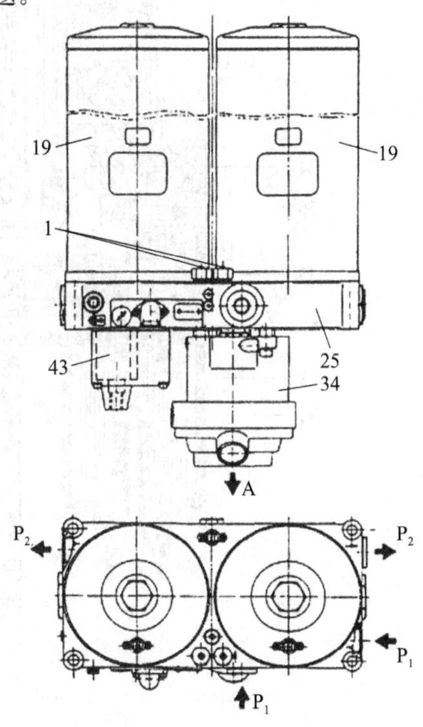

图 6-5　双塔式空气干燥器

1—压力指示器；19—干燥筒；25—干燥器座；34—双活塞阀；43—电磁阀；A—排泄口；P_1—进气口；P_2—出气口

双塔式空气干燥器的工作原理及作用过程如下：

①工作原理

双塔式干燥器工作为干燥与再生两个工况同时进行，压力空气在一个筒中流过并干燥时，另外一个筒中的吸附剂即再生，如图 6-6 所示。从空气压缩机输出的压力空气首先经过装有“拉希格”圈的油水分离器，除去空气中的液态油、水、尘埃等。然后，压力空气再流过干燥筒中的吸附剂，吸附剂吸附压力空气中的水分。

一部分干燥过的压力空气(约13%～18%)被分流出来，经过再生节流膨胀后，进入另一个干燥塔对已吸水饱和的吸附剂进行脱水再生，再生工作后的压力空气经过油水分离器时，再把积聚在“拉希格”圈上的油、水及机械杂质等从排泄通路排出。

②作用过程

干燥筒19a处于吸附工作状态，干燥筒19b则处于再生工作状态。相当于处在图6-6所示工作循环的前$T/2$。

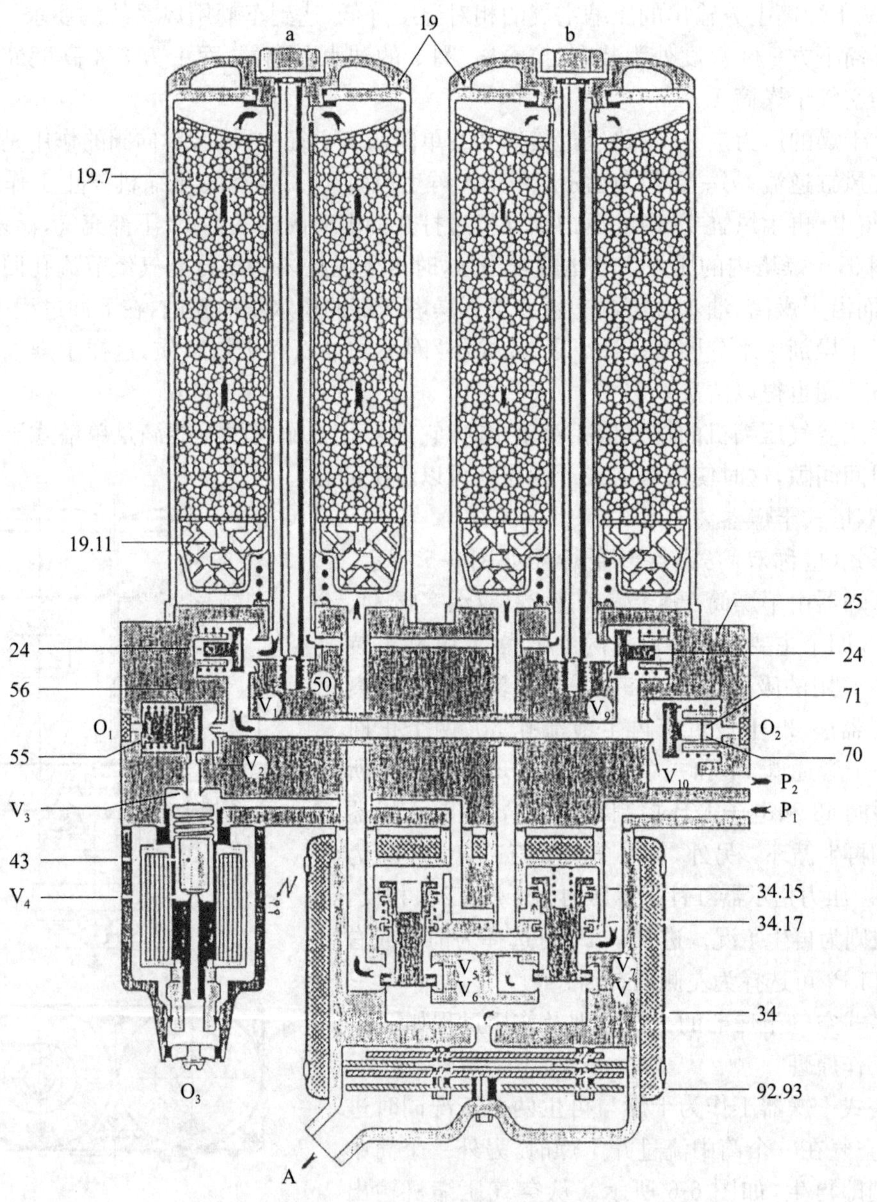

图6-6　双塔式空气干燥器作用原理

(干燥筒19a为吸附工况，干燥筒19b为干燥工况)

19—干燥筒；19.7—吸附剂；19.11—油水分离器；24—止回阀；25—干燥器座；34—双活塞阀；34.15—克诺尔K形环；34.17—克诺尔K形环；43—电磁阀；50—再生节流孔；55—预控制阀；56—克诺尔K形环；70—克诺尔K形环；71—旁通阀；92、93—隔热材；A—排泄口；O_1～O_3—排气口；P_1—进气口；P_2—出气口；V_1～V_{10}—阀座循环控制器控制电磁阀 43，当电磁阀 43 得电时，开启阀 V_3；从干燥后的压力空气中部分分流出来的用于控制的压力空气，通过打开的阀 V_2 和阀 V_3 后，到达双活塞阀 34。预控制阀 55 用来防止双活塞阀 34 动作时处于中间位置；阀 V_2 是在双活塞阀 34 需要的"移动压力"达到时才打开。这个"移动压力"推动双活塞阀 34 的两个活塞克服各自的弹簧力，使右活塞移到顶部，而左活塞则移到底部。因此，导致阀 V_5 及阀 V_8 的开启。其流程如下：

空气压缩机输出压力空气→进气口 P_1→阀 V_5→干燥筒 19a 中油水分离器、吸附剂→干燥筒 19a 中心管，由此分两路；一路到止回阀 V_1→旁通阀 V_{10}→出气口 P_2→总风缸；另一路至再生节流孔 50→干燥筒 19b 中吸附剂、油水分离器→阀 V_8→消声器→排泄口→大气。

这样，干燥筒 19a 对空气压缩机输出压力空气进行油水分离和干燥，干燥筒 19b 则对吸附剂再生及排除油污。

当干燥筒 19a 中吸附剂到达饱和极限后，两个干燥筒转换工作状态，此时为图 6-7 所示的 $T/2$ 时间。即电磁阀 43 失电，阀 V_3 关闭而阀 V_4 开启。连通双活塞阀，控制压力空气排至大气，双活塞阀在各自的弹簧力作用下复位，结果阀 V_6 及阀 V_7 开启。流程如下：

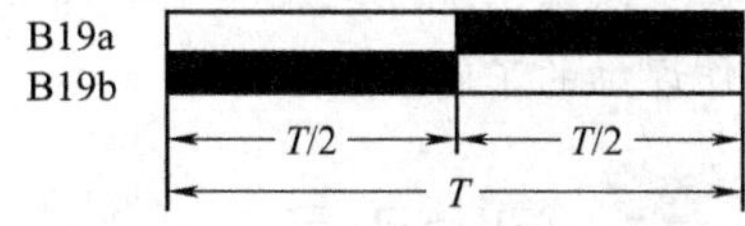

图 6-7　一个工作循环示意图

■—再生工况；B19a、B19b—干燥筒；□—吸附工况；T—工作循环

空气压缩机输出压力空气→进气口 P_1→阀 V_7→干燥筒 19b 中油水分离器、吸附剂→干燥筒 19b 中心管，再分两路，一路到止回阀 V_9→旁通阀 V_{10}→出气口 P_2→总风缸；另一路至再生节流孔 50→干燥筒 19a 中心管→干燥筒 19a 中吸附剂、油水分离器→阀 V_6→消声器→排泄口 A→大气。

结果，干燥筒 19b 空气压缩机输出压力空气进行油水分离和干燥，而干燥筒 19a 则对吸附剂再生及排除油污。

为了保证干燥器工作的准确性，干燥器内部要求达到一定的"移动压力"时，预控制阀 55 才开启，双活塞阀 34 才能够移动到位。旁通阀 71 保证"移动压力"迅速建立，当压力空气压力超过这个"移动压力"之后，才能打开旁通阀 71，使压力空气流向总风缸。这种设置也可防止干燥筒 19b 出现干燥时间的延长(不能迅速转换工作状态)，而使其中的吸附剂产生过饱和。

两个止回阀 24 的作用是防止当空气压缩机不工作时压力空气逆流。

③循环控制

循环控制器在空气压缩机启动的同时也开始工作，它根据规定的程序控制电磁阀 43 的开关时间；从而控制双干燥筒工作循环，每两分钟转换一次工作状态。

当空气压缩机停止工作或空转时，循环控制器记忆下实际的循环状态，当空气压缩机重新启动后，循环控制器从原有的状态上执行控制；这样就可以保证吸附剂充分地再生，并保证吸附剂不会因工作循环的重新设置而产生过饱和。

如果循环控制器或电磁阀出现故障，空气压缩机输出的压力空气仍可以通过干燥器其中的一个干燥筒干燥，保证压力空气的供给。

从上述可以看出，双塔式干燥器的工作原理与单塔式类似，只不过它不是采取一段时间去油吸水，另一段时间干燥剂再生和"拉希格"圈去污的间隙工作法，而是采取轮换工作的方法，即一个塔对进入塔内的压缩空气进行去油脱水，另一个塔则进行干燥剂再生，按一定周期两塔进行功能对换，以达到压缩空气连续进行去油脱水的目的。

双塔式干燥器没有再生风缸，但设有一个定时脉冲发生器以使两个干燥塔的电磁阀定时地轮换开、关，以使两个塔的功能定时进行轮换。

3. 风缸

经干燥净化处理后的压缩空气，进入总风缸内储存，以供全列车气动部件及制动机所需。

任务二 HXD1C 型电力机车空气管路系统认知

任务介绍

通过对 HXD1C 型电力机车空气管路系统的学习，了解机车空气管路系统的总体概况，掌握主风源系统原理及其主要部件、辅助风源系统原理及其主要部件，并对机车上其他气动设备作详细的了解。

问题引导

(1) HXD1C 型电力机车上有哪些设备需要用到压缩空气？

(2)机车受电弓长期库停后总风缸没有风如何升弓，机车的辅助压缩机起什么作用？

自觉活动

(1)仔细阅读知识素材中关于 HXD1C 型电力机车空气管路系统的全部内容，并在文中对主要知识点做好标记。(15 分钟)

(2)分组画出 HXD1C 型电力机车空气管路系统主风源系统、辅助风源系统结构图。(10 分钟)

知识素材

HXD1C 型电力机车空气管路与制动系统主要由风源系统、制动机系统和其他辅助气动装置组成。

一、风源系统

HXD1C 型电力机车风源系统分为两个相对独立的部分：一部分为主空气压缩机、主空气干燥器、主风缸等组成的主风源系统；另一部分为辅助压缩机、油过滤器、升弓控制模块升弓控制风缸及连接管路等组成的辅助风源系统。

1. 主风源系统

HXD1C 型电力机车主风源系统负责在机车正常运行时，提供机车、车辆的气动部件以及机车、车辆制动机所需的高质量的洁净、干燥和稳定的压缩空气。

HXD1C 型电力机车主风源系统由主空气压缩机、主空气干燥器、主风缸等组成。每台机车配置有两台额定排气量不小于 2.4 m^3/min 的螺杆空气压缩机，安装在机械间两端，成斜对称布置，用于生产压缩空气。从压缩机出来的压缩空气分别经各自的主干燥器干燥处理后进入微油过滤器进行滤油处理,经净化处理后的压缩空气所含颗粒、水、油的等级均达到ISO 8573-1 中的 2 级水平,满足制动机系统及其他气动部件用风的质量要求。干净的压缩空气经过最小压力阀进入车下两个容积为 500 L 的第一总风缸和第二总风缸进行存储,然后进入车上两个容积为 300 L 的主风缸后给制动机及各气动部件供风。主风源系统原理如图 6-8 所示。

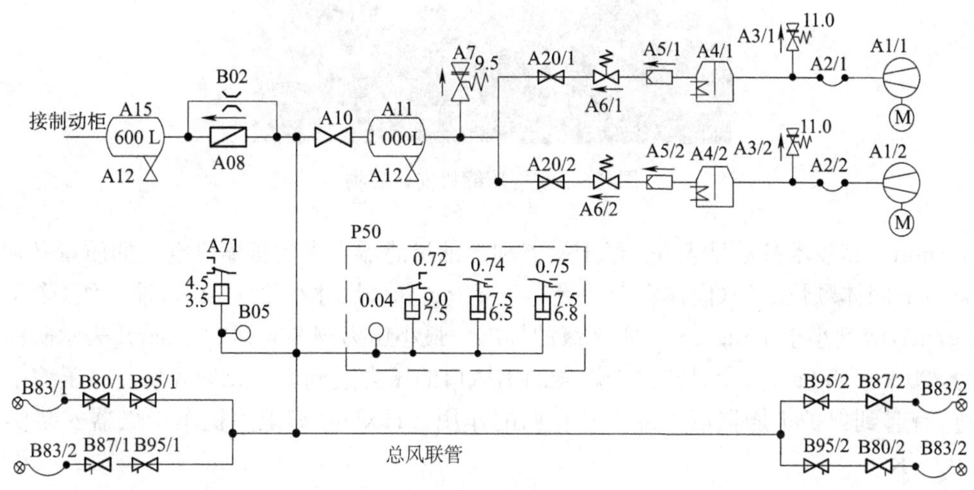

图 6-8　主风源系统原理

A1—压缩机;A2—软管;A3—高压安全阀;A4—干燥器;A5—滤油器;A6—出气止回阀;A7—高压安全阀;A11—车下总风缸;A15—车上总风缸;A20—球阀;B02—逆流止回阀;P50.72/P50.74/P50.75—压力开关

其中,第一总风缸横向安装在车体纵向中心的两侧,第二总风缸垂直布置在机械间的风源柜内,每个风缸均设置排水阀,排水阀位于总风缸安装底部,使用中应定期打开总风缸排水阀,检查和排除总风缸积水。此外,总风缸(MR)和列车管(BP)保证列车压缩空气的供应,所有被拖曳车辆的非直接制动、自动空气制动都连接到列车管,空气供应系统安装有一个低压保护装置,当总风缸压力低于 600 kPa 时,低压保护装置经 MMI 显示屏发送一个信号给司机,与此同时,也发送一个信号切断牵引电源并投入常用制动。机车的制动机系统采用 CCBⅡ制动机、法维莱制动机以及 DK-2 型制动机系统,基础制动采用轮盘制动方式;HXD1C 型电力机车闸片材料为合成闸片,制动盘材质采用整体铸铁盘,制动盘形式为整体夹钳式。

2. 主风源系统主要部件

(1)空气压缩机

机车设置两台 TSA-230ADⅥ或 BT-2.4/10AD 或 SL20-5-103 型螺杆式空气压缩机,它们由独立电源装置供电。空气压力调节器的开断电路压力值为(900±20)kPa,闭合电路压力值为(750±20)kPa。安全阀动作压力值为(950±20)kPa。

压缩机的启动顺序为:当总风压力低于(680±20)kPa,启动两台压缩机打风,(900±20)kPa 停止打风;当总风压力低于(750±20)kPa 但不低于(680±20)kPa 时,启动非操纵端压缩机,(900±20)kPa 停止打风。

空气压缩机安装实物如图 6-9 所示。

(2)主空气干燥器

HXD1C 型电力机车干燥器选用两台 TAD-2.8-HB 型空气干燥器,其最大空气处理量为

图 6-9　空气压缩机安装实物

3.0 m^3/min。其技术参数见表 6-1 经干燥器和微油过滤器出来的压缩机空气的质量必须符合 ISO 8573-1 固体颗粒 2 级(固体颗粒含量小于 1 mg/m^3,尺寸小于 1 μm),油 2 级(含量小于 0.1 mg/m^3,溶度小于 1 mg/m^3),水 2 级的标准。最小压力阀 800 kPa(8 bar)[表示阀的开启压力为 800 kPa(8 bar)],即只有当干燥器的出风口的压力达到 800 kPa(8 bar)时压缩空气才能通过,有起到保护干燥器压力冲击和止回的作用。HXD1C 型电力机车干燥器安装实物如图 6-10 所示。

表 6-1　空气干燥器技术参数

型号	TAD-2.8-HB
处理空气量	3.0 m^3/min
工作压力	1 000 kPa
吸附剂	分子筛
再生方式	无热、常压
再生耗气率	15%±3%
出气口相对湿度	<35%
干燥塔转换周期	80 s
总质量	90 kg

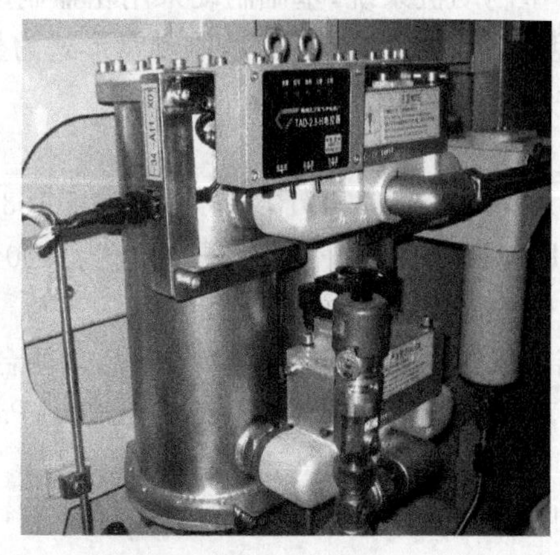

图 6-10　空气干燥器安装实物

(3)总风缸

经干燥净化处理后的压缩空气，进入总风缸内储存，以供全列车气动部件及制动机所需。HXD1C 型电力机车上主风缸容量为 1 600 L，采用车上安装 600 L、车下安装 1 000 L 方式，封头采用标准的直径为 500 mm 的椭圆封头。总风缸缸体直径均为 500 mm，只是缸体长度不同，车下总风缸安装如图 6-11 所示，车上总风缸安装如图 6-12 所示。

图 6-11　车下总风缸安装

图 6-12　车上总风缸安装

3. 辅助风源系统

HXD1C 型电力机车设有一台直流辅助空气压缩机，其结构如图 6-13 所示。

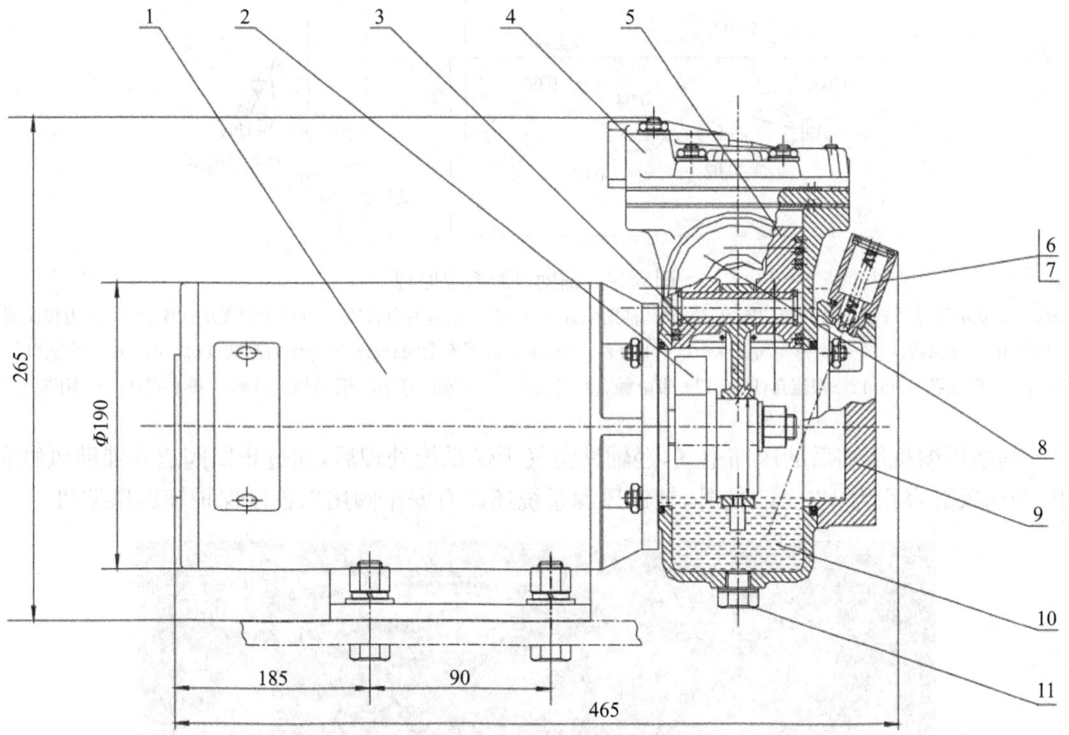

图 6-13　辅助空气压缩机结构(单位：mm)

1—直流电机；2—偏心块；3—连杆；4—气缸盖；5—活塞；6—游标杆；7—呼吸系统；8—进气空气过滤器；9—箱体；10—润滑油；11—放油堵

HXD1C 型电力机车辅助风源系统负责在机车库停时间较长，总风缸中压缩空气压力不够的情况下，给机车电气系统用风设备供风。辅助风源系统主要部件包括辅助压缩机、单向阀、辅助风缸、油过滤器、升弓控制模块、升弓控制风缸、排水阀等组成。辅助风源系统组成及管路原理如图 6-14 所示，其安装实物如图 6-15 所示。

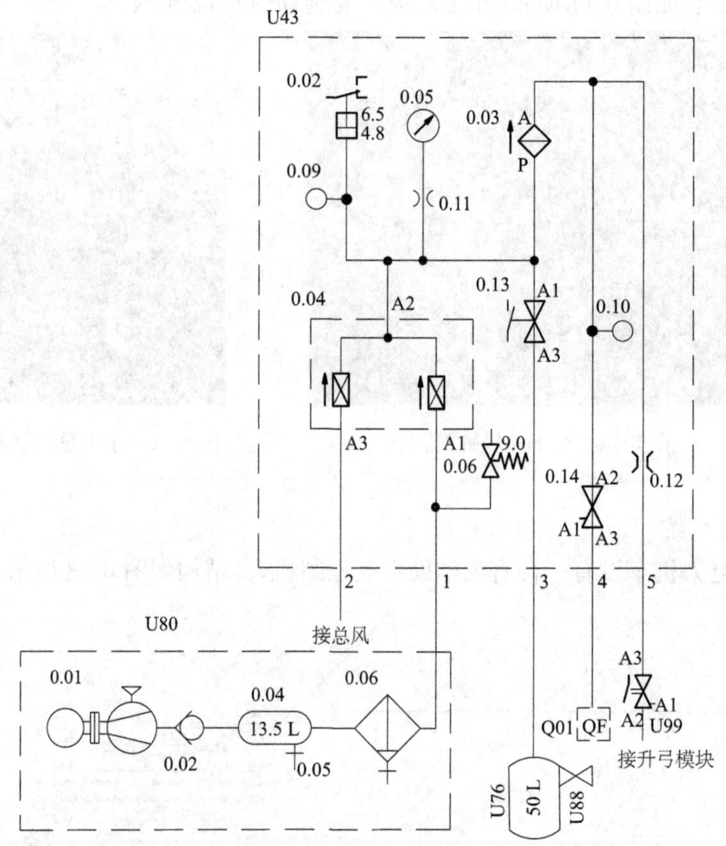

图 6-14　辅助风源系统原理

U80. 01—辅助压缩机；U80. 02—单向阀；U80. 03—辅助风缸；U80. 04—油过滤器；U43—升弓控制模块；U43. 02—压力控制器；U43. 03—过滤器；U43. 04—单向阀；U43. 05—压力表；U43. 06—高压安全阀；U43. 09—压力测试口；43. 10—压力测试口；U43. 11—限流孔；U43. 12—限流孔；U43. 13—带电触点塞门；U43. 14—塞门；U76—升弓风缸；U88—排水阀；U99—钥匙开关

辅助压缩机压缩后的压缩空气，经辅助空气干燥系统处理后，通过止回阀送入辅助风缸备用，辅助风缸容积为 13. 5 L；此外，辅助风源系统还设有安全阀用以控制保护辅助压缩机。

图 6-15　辅助风源安装实物

该辅助压缩机组采用的是电机、压缩机整体式结构，具有体积小、结构紧凑、外形美观、维护方便、噪声和振动小等优点。在性能方面，只需 0.75 kW 功率的电机就能达到 50 L/min 的排气量和 800 kPa 的压力。

二、辅助管路系统

HXD1C 型电力机车辅助气动控制装置是用来改善机车运行条件，确保行车安全。HXD1C 型电力机车设有升弓控制、撒砂、轮喷、风喇叭等辅助气动系统。

1. 升弓控制系统

受电弓的控制模块(图 6-16)是用来给受电弓供气用的。为防止机车升弓时没有可用的压缩空气(库停后，总风缸因泄漏无风)情况下，机车在起动时可用辅助空气压缩机打风进行升弓操作。升弓控制功能靠空气管路柜中升弓模块实现。

辅助压缩机模块(U43)升弓模块接受两条通道的压力空气，一是总风，二是辅助压缩机，辅助压缩机的启停通过辅助压缩机模块.02(U43.02)压力开关控制，当总风缸提供的压力低于 480 kPa(4.8 bar)时辅助压缩机开始打风，当控制风缸的压力达到 650 kPa(6.5 bar)时停止。

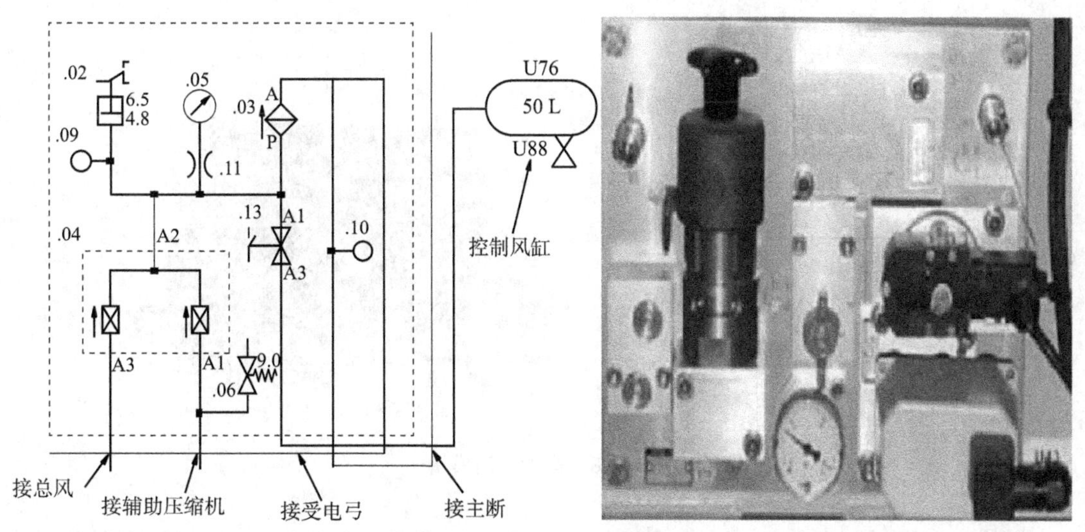

图 6-16　受电弓的控制模块

2. 撒砂系统

为在轮轨黏着状况不佳的情况下，提高车轮与钢轨间的黏着系数，改善机车的牵引制动性能，HXD1C 型电力机车设有撒砂系统。撒砂系统由撒砂控制模块、砂箱、撒砂器等部件及连接管路组成。针对起动困难或为了紧急制动，为 1、3、4 及 6 位轮对上提供了一个电空撒砂装置。砂箱(1)安排在 1、3、4 及 6 位轮对旁，每个砂箱的容量为 100 L，撒砂装置布置如图 6-17 所示。

如果发生紧急制动或 CCU 出现防空转/防滑行保护，会自动进行撒砂。如果必要的话，司机可以使用司机室内整体脚踏处的脚踏开关撒砂。砂面可以通过砂箱加砂口目视检查。

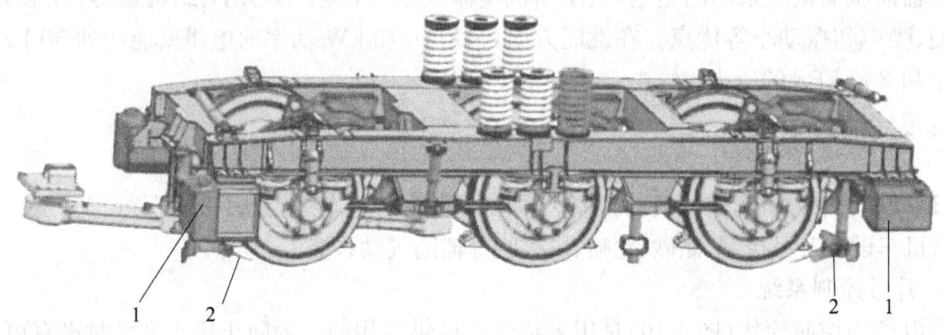

图 6-17　撒砂装置布置

1—砂箱;2—喷嘴

撒砂控制功能靠空气管路柜中撒砂控制模块实现,撒砂控制模块原理如图 6-18 所示。

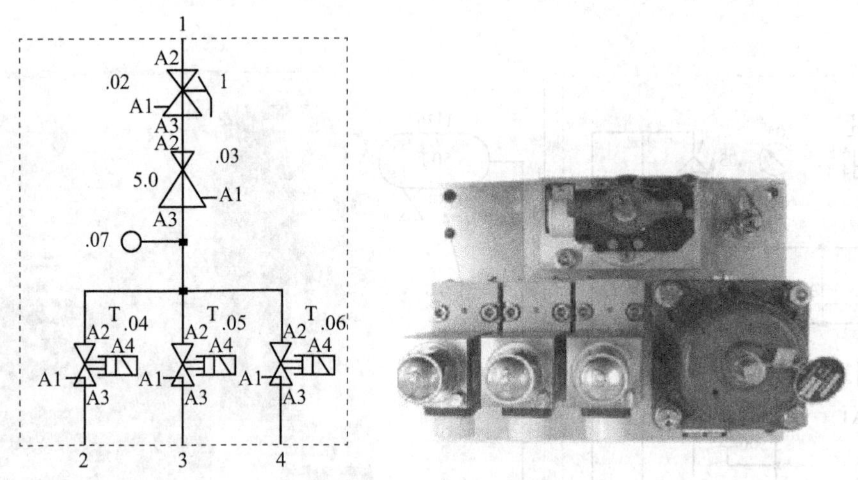

图 6-18　撒砂控制模块

撒砂控制模块提供向前、向后、干砂控制功能。砂子存储在砂箱中,根据机车的行驶方向,砂子将输送到机车运行方向的第一、三轮对上,由电磁阀(.05 或 .06)控制压缩空气流入撒砂装置,一定量的砂子经过加热,通过砂管撒到机车运行方向的第一、三对车轮前面的轨道上。

3. 停车制动控制系统

停车制动控制模块(图 6-19)保护机车防止意外溜放(当机车关闭和不被占用时)。停车制动作为一种弹簧蓄能制动来实现。

通过位于每个司机室的司机侧后墙柜开关面板上两个按钮开关操作停车制动:一个停车制动投入按钮(1)和一个停车制动缓解按钮 (2)。两个按钮状态将被读入控制系统,以实现在被重联机车或远程机车中投入和缓解停车制动功能。如果蓄电池主开关关闭,停车制动将自动投入。控制所必需的所有气动设备都一起安装在“停车制动”模块上。

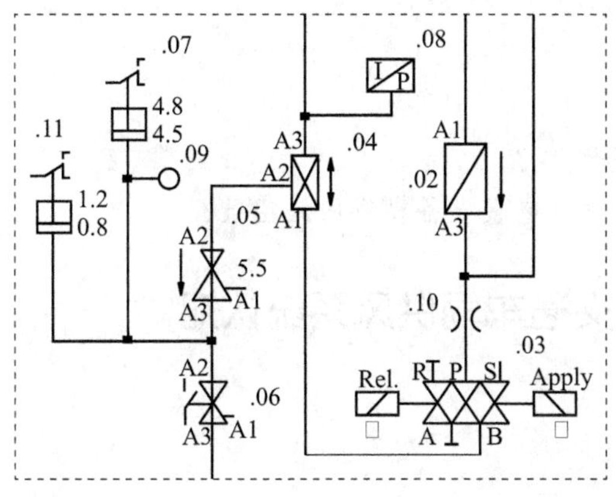

图 6-19　停车制动控制单元

停车制动投入和缓解位置由压力开关(B40.07 和 B40.11)监控。该压力开关也用来监控牵引期间有关空气软管破裂的停车制动。如果高于某一速度,停车制动投入(通过缓解空气压力),惩罚制动将被激活。

4. 风喇叭系统

风喇叭系统(图 6-20)由风喇叭、辅助控制装置组成。HXD1C 型电力机车车顶上装有两个高频气动喇叭(分别向前、向后安装)和一个低音喇叭。有两个电控阀驱动机车的喇叭,每个电磁阀具有一个隔离球阀。机车主控制系统控制机车每个司机室顶部的三个喇叭。

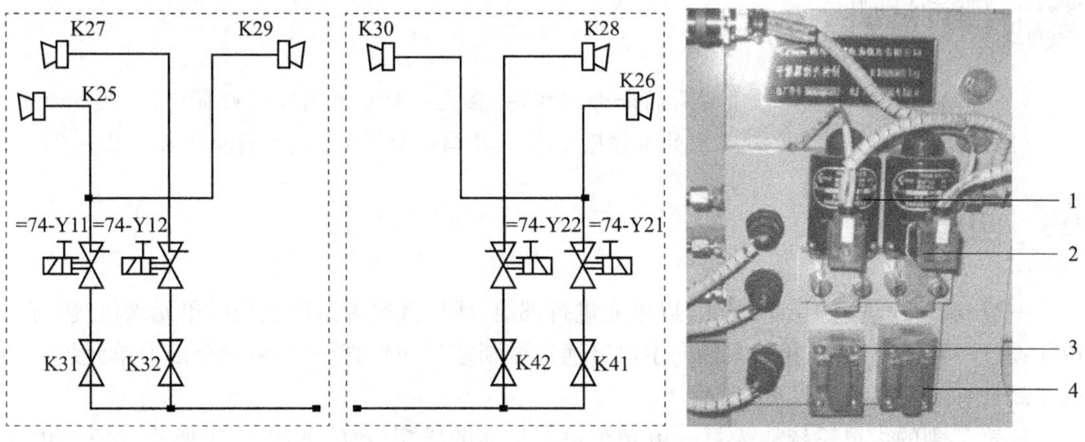

图 6-20　喇叭位于机械间的球阀和电控阀

1—电控阀 Y12/Y22;2—电控阀 Y13/Y23;3—球阀 K32/K42;4—球阀 K34/K44

效果评价

分组制作 PPT,分析 HXD1C 型电力机车风源管路系统及所用设备名称及作用。

思考题

1. 电力机车空气管路系统由哪几个部分组成？
2. HXD1C 型电力机车控制管路系统向哪些电气设备提供压缩空气？

任务三　城市轨道交通车辆供风系统认知

任务介绍

通过对城轨车辆供风系统和管路设备等的学习，掌握城轨车辆供风系统的工作原理和主要组成设备及对应原理。

问题引导

(1)城轨车辆是如何进行供风的，存在什么原理？

(2)城轨车辆空气压缩机的类型和对应组成及对应工作原理是什么？

(3)空气干燥器的类型、组成和工作原理是什么？

自觉活动

(1)仔细阅读本任务知识素材中的全部内容，并在文中对重要内容做好标记。(25 分钟)

(2)总结我国城轨车辆供风系统的工作原理，空气压缩机和干燥器的类型和特点。(20 分钟)

知识素材

一般，城轨车辆采用电动车组，以单元进行编组，所以其风源系统也是以单元来供气，每一单元设置一套风源系统，相邻车辆的主风管通过截断塞门和软管相连，由两个以上单元组成的列车就具有两套以上风源系统。

城轨车辆的供风系统能为每一单元车提供足够的压缩空气，如图 6-21 所示。空气由压缩机上的空气过滤器 A02 过滤后进入压缩机，在电机的驱动下被压缩的空气经冷却器冷却、干燥器 A07 干燥后，同时送至 3 个主风缸 A09(A、B、C 车各一个)和主风管。相邻车辆的主风管通过截断塞门 B27.1、B27.2、软管 B25 相连，以使各车辆之间的压缩空气保持流通。压力调节器 A13 控制着电机的接触器，故空压机的启、停由压力调节器 A13 的控制，当主风管压力 750 kPa(≤7.5 bar)时，空压机自动启动；当主风管压力≥900 kPa(9.0 bar)时，则停机。如果出现任一节 A 车的最低压力信号，则两台空压机同时启动；如果出现指示两节 A 车有足够压力的信号，则两台空压机关闭。空压机单元的设计能力有足够的储备量，如果一台空压机单元发生故障，另一台空压机单元将承担整列车全部的供气。

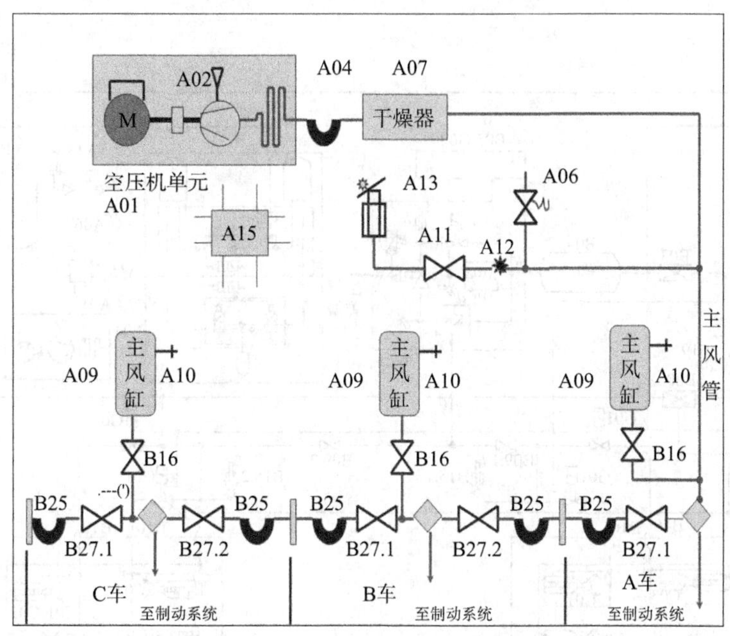

图 6-21　城轨车辆供风系统

一、风源系统

风源系统主要包括空气压缩机组、主风缸、脚踏泵以及空气管路系统等。

1. 空气压缩机组

空气压缩机组主要包括驱动电机、空气压缩机、空气干燥器、压力控制器等。空气压缩机组采用模块化设计，吊挂于车辆底架下部。广州地铁一号线车辆的空气压缩机组安装在A车（拖车）下部，而广州地铁二号线和上海地铁一、二号线车辆的空气压缩机组均安装在C车（动车）下部。由两个单元组成的列车具有两套风源系统，为了减少压缩机的磨损，列车前部单元的空气压缩机组总是给整列车供风，而不同时使用两套压缩机单元；反方向运行时，则使用另一套空气压缩机组。带有空气压缩机组的拖车管路系统如图 6-22 所示，与其编组的动车，除风源系统、受电弓管路以外，其他管路与拖车一样。该系统中每辆车上设有 4 个风缸，其中包括一个 250 L 的总风缸，一个 100 L 的空气悬挂系统（空气弹簧）风缸，一个 50 L 的制动储风缸和一个 50 L 的客室风动门风缸。另外装用单塔式干燥器还附设一个 50 L 的再生风缸。

2. 脚踏泵

图 6-23 为脚踏泵，用于压缩空气供应出现故障或车辆长时间停放后，而主风缸或控制风缸压力较低时的受电弓升起和主断路器闭合。

二、辅助管路系统

辅助管路系统主要有空气弹簧、受电弓控制、车门控制、风喇叭、刮雨器、车钩操作气动控制等。

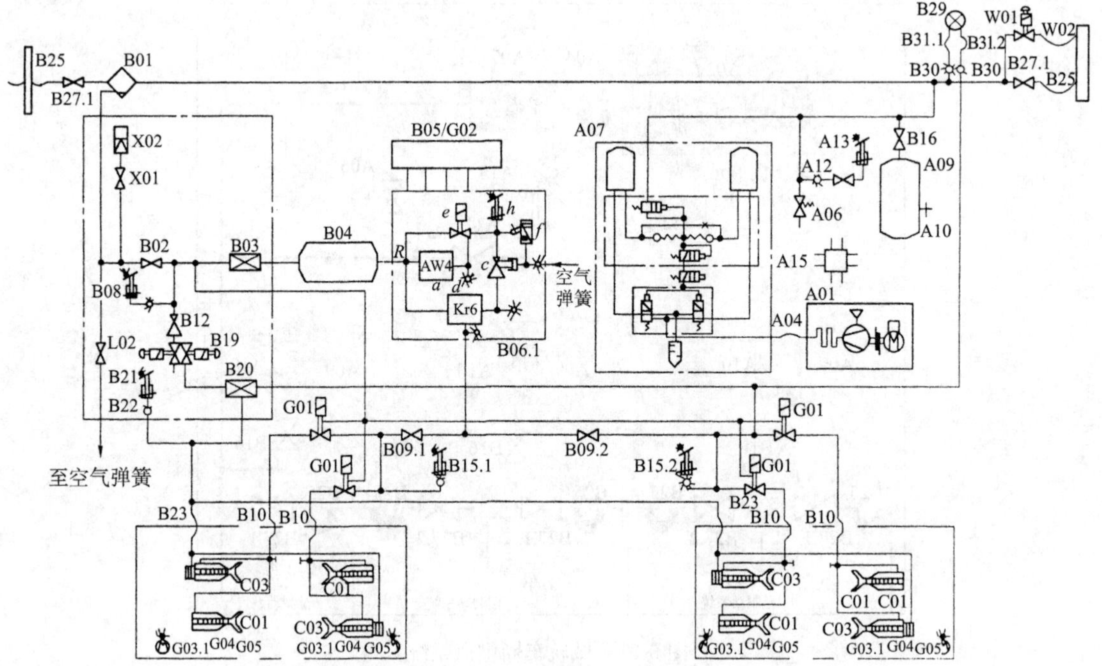

图 6-22　拖车管路系统

A—供风系统；B—制动系统；C—基础制动；G—防滑系统；L—空气弹簧系统；U—受电弓；W—车钩；X—车间供气

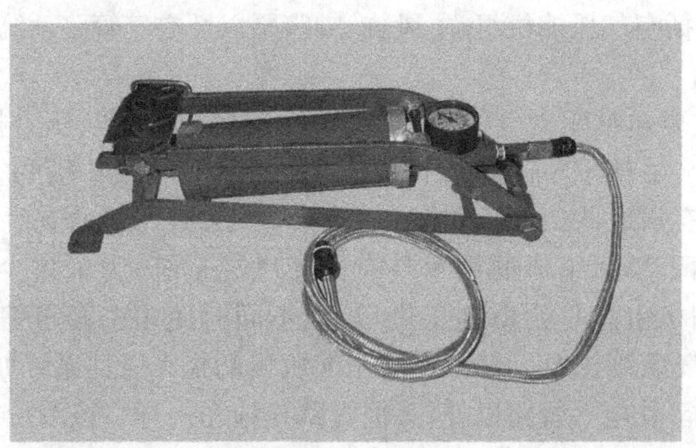

图 6-23　脚踏泵

1. 空气弹簧系统

图 6-24 是每车均有的空气弹簧系统管路，主要由截断阀门（L01、L06）、滤清器（L02）、溢流阀（L03）、空气弹簧风缸（L04）、高度阀（L07）、差压阀（L08）等组成。

2. 受电弓控制系统

受电弓控制系统管路如图 6-25 所示，主要包括：截断阀门（U01）、电磁阀（U03）、升弓泵（U06）、逆止阀（U04.1、U04.2）、受电弓（U07）、升弓风缸（U08）、滤清器（U10）等组成。广州地铁一号线车辆的受电弓及管路安装在 A 车（拖车）上，而广州地铁二号线和上海地铁一、二号线车辆的受电弓及管路均安装在 B 车（动车）上。

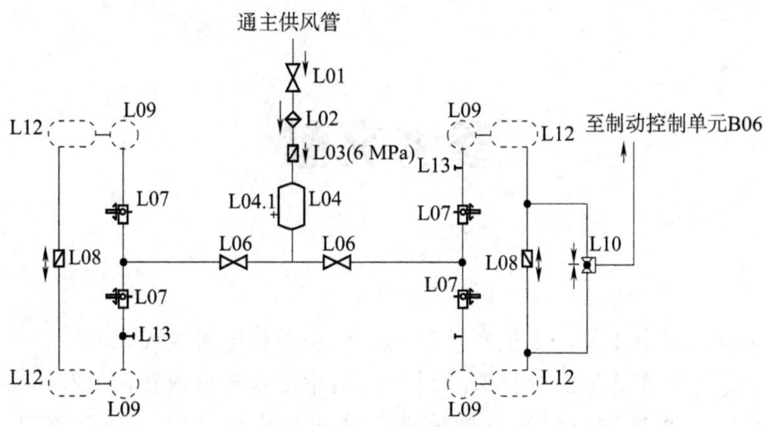

图 6-24　空气弹簧管路

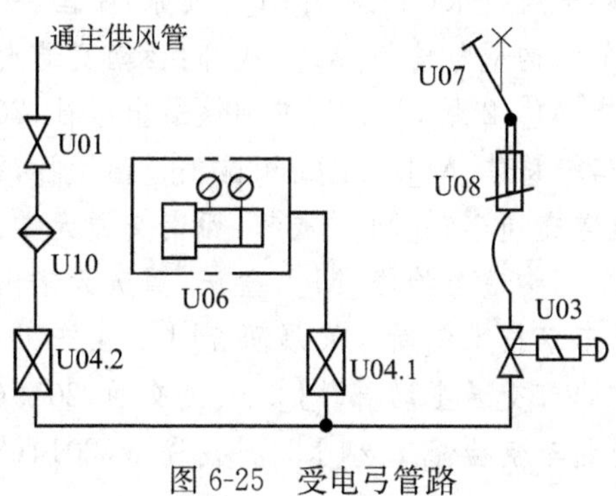

图 6-25　受电弓管路

效果评价

(1)试述供风系统的工作原理。

(2)掌握活塞式空气压缩机的组成、工作原理和优缺点。

(3)掌握空气干燥器的组成、类型和工作原理。

思考题

1. 城轨车辆风源系统有何特点？主要包括哪些部分？各部分的作用是什么？
2. 活塞式空气压缩机由哪几部分组成？其作用原理是什么？
3. 与活塞式空气压缩机比较，螺杆式空气压缩机有何优缺点？
4. 空气干燥器有何作用？由哪几部分组成？其作用原理是什么？

参考文献

[1]张有松,朱龙驹．韶山 4 型电力机车[M]．北京:中国铁道出版社,2006.

[2]崔晶,王冰．电力机车总体及走行部[M]．北京:中国铁道出版社,2012.

[3]牛小伟,马松花．高速铁路动车组机械设备维护与检修[M]．成都:西南交通大学出版社,2019.

[4]中国铁路总公司．高速动车组技术(上、下)[M]．北京:中国铁道出版社,2016.

[5]艾菊兰,徐冬,徐占山．车辆构造与检修[M]．成都:西南交通大学出版社,2016.

[6]袁清武．车辆构造与检修[M].2 版．北京:中国铁道出版社,2016.

[7]杨志强．城市轨道交通车辆总体[M]．北京:中国铁道出版社,2007.

[8]曾青中,韩增盛．城市轨道交通车辆[M]．成都:西南交通大学出版社,2017.

[9]杜彩霞．城市轨道交通车辆构造与检修[M]．重庆:重庆大学出版社, 2015.

[10]吕娜玺．城市轨道交通车辆技术创新与发展研究[J]．山东工业技术,2019(6):48.

[11]李冉,轨道交通．中国"城市交通主动脉"[J]．人民交通,2019(2):42-46.

[12]吕娜．浅谈城市轨道交通车辆检修工艺[J]．科技资讯,2014(34):60.